Vue.js 2 Cookbook

Vue.js 2 Cookbook

다양한 예제로 배우는 뷰JS 2

안드레아 파살리아 지음

조승진 옮김

무한한 사랑으로

당신 아들 안드레아

| 지은이 소개 |

안드레아 파살리아^{Andrea Passaglia}

북부 이탈리아인 제노아에서 태어났다. 어렸을 때 컴퓨터를 선물받은 것을 계기로 기술에 관심을 갖게 됐으며, 이른 나이에 웹 기술에 관해 공부하기 시작했다. 컴퓨터 공학 석사를 취득한 후, 헬스케어, 패션, 관광, 교통 등 다양한 분야와 천차만별의 규모를 가진 회사에서 웹 인터페이스의 구현과 디자인에 관련된 일을 했다.

2016년에 유럽의 실리콘밸리에 위치한 엣지벌브^{EdgeVerve} 개발 연구소로 자리를 옮겨 은행 산업계가 가진 문제들을 해결하고 있다.

직업상으로는 백엔드를 주로 다루고 있는데 뷰JS는 처음 프론트엔드로 뭔가를 만들어내는 데 사용한 도구다. 시베리아에서 온 러시아 소녀와 결혼했으며, 종종 요리를 함께하면서 음식 문화를 교류하고 있다.

| 지은이의 말 |

이 책을 쓸 수 있는 기회를 제공해준 팩트출판사에 감사한다. 나렌드라 트리패시Narendra Tripathi, 스미트 타카르Smeet Thakkar, 시드하 만달Siddharth Mandal을 포함한 전체 팀이 보여준 전문성과 도움에 감사드린다. 책을 꼼꼼히 봐준 보그단 볼크Bogdan Bâlc에게 큰 감사를 전한다. 또 다른 리뷰어인 알레샤 코로도바Alesya Kholodova, 이몬 맥나미Eamon McNamee, 요미 엘룬드Yomi Eluande가 제공해준 유용하고 실용적인 제안에 감사한다.

연구소 동료들의 지원도 너무나 값진 것이었다. "책은 어떻게 돼가고 있어?" 라는 말이 나에게 정말 큰 힘이 됐다. 하루도 빼놓지 않고 책을 작성하도록 해준 아내에게 감사한다. 가족들의 사랑과 지원에 감사한다.

| 기술 감수자 소개 |

보그단^{Bogdan}

프론트엔드 기술에 열정을 가진 팀을 이끌고 있다. 자바스크립트로 8년 이상, jQuery와 AJAX의 부상부터 시작해 최신 MVC 프레임워크를 다루며 일해 왔다. 자바스크립트 문제들에 대해 고민하지 않을 때는 친구들과 게임, 운동을 하거나 영화나 스포츠를 관람한다. 최근에는 WE3 인터랙티브를 루마니아 클루지나포카의 가장 성공적인 스타트업으로 만드는 데 많은 노력을 기울이고 있다.

뷰JS에 많은 열정을 갖고 있으며, 이미 또 다른 훌륭한 뷰JS 관련 서적인 올가 필리포바의 『Vue.js 2 시작하기』(에이콘출판, 2017)의 출판을 도왔다.

| 옮긴이 소개 |

조승진(cho.seungjin@gmail.com)

일본 IT 기업에서 근무하고 있는 소프트웨어 엔지니어다. 자바, 스프링, 자바스크립트, 파이썬, 객체지향 TDD, DDD에 큰 관심을 갖고 웹 서비스를 개발하고 있다. 개발자 문화를 사랑하고 세상에 영향을 미칠 수 있는 뭔가를 만들어내기 위해 노력하고 있다.

| 옮긴이의 말 |

뷰JS를 두 번째 번역하지만, 동일한 주제를 두 번 번역했다고 믿을 수 없을 정도로 새로운 내용들과 즐거움으로 가득했던 작업이었다. 프레임워크나 디자인 패턴의 자율성만큼 다양한 조합이 나올 수 있어서 첫 번째 책에서 배운 것 만큼 새로운 지식을 많이 얻을 수 있었다. 다양한 도구들과 새로운 라이브러리들은 이미 출판된 책임에도 불구하고 블로그 글을 읽는 것처럼 빠르게 읽히며, 시기적절하다. 이해하기 쉬운 코드를 사용해 예제를 구현했기 때문에 뷰를 시작하는 데 있어 또 다른 좋은 출발점이 될 수 있을 거라 생각한다. 번역을 진행하면서 뷰의 공식 한글화 문서를 참고해 가능한 한 용어를 통일하려고 노력했다.

가족들의 지원과 사랑에 감사하며, 특히 타지에서 같이 고생하는 예지에게 고마움을 전한다.

| 차례 |

뷰JS 2는 경량이면서도 강력한 기능을 갖고 있는 프레임워크다. 작은 규모의 프로토타입을 빠르게 작성할 수 있는 것은 물론, 더 큰 규모의 프론트엔드 애플리케이션 개발에도 적합하다. 지금부터 이 책을 요리책, 각 단락들을 레시피라고 생각하자. 보통 요리책과 같이 관심 있는 레시피만 골라 읽을 수도 있지만, 더욱 훌륭한 요리사가 되기 위해 처음부터 끝까지 정독할 수도 있다. 몇몇을 제외한 대부분의 레시피들은 실제 동작하는 뷰 기반 앱을 다루기 때문에 연습이 마무리될 즈음이면 뭔가 얻을 수 있을 것이다. 레시피를 작성하면서 의미를 부여하는 동시에 가능한 한 재미있는 요소들을 넣으려고 노력했다. 같은 일을 하더라도 각각의 레시피들은 조금씩 차이가 있기 때문에 매 레시피마다 새로운 것을 배울 수 있을 것이다.

이 책을 완성하는 데는 6개월 정도 걸렸지만, 그 짧은 기간 내에도 계속 뒤로 돌아가 그림과 API를 변경했을 뿐만 아니라 새로운 개념들도 추가해야만 했다. 여전히 많은 레시피들은 오래 지속되는 아이디어인 재사용성과 훌륭한 엔지니어링 개념들로 가득 차 있기 때문에 이 책이 독자들이 개발할 때 활용할 수 있는 유용한 기술들을 제공할 것이라고 생각한다. 마지막으로 원하는 결과물을 설명하기 위해 모든 장에서 그림을 최대한 많이 배치했지만 진행하면서 실제로 입력하고 시도해보는 것이 무엇보다 중요하다. 멋진 것을 만드는 즐거움을 느껴보자.

▌ 이 책의 구성

1장, '뷰JS 시작하기'에서는 첫 번째 뷰 응용 프로그램을 만들고, 가장 일반적인 기능과 개발 도구에 익숙해진다.

2장, '**기본 뷰JS 기능들**'에서는 목록 및 양식을 손쉽게 작성하고 스타일을 지정하는 방법을 배운다.

3장, '**전환과 애니메이션**'에서는 CSS 전환과 애니메이션을 사용해 앱에 활력을 불어넣는 방법과 외부 CSS 라이브러리와 통합하는 법을 배운다.

4장, '**컴포넌트에 대한 모든 것**'에서는 뷰의 모든 요소가 컴포넌트임을 배우는데, 이를 통해 중복을 줄이고 코드를 재사용할 수 있다.

5장, '**인터넷으로 통신하는 뷰**'에서는 첫 번째 AJAX 호출을 실행하고 양식과 본격적인 REST 클라이언트(및 서버!)를 작성한다.

6장, '**단일 페이지 애플리케이션**'에서는 vue-router를 사용해 정적 및 동적 경로를 생성하고 이를 통해 최신 SPA를 만든다.

7장, '**단위 테스트와 통합 테스트**'에서는 카르마^{Karma}, 차이^{Chai}, 모카^{Moka}, 시논JS^{Sinon.JS} 및 나이트워치^{Nightwatch}를 사용해 전문 소프트웨어를 만드는 법을 배우고, 리팩토링 시에 자신감을 가질 수 있도록 한다.

8장, '**정리 + 자동화 + 배포 = 웹팩**'에서는 세세하게 제작된 컴포넌트를 실제로 npm에 공개하고 웹팩과 뷰가 어떻게 함께 동작하는지 알아본다.

9장, '**뷰JS 고급 기능들 - 지시자, 플러그인, 렌더 함수**'에서는 지시자, 플러그인, 함수형 컴포넌트 그리고 JSX를 알아본다.

10장, '**Vuex를 통한 대형 애플리케이션 패턴**'에서는 Vuex를 사용해 검증된 패턴으로 애플리케이션을 구조화해 앱의 유지보수를 쉽게 하고 성능을 보장한다.

11장, '**외부 프레임워크와 통합**'에서는 뷰 및 일렉트론^{Electron}, 파이어베이스^{Firebase}, 피더^{Feathers} 및 호라이즌^{Horizon}을 사용해 네 가지 상이한 응용 프로그램을 빌드할 수 있다.

▍ 준비 사항

이 책은 인터넷에 연결된 컴퓨터가 필요하다. 크롬을 사용하면 온라인으로만 작업해 레시피를 완료할 수 있다. 어느 시점부터는 적어도 텍스트 편집기나 마이크로소프트사의 비주얼 스튜디오 코드를 적극 권장한다.

▍ 이 책의 대상 독자

이 책은 자바 스크립트조차 모르는 사람들을 대상으로 테스트했으며, 해당 그룹에 속한다면 첫 번째 장을 읽음으로써 뷰를 더 잘 활용할 수 있다.

진행하면서 좀 더 어려운 개념들과 만나게 될 것이다. 만약, 이미 뷰 2에 익숙하다 하더라도 지금까지 몰랐던 트릭이나 앞으로 사용하면서 도움이 되는 제안들을 발견할 수 있을 것이다. 이 책을 정독하면 숙달된 뷰 개발자가 될 수 있다.

반면, 이미 숙달된 사람들에게도 수시로 편리하게 사용할 수 있는 여러 가지 기능과 기술에 대해 좋은 레퍼런스가 돼준다. 마지막으로 이미 뷰 1을 사용해본 사람에게는 새로운 변화에 압도당하는 느낌이 들 때 대응하기 위한 유용한 마이그레이션 가이드가 될 것이다.

▍ 영역들

이 책에서는 유사한 제목들이 자주 보일 것이다(준비하기, 구동 방법, 동작 원리, 추가 정보, 또 다른 추가 정보).

레시피 작성법에 대해 명확한 지침을 제공하기 위해 다음과 같은 영역들을 사용한다.

준비하기

이 영역에서는 레시피에서 배울 수 있는 것을 알려주고, 레시피에 필요한 소프트웨어 또는 사전 설정을 준비하는 방법에 대해 설명한다.

▌구동 방법

레시피를 수행하는 데 필요한 단계들이 포함돼 있다.

▌동작 원리

일반적으로 이전 영역에서 발생한 일에 대해 자세히 설명한다.

▌추가 정보

독자가 레시피에 대해 더 잘 이해할 수 있도록 하기 위한 추가 정보로 구성된다.

▌또 다른 추가 정보

레시피에 대한 또 다른 유용한 정보의 링크를 제공한다.

▌컨벤션

이 책에는 다양한 종류의 정보를 구별하기 위한 여러 가지 텍스트 스타일이 존재한다.

다음은 이러한 스타일의 예와 그 의미에 대한 설명이다.

텍스트, 데이터베이스 테이블명, 폴더명, 파일명, 파일 확장자, 경로, 더미 URL, 사용자 입력 및 트위터 핸들은 다음과 같이 표시된다.

"EngineTest 프로젝트에 이미 존재하는 ChasePlayerComponent 클래스를 업데이트 할 것이다."

코드 블록은 다음과 같이 설정된다.

```
new Vue({
  el: '#app',
  methods: {
    vueSubmit() {
      console.info('fake AJAX request')
    }
  }
})
```

코드 블록의 특정 부분에 주의를 환기시키고 싶을 때는 관련 줄 또는 항목이 굵게 표시된다.

```
data: {
 userId: 1,
 title: '',
 body: '',
 response: '...'
}
```

커맨드 라인의 입출력은 다음과 같이 표시된다.

```
npm install axios
```

새로운 용어와 중요한 단어는 굵게 표시된다. 예를 들어 메뉴나 대화 상자에서 화면에 표시되는 단어는 다음과 같은 텍스트로 표시한다.

"웹스톰을 열고 비어 있는 새 프로젝트 만들기"

 경고나 중요한 노트는 이와 같이 나타낸다.

 팁과 요령은 이와 같이 나타낸다.

▌ 독자 의견

독자로부터의 피드백은 언제나 환영이다. 이 책에 대해 어떻게 생각하는지, 어떤 부분이 좋고 싫은지를 알려달라. 독자의 피드백은 당신이 가장 필요로 하는 책이 출간되도록 하는 데 매우 중요하다.

피드백을 보낼 때는 feedback@packtpub.com으로 이메일 제목에 책 이름을 적어 보내도록 하자. 당신이 전문 지식을 보유하고 있고, 글을 쓰는 데 관심이 있다면 저자 가이드(www.packtpub.com/authors)를 살펴보라.

▌ 고객 지원

당신은 이제 팩트 서적의 자랑스러운 고객이 됐고, 이 책을 잘 활용할 수 있는 몇 가지 방법들이 존재한다.

예제 코드 다운로드

구매한 모든 책들은 당신의 계정을 사용해 http://www.packtpub.com에서 예제를 다운로드할 수 있다. 이 책을 다른 곳에서 구매했을 경우 http://www.packtpub.com/support에 등록하면 파일 링크가 이메일로 도착할 것이다. 다음 절차를 통해 파일을 다운로드할 수 있다. 에이콘출판사의 도서정보 페이지 http://www.acornpub.co.kr/book/vuejs2 cookbook에서도 예제 코드를 다운로드할 수 있다.

1. 이메일 주소를 통해 회원 가입을 하거나 기존 계정이 존재하는 경우 로그인한다.
2. 상단의 SUPPORT 탭으로 이동한다.
3. Code Downloads & Errata를 클릭한다.
4. 검색창에 책 이름을 입력한다.
5. 코드를 다운로드할 주소를 입력한다.
6. 드롭다운 메뉴에서 책을 어디서 다운로드했는지 선택한다.
7. Code Download를 클릭한다.

다운로드가 완료되면 다음 도구들의 최신 버전을 사용해 압축을 해제한다.

- 윈도우: WinRAR, 7-Zip
- 맥: Zipeg, iZip, UnRarX
- 리눅스: 7-Zip, PeaZip

코드는 다음 깃허브 저장소에서도 찾을 수 있다.

https://github.com/PacktPublishing/Vuejs-2-Cookbook

다음 주소에서 우리가 출간한 다양한 책의 소스 코드와 비디오 자료도 찾을 수 있다. 확인해보자.

https://github.com/PacktPublishing/

오탈자

책의 내용이 정확할 수 있도록 많은 노력을 하고 있지만 실수는 언제나 생길 수 있다. 단어나 코드와 같은 어떤 실수를 책에서 발견했을 때 우리에게 알려준다면 매우 감사할 것이다. 그렇게 함으로써 다른 독자들을 덜 짜증스럽게 하고 책의 다음 버전에서 개선될 수 있도록 도울 수 있다. 어떤 실수를 찾는다면 http://www.packtpub.com/submit-errata로 이동해 책을 선택한 후에 Errata Submission Form을 클릭하고 정오표를 입력하면 된다. 입력한 정오표가 검증되면 우리의 웹 사이트에 업로드되거나 해당 책의 기존 정오표에 추가될 것이다.

이전에 입력된 정오표를 확인하기 위해서는 https://www.packtpub.com/books/content/support로 이동해 책 이름을 검색한다. 요청 정보는 정오표 아래에 표시될 것이다.

한국어판은 에이콘출판사의 도서정보 페이지 http://www.acompub.co.kr/book/Vvuejs2cookbook에서 찾아볼 수 있다.

저작권 침해

인터넷에서 저작물을 불법 다운로드하는 것은 모든 미디어에서 골칫거리이다. 팩트에서는 저작권과 라이선스를 매우 엄격하게 지키고 있다. 인터넷에서 어떤 형태로든 우리 제품의 불법 복제물을 본다면 문제를 해결할 수 있도록 해당 위치나 웹 사이트명을 즉시 보내주길 바란다. 의심되는 불법 복제물의 주소를 copyright@packtpub.com으로 보내주길 바란다. 작가들과 우리가 더 값진 콘텐츠를 제작할 수 있도록 보호해주는 점에 대해 감사한다.

▍질문

이 책의 어떠한 면에 대해서든 질문이 있다면 questions@packtpub.com으로 연락할 수 있다. 우리는 최선을 다해 질문에 답해드리겠다. 한국어판에 관한 질문은 이 책의 옮긴이나 에이콘출판사 편집 팀(editor@acornpub.co.kr)로 문의해주길 바란다.

뷰JS 시작하기

이 장에서는 다음 레시피들을 다룬다.

- 뷰JS로 Hello World 작성하기
- 리스트 생성하기
- 동적이고 애니메이션이 있는 리스트 만들기
- 클릭 및 키 입력과 같은 이벤트에 반응하기
- 개발 환경 선택하기
- 필터로 텍스트 서식 지정하기
- 머스태치Mustaches를 사용해 애플리케이션 디버깅하기(예: JSON 필터)
- 뷰 개발자 도구를 사용해 애플리케이션을 꿰뚫어 보기
- 뷰JS 2로 업그레이드하기

소개

Vue는 매우 강력한 프레임워크지만, 이것의 장점 중 하나는 매우 경량이면서 사용하기 쉽다는 것이다. 실제로 첫 번째 레시피에서는 별다른 설정 없이 간단하며 잘 동작하는 프로그램을 몇 분 안에 만들어낼 것이다.

이 장에서는 상품 카탈로그와 같이 엘리먼트가 반복되는 웹 페이지를 만드는 데 도움이 되는 리스트를 배울 것이다. 또한 이벤트 리스너를 사용해 대화형 페이지를 작성한다. 몇 가지 개발 환경이 제공되므로 사용자가 본인에게 더 적합한 것을 선택할 수 있다. 유리하게 개발할 수 있고 앱의 버그를 줄여주는 디버깅 트릭을 사용할 것이다.

이 책을 쓰는 시점에 대부분의 웹 브라우저가 자바스크립트 ES5 표준을 지원하고 있다. 이 장에서는 ES5를 사용하므로 웹 브라우저가 최신 ES6을 지원하지 않더라도 계속 따라 할 수 있다.

하지만 다음 장부터는 ES6 표준이 사용된다는 것을 알아두자. 현재 크롬은 ES6의 개발 환경을 대부분 지원하지만, 일반적으로는 바벨Babel을 사용해 앱을 이전 버전의 웹 브라우저와 호환되도록 만들어야 한다. 바벨을 사용하기 위해선 8장, '정리 + 자동화 + 배포 = 웹팩'에서 바벨을 사용해 ES6을 컴파일하는 방법을 참고하자.

뷰JS로 Hello World 작성하기

뷰JS 에서 가능한 가장 단순한 프로그램이자 의무적으로 한 번은 만들어봐야 하는 Hello World를 작성해보자. 뷰가 웹 페이지를 조작하는 방법과 데이터 바인딩이 작동하는 방식을 설명한다.

준비하기

이 기본 레시피를 완료하기 위해서는 웹 브라우저만 있으면 된다. 다음과 같이 JSFiddle을 사용해 코드를 작성한다.

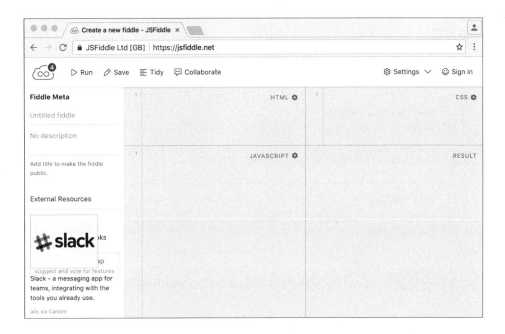

JSFiddle을 사용한 적이 없더라도 걱정하지 말자. 당신은 프론트엔드 개발 전문가가 되는 과정 중이고, JSFiddle은 아주 편리한 도구가 돼줄 것이다.

1. 웹 브라우저에서 https://jsfiddle.net으로 이동한다.

2. 사분면으로 나누어진 빈 페이지가 보이는데, 좌측 하단에는 자바 스크립트 코드를 작성한다. 시계 방향으로 돌아가며 HTML 영역, CSS 영역 및 마지막으로 결과 페이지로 미리 보기가 제공된다. 시작하기 전에 JSFiddle에게 뷰 라이브러리를 사용하도록 알려줘야 한다.

3. 사분면의 자바스크립트 영역에서 오른쪽 위 부분에 보이는 톱니바퀴 모양을 누르고 Vue 2.2.1을 목록에서 선택하자(하나 이상의 버전을 선택해야 한다. "edge"는 최

신 버전인데 작성 시점에는 Vue 2에 해당한다).

이제 첫 번째 뷰 프로그램을 작성할 준비가 됐다.

구동 방법

1. 자바스크립트 영역에 다음을 작성한다.

```
new Vue({el:'#app'})
```

2. 사분면의 HTML 영역에 〈div〉태그를 생성한다.

```
<div id="app">
{{'Hello ' + 'world'}}
</div>
```

3. 좌측 상단의 Run버튼을 클릭하면 Hello World를 출력하는 페이지를 볼 수 있다.

동작 원리

new Vue ({el : '# app'})는 새로운 Vue 인스턴스를 생성하는데 options 객체를 인자로 취한다. 이 객체는 뷰의 핵심이며 데이터와 동작을 정의하고 제어한다. 이에는 뷰 인스턴스 및 컴포넌트를 만드는 데 필요한 모든 정보가 들어 있다.

예제의 경우에는 인자로서 선택자나 엘리먼트를 받아들이는 el 옵션만 지정했다. 매개변수 #app는 app와 함께 페이지의 엘리먼트를 식별자로 반환하는 선택자다. 예를 들어, 다음과 같은 페이지에서

```html
<!DOCTYPE html>
<html>
  <body>
    <div id="app"></div>
  </body>
</html>
```

id가 app인 `<div>` 태그 내부 모든 것들의 뷰의 영향 아래 위치하게 된다. 이제 JSFiddle은 사분면의 HTML 영역에 쓰여 있는 내용을 가져와 body 태그에 래핑한다. 즉, HTML 영역에 `<div>`를 작성해야 한다면 JSFiddle은 body 태그로의 래핑을 처리해준다.

> **TIP** 한 가지 알아둬야 하는 것은 body 또는 html 태그에 #app이 사용됐을 때 에러가 발생하고 앱을 정상적인 엘리먼트에 마운트하도록 권유한다는 것이다. 이것은 el 옵션에서 body를 선택했을 때도 동일하다.

머스태치(또는 핸들바)는 뷰가 모든 것을 그것의 내부로 가져와서 코드로 해석할 수 있도록 해준다. 따옴표는 자바스크립트에서 리터럴 문자열을 선언하는 일반적인 방법이므로 뷰는 hello와 world의 문자열 연결을 반환한다. 특별할 것 없이 방금 2개의 문자열을 연결해 결과를 표시해뒀다.

추가 정보

배운 것을 활용해 더 흥미로운 것을 시도해볼 수 있다. 우리가 외계인이고 동시에 한 번에 하나 이상의 세계에 환영 인사를 보내고 싶다면 다음과 같이 쓸 수 있다.

```
We conquered 5 planets.<br/> {{'Hello ' + 5 + ' worlds'}}
```

얼마나 많은 세계를 정복했는지 기억하지 못할 수 있는데 이것도 문제 없다. 머스태치 내부에서 수학 연산이 가능하다. 또한 Hello와 Worlds를 대괄호 밖에 넣도록 하자.

```
We conquered {{5 + 2}} planets.<br/> Hello {{5 + 2}} worlds
```

머스태치 내부에 세계의 숫자를 그대로 선언하는 것은 지저분해 보인다. 데이터 바인딩을 사용해 인스턴스 내부에 선언된 변수에 할당한다.

```
<div id="app">
  We conquered {{countWorlds}} planets.<br/>
  Hello {{countWorlds}} worlds
</div>

new Vue({
  el:'#app',
  data: {
    countWorlds: 5 + 2
  }
})
```

이것이 애플리케이션을 좀 더 깔끔하게 작성하는 방법이다. 자, 행성을 정복할 때마다 countWorlds 변수만 변경하면 된다. 이 변수를 수정할 때마다 HTML이 자동으로 업데이트된다.

축하한다. 뷰 세계로 들어가는 첫 번째 단계를 완료했으며, 이제 반응형 데이터 바인딩 및 문자열 보간을 사용해 간단한 대화형 응용 프로그램을 만들 수 있게 됐다.

▌리스트 생성하기

무엇인가를 항목으로 만들고자 하는 욕망은 인간 본성의 타고난 부분인 것 같다.

컴퓨터 화면에 나열되는 잘 정리된 목록을 보면서 얻을 수 있는 만족감이 분명히 존재한다.

뷰를 사용하면 멋진 스타일과 최대의 편리성을 모두 갖는 여러 종류의 리스트를 만들 수 있는 도구가 제공된다.

준비하기

이 레시피에서는 기본 데이터 바인딩을 사용하는데, 첫 번째 레시피를 경험해봤다면 이미 익숙할 것이다.

구동 방법

여러 가지 방법, 즉 숫자 범위와 배열 그리고 객체 등을 통해 리스트를 생성해본다.

숫자 범위

리스트 작업을 시작하기 위해선 이전 레시피와 동일하게 JSFiddle의 프레임워크에 뷰JS를 추가해야 한다.

Vue 2.2.1 (또는 Vue(edge))를 선택한다.

1. 자바스크립트 영역에 다음과 같이 작성한다.

```
new Vue({el:'#app'})
```

2. HTML 영역에 다음을 작성한다.

```
<div id="app">
<ul>
<li v-for="n in 4">Hello!</li>
</ul>
</div>
```

이렇게 하면 Hello!를 4번 출력한다. 단지 몇 초만에 첫 번째 리스트가 완성됐다.

배운 내용을 사용하면 카운트다운을 작성할 수 있다. HTML 영역의 <div> 내용을 다음과 같이 변경한다.

```
<div id="app">
  <ul>
    <li v-for="n in 10">{{11-n}}</li>
    <li>launch missile!</li>
  </ul>
</div>
```

배열

1. 이전과 동일한 결과를 위해 HTML 영역의 리스트를 다음과 같이 편집하자.

```
<ul>
    <li v-for="n in [10,9,8,7,6,5,4,3,2,1]">{{n}}</li>
    <li>launch missile!</li>
</ul>
```

이 리스트는 이전과 동일하지만 HTML에 리터럴 배열을 사용할 수는 없다.

2. 배열이 할당된 변수를 사용하는 것이 좋다. 앞의 코드를 다음과 같이 변경한다.

```html
<ul>
    <li v-for="n in countdown">{{n}}</li>
    <li>launch missile!</li>
</ul>
```

3. 자바스크립트 영역에 변수 countdown을 추가한다.

```javascript
new Vue({
  el:'#app',
  data: {
    countdown: [10,9,8,7,6,5,4,3,2,1]
  }
})
```

인덱스가 적용된 배열

다음 코드와 같이 배열을 순회하면서 변수 i로 인덱스에 접근할 수 있다.

1. HTML은 다음과 같다.

```
<div id="app">
    <ul>
        <li v-for="(animal, i) in animals">
            The {{animal}} goes {{sounds[i]}}
        </li>
    </ul>
</div>
```

2. 자바스크립트 코드는 다음과 같다.

```
new Vue({
        el: '#app',
        data: {
            animals: ['dog', 'cat', 'bird'],
            sounds: ['woof', 'meow', 'tweet']
        }
    })
```

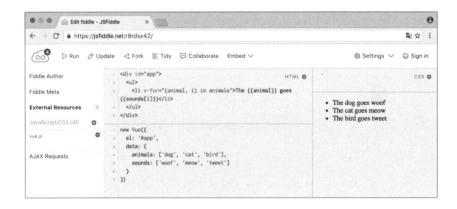

객체

이전 예제를 리팩토링해서 동물의 이름과 해당하는 울음 소리를 출력하도록 할 수 있는데, 이를 통해 인덱스가 잘못 정렬돼도 출력되는 리스트에 영향을 미치지 않도록 한다.

1. HTML은 다음과 같다.

```
<div id="app">
    <ul>
      <li v-for="(sound, name) in animals">
        The {{name}} goes {{sound}}
      </li>
    </ul>
  </div>
```

2. 자바스크립트 영역에서는 animals 객체를 생성해야 한다.

```
new Vue({
    el: '#app',
    data: {
      animals: {
        dog: 'woof', cat: 'meow', bird: 'tweet'
      }
    }
  })
```

동작 원리

리스트의 조작은 매우 간단하다. 여기에 관련 문법에 대한 설명이 있다.

숫자 범위

변수 n은 〈li〉 태그의 범위 내에 존재한다. 직접 확인해보기 위해 신속하게 다음과 같이 카운트다운 목록을 작성한다.

```
<ul>
  <li v-for="n in 10">{{11 - n}}</li>
```

```
  <li>launch missile!</li>
</ul>
```

열거 시에 뷰에서는 인덱스가 1부터 시작하므로 10 대신 11을 사용한다. 즉, "n in 10"은 다른 사람들이 예상할 수 있는 0이 아니라 1에서 10까지 카운트한다.

카운트다운을 10에서 시작하려면 11을 입력해야 한다.

마지막 숫자는 10으로 미사일이 발사되기 전에 출력되는 마지막 숫자가 1이 된다.

v-for = "n in 10"은 열거Enumeration라고 부른다.

구체적으로는 특정 숫자의 범위(1 ~ 10)를 열거하고 있다.

배열

뷰에서는 배열도 열거할 수 있다. 일반적인 문법은 다음과 같다.

```
v-for="(element, index) in array"
```

이미 알고 있듯이 인덱스와 괄호는 생략 가능하다.

이런 형태의 열거는 순서를 보장한다. 즉, 배열에 있는 요소의 정렬된 순서는 화면에 표시되는 것과 동일한데, 객체를 열거하는 경우와는 다르다.

객체

객체를 열거하기 위한 문법은 v-for = "(value, property)"이며, 원한다면 v-for = "(value, property, index)"를 사용해 인덱스를 사용할 수도 있다. 이미 언급했듯이 속성이 열거되는 순서는 고정돼 있지 않기 때문에 후자는 권장되지 않는다. 실제로 대부분의 웹 브라우저에서 이 순서는 삽입된 순서와 동일하지만 보장되지는 않는다.

▌동적이고 애니메이션이 있는 리스트 생성하기

뷰에서 대부분의 데이터는 반응형으로 동작한다. 실제로 이는 뷰 모델에서 어떤 것이 바뀌면 즉시 결과를 볼 수 있음을 의미한다. 이것은 모든 디스플레이 로직을 떠나 앱 자체에 집중할 수 있게 해준다. 이 레시피에서는 시스템이 갖는 몇 가지 제한사항들 역시 알아볼 것이다.

준비하기

이 레시피를 완료하기 위해선 기본 데이터 바인딩(첫 번째 레시피에서 소개) 및 리스트 작성 방법(두 번째 레시피)을 사용해야 한다.

구동 방법

이전 레시피에서는 미사일 발사의 카운트다운을 위한 리스트를 작성해봤다.

```
<div id="app">
  <ul>
    <li v-for="n in countdown">{{n}}</li>
    <li>launch missile!</li>
  </ul>
</div>
  new Vue({
  el:'#app',
  data: {
    countdown:
      [10,9,8,7,6,5,4,3,2,1]
  }
})
```

리스트에 애니메이션이 생기면 좋지 않겠는가? 카운트다운을 초 단위로 수행하도록 자바스크립트를 수정할 수 있다.

1. JSFiddle의 HTML 및 자바스크립트 영역에서 앞의 코드를 복사한다. 단, 카운트 다운 변수를 직접 정하지 않으므로 빈 배열로 둔다.

   카운트다운 변수를 저장하기 위해선 뷰 인스턴스 자체를 통해 변수를 전달해야 한다.

2. 뷰 인스턴스를 나중에 참조할 수 있도록 변수에 할당해둔다.

```
var vm = new Vue({
  el:'#app',
  data: {
    countdown: []
  }
})
```

   이렇게 해두면 vm을 사용해 뷰 인스턴스에 액세스할 수 있다.

3. 10으로 카운트다운 초기화

```
var counter = 10
```

4. 이제 빈 countdown 배열에 남은 초 수를 반복적으로 추가하는 함수를 생성한다.

```
setInterval(function () {
  if (counter > 0) {
    vm.countdown.push(counter--)
  }
}, 1000)
```

동작 원리

우리가 하려고 하는 것은 countdown 배열에 대한 참조를 얻고, 그것을 setInterval의 도움을 받아 점차 감소하는 숫자로 채우는 것이다.

예제에서는 vm.countdown.push (counter--) 행에서 설정한 vm 변수를 통해 countdown에 접근하고 있는데, 배열에 새로운 숫자를 추가할 때마다 리스트가 업데이트된다. 이 코드는 매우 간단한데, 요소에 배열을 추가하기 위해 push 함수를 사용하고 있다는 점을 알아두자. 대괄호를 사용해 요소를 추가해도 작동하지 않는다.

```
vm.countdown[counter] = counter-- // 동작하지 않는다.
```

배열이 갱신되지만 자바스크립트의 구현 방식때문에 뷰의 반응형 시스템을 건너뛰게 된다.

추가 정보

코드를 실행하면 카운트다운 번호가 한 번에 하나씩 추가된다. 훌륭하다. 하지만 마지막 엘리먼트로 launch missile!을 추가하는 것은 어떨까? 단지 해당 문자열이 마지막에 나타나는 것을 원한다.

여기에 HTML에 직접 적용해볼 수 있는 약간의 수정사항이 있다.

```
<ul>
  <li v-for="n in countdown">{{n}}</li>
  <li>{{ countdown.length === 10 ? 'launch missile!' : '...' }}</li>
</ul>
```

이 솔루션이 우리가 할 수 있는 최선은 아니다. v-show의 레시피 영역에서 좀 더 자세히 배우도록 하자. 뷰를 업데이트하기 원할 경우, 대괄호를 사용해 반응형 배열에 요소를 추가할 수 없다는 것을 배웠다. 대괄호를 사용해 배열의 요소를 수정하고 길이를 수동으로 변경하는 경우에도 마찬가지다.

```
vm.reactiveArray[index] = 'updated value' // 뷰에 영향을 미치지 않음.
vm.reactiveArray.length = 0 // 아무런 일도 일어나지 않음.
```

splice 메서드를 사용해 이 제한사항을 회피하는 것이 가능하다.

```
vm.reactiveArray.splice(index, 1, 'updated value')
vm.reactiveArray.splice(0)
```

▌ 클릭 및 키 입력과 같은 이벤트에 반응하기

모든 애플리케이션의 기본적인 역할은 사용자와의 상호작용이다. 뷰는 대부분의 사용자 이벤트를 가로채 관련 작업에 연결시키는 단축 표현을 사용한다.

준비하기

이 레시피를 성공적으로 완료하기 위해서는 리스트를 작성하는 방법을 알아야 한다. 그렇지 않은 경우 2장, '기본 뷰JS 기능들' 내의 '계산된 속성을 사용해 리스트 필터링하기' 레시피를 확인하자.

구동 방법

다음 코드는 click 이벤트에 반응하는 방법을 보여준다.

1. 다음 HTML을 입력한다.

```
<div id="app">
<button v-on:click="toast">Toast bread</button>
</div>
```

2. 다음 자바스크립트 코드를 입력한다.

```
new Vue({el:'#app', methods:{toast(){alert('Tosted!')}}})
```

3. 코드를 실행하자. 이벤트 리스너가 버튼에 연결된다.
4. 버튼을 클릭하면 Toasted라는 팝업이 표시된다.

동작 원리

앞의 코드를 실행하면 버튼에 이벤트 핸들러가 연결된다. 문법은 v-on : DOMevent = "methodEventHandler"다. 핸들러는 메서드, 즉 methods 옵션에 선언돼 있는 함수여야 한다. 앞의 예에서는 toast가 핸들러다.

양방향 데이터 바인딩

v-on 속성은 대부분의 경우에 사용 가능하다. 이벤트가 엘리먼트에서 발생하는 경우에 특히 그렇다. 반면, 일부의 경우에는 너무 장황한 표현일 수도 있다.

예를 들어, 텍스트 박스가 있고 그것의 내용을 담고 있는 변수를 갱신하고 텍스트 박스가 항상 변수의 최신 값(양방향 데이터 바인딩이라고 함)을 반영하게 하고 싶다면 몇 가지 핸들러를 작성해야만 한다. 그 대신 해당 작업은 다음 코드와 같이 v-model 속성에 의해 수행될 수 있다.

```
<div id="app">
  <button v-on:click="toast">Toast bread</button>
  <input v-model="toastedBreads" />
```

```
    Quantity to put in the oven: {{toastedBreads}}
</div>

new Vue({
  el: '#app',
  methods: {
    toast () {
      this.toastedBreads++
    }
  },
  data: {
    toastedBreads: 0
  }
})
```

애플리케이션을 조금만 실행해보면 텍스트 박스를 동기화 상태로 유지하기 위해 핸들러가 필요 없다는 것을 알 수 있다. toastedBreads가 업데이트될 때마다 텍스트도 업데이트되고 이와 반대로 숫자를 쓸 때마다 수량도 업데이트된다.

추가 정보

이 장의 첫 번째 레시피를 따라 해봤다면, 다양한 세계를 어떻게 환영했는지 기억하고 있을 것이다. 우리는 사용자 경험을 보다 상호작용 가능하도록 만들 수 있다. 우리가 환영하고 싶은 행성의 목록을 작성해보자.

```
<div id="app">
  <ul>
    <li v-for="world in worlds">{{world}}</li>
  </ul>
</div>

new Vue({
  el: '#app',
  data: {
```

```
  worlds: ['Terran', 'L24-D', 'Ares', 'New Kroy', 'Sebek', 'Vestra']
  }
})
```

우리는 새로 정복된 세계를 기록하고 파괴한 세계는 삭제할 수 있기를 원한다. 이는 리스트에 요소를 추가하고 제거한다는 것을 의미한다. 다음 HTML을 확인해보자.

```
<ul>
  <li v-for="(world, i) in worlds">
    {{world}}
  <button @click="worlds.splice(i, 1)">Zap!</button>
  </li>
</ul>
<input v-model="newWorld"/>
<button @click="worlds.push(newWorld)">Conquer</button>
```

여기서 @ 기호는 v-on의 약자다. 변경사항을 살펴보자.

1. 행성을 제거하는 버튼을 추가했다(v-for에 인덱스를 사용했다).
2. newWorld 데이터 변수에 바인드된 텍스트 박스를 추가했다.
3. 텍스트 박스 내용을 목록에 추가하는 버튼을 추가했다.

코드를 실행하면 잘 동작하는 것 같지만 개발자 콘솔을 보면 텍스트 필드를 업데이트할 때 선언되지 않은 newWorld 속성을 참조하려 한다는 경고가 표시된다.

 [Vue warn]: Property or method "newWorld" is not defined on the instance but referenced during render. Make sure to declare reactive data properties in the data option. (found in root instance)

이것은 뷰 인스턴스에서 newWorld를 선언한 적이 없기 때문에 발생한다. 하지만 쉽게 해결할 수 있다.

```
new Vue({
  el: '#app',
  data: {
    worlds: ['Terran', 'L24-D', 'Ares', 'New Kroy', 'Sebek', 'Vestra'],
    newWorld: ''
  }
})
```

█ 개발 환경 선택하기

순수한 JSFiddle을 이용한 방법부터 웹스톰을 사용한 보다 견고한 개발 방법에 이르기까지 몇 가지 스타일을 둘러볼 것이다. 라이브러리를 사용해 소프트웨어에 새로운 기능을 추가할 수 있기를 원하기 때문에 개발 방법에 관계없이 추가할 수 있는 가이드를 제공한다.

구동 방법

가장 간단한 방법부터 시작해 더 큰 프로젝트를 위한 좀 더 복잡한 방법까지 제공한다.

웹 브라우저만 사용

JSFiddle과 같은 일련의 웹 사이트(CodePen 및 JS Bin 등)를 통해 웹 브라우저에서 바로 뷰 애플리케이션을 작성할 수 있으며, 새로운 기능을 테스트하거나 이 책에서 소개하는 레시피를 구동시킬 수도 있다. 반면, 이런 방식은 좀 더 복잡한 애플리케이션을 개발하기 위한 코드 구성 측면에서는 너무 제한적이다.

이 장의 첫 번째 레시피에서 이와 같은 개발 스타일이 사용되므로 웹 브라우저만 사용해 개발하는 방법을 배우려면 이 스타일을 참고하자.

일반적으로는 개발하고 있는 프로젝트에 따라 언급한 방법들을 사용해 레시피에서 작성한 것들을 보다 구조화된 환경으로 옮겨야만 한다.

웹 브라우저만으로 의존성 추가하기

외부 라이브러리에 대해 언급할 때마다 인터넷상에서 대상 .js 파일(CDN으로 배포되는 것이 바람직함)을 검색해 JSFiddle의 왼쪽 메뉴에 추가한다. moment. 파일로 시험해보자.

1. 새로운 JSFiddle 창을 연다(웹 브라우저에서 https://jsfiddle.net/).
2. 다른 탭을 열고 즐겨 찾는 검색 엔진에서 momentjs CDN을 검색한다.
3. 첫 번째 결과는 링크 목록이 있는 CDN 웹 사이트로 연결된다.
4. 결국 https://somecdn.com/moment.js/XXX/moment.js와 같은 것을 발견할 텐데 여기에서 X는 버전 번호를 나타낸다.
5. 찾은 링크를 복사하고 JSFiddle로 돌아간다.
6. 왼쪽의 External Resources 섹션에서 링크를 붙여 넣고 Enter를 누른다.

대부분 라이브러리의 경우 이것으로 충분하지만, 일부 라이브러리는 이런 방식을 지원하지 않으므로 다른 방식으로 JSFiddle에 포함시켜야 한다.

텍스트 편집기

가장 원시적인 시작 및 실행 방법은 텍스트 편집기와 웹 브라우저를 사용하는 것이다.

이 방법들은 단순하고 자체 내장된 구성 요소에 대해 정상 동작한다.

최근 선택할 수 있는 텍스트 편집기가 다수 존재하고 있다. 그중에서 마이크로소프트의 비주얼 스튜디오 코드(https://github.com/Microsoft/vscode)를 추천하고 싶다. 다른 것을 사용할 때와는 약간의 차이가 존재하지만, 비쥬얼 스튜디오 코드에는 Vue용 플러그인이 존재한다.

1. myapp.html을 생성한다.

```html
<!DOCTYPE html>
    <html>
      <head>
        <title>Vue.js app</title>
      </head>
      <body>
        <div id="app">
          {{'hello world'}}
        </div>
        <script
          src="https://cdnjs.cloudflare.com/ajax
           /libs/vue/2.0.0/vue.js">
        </script>
        <script>
          new Vue({el:'#app'})
        </script>
      </body>
    </html>
```

2. 방금 생성한 파일을 웹 브라우저에서 연다.

뷰가 https://cdnjs.com/에서 다운로드되며 Hello World를 볼 수 있을 것이다(머스태치 문법은 보이지 않아야 한다. 만약, 기호들이 보이면 무엇인가 잘못돼 콘솔에 오류가 있는지 확인하자).

이 접근 방식은 JSFiddle과 유사하다. HTML, 자바스크립트 및 CSS 부분이 맨 위에 존재한다. 이 방식으로 모든 것을 통제하에 두고 있다. 또한 이 방법을 사용하면 뷰 개발자 도구 (뷰 개발자 도구를 사용해 애플리케이션을 꿰뚫어 보기를 확인하자)도 사용할 수 있다.

텍스트 편집기에서 의존성 추가하기

텍스트 편집기를 사용할 때 외부 라이브러리를 추가하는 것은 단순히 파일에 다른 `<script>` 항목을 추가하고 소스 속성을 해당 링크에 설정하는 것을 의미한다.

만약 moment.js를 추가하고 싶다면 앞서 설명한 것과 같은 방법으로 라이브러리를 검색한 후에 다음과 같은 코드를 페이지에 추가해야 한다.

```
<script src="https://somecdn.com/moment.js/X.X.X/moment.js "></script>
```

 위 스니펫에서 언급한 가짜 링크 대신 실제로 찾은 링크를 붙여 넣어야 한다.

노드 패키지 관리자

뷰 프로젝트와 협업하는 공식적인 방법이고 뷰 커뮤니티가 지원하는 방법은 노드 패키지 관리자Node Package Manager, npm을 사용하는 것인데, 특히 vue-cli라는 npm 패키지를 사용하는 것이다.

만약 자바스크립트로 계속 개발할 예정이지만, npm에 익숙하지 않다면 할 일 목록에 npm 학습을 추가하자.

간단히 말하면, npm은 다른 사람들의 코드를 프로젝트에서 직접 사용하는 것을 넘어 코드를 구성하고 공유하는 도구다. 좀 더 공식적인 언급은 자바스크립트로 된 모든 것을 위한 패키지 관리자다. 이 책의 뒤에서 일부 고급 기능을 사용하겠지만, 그 전에 간단한 몇 가지 기본 명령을 사용해보자.

1. npm을 설치하자. 노드JS와 번들돼 있으므로 최선은 노드JS를 직접 설치하는 것이다. 지침은 https://nodejs.org/en/download/에서 찾을 수 있다.

2. npm을 설치한 후 명령 줄을 열고 npm install -g vue-cli를 입력하자. 그러면 vue-cli가 설치된다. -g 옵션은 전역 설치를 의미하며, 사용자가 어디에 있더라도 vue를 입력하면 명령어를 실행할 수 있음을 의미한다.

3. 작업 영역으로 사용할 새 디렉터리를 만든다. 모든 프로젝트를 그 안에 위치시킬 것이다.

4. vue list;를 입력한다. 공식 뷰 템플릿 저장소에서 사용 가능한 모든 템플릿을 얻을 것이다. 다른 템플릿들은 다른 소스에서 사용할 수 있다.

simple 템플릿은 이전에 몇 단락을 거쳐 생성한 것과 비슷한 페이지를 생성한다. vue init simple을 실행하고 확인해보자. 이전에 작업한 것과 차이점을 찾아보자. 우리가 지금하고 있는 일은 한 단계 더 나아간 것이다. 번들러를 포함하는 보다 복잡한 템플릿을 사용할 것이다. 웹팩webpack과 브라우저리파이browserify를 사용할 수 있는데, 여기서는 웹팩을 사용한다.

웹팩이나 브라우저리파이를 모르는 경우를 위해 설명하면, 이것들은 자바스크립트의 소스나 리소스들(이미지, CSS 파일 및 기타)에서 사용자가 정의한 번들까지 빌드 프로세스 전체를 제어하는 프로그램이다. 예들 들면 하나의 js 파일을 생성하는 것과 같은 일을 한다.

1. vue init webpack-simple을 입력하면 프로젝트를 어떻게 구성하길 원하는지에 대한 질문이 표시된다. 어떻게 대답할지 모르겠다면, Enter를 눌러 기본값을 입력하자. 동일한 방법으로 browserify-simple 템플릿을 선택할 수 있다. 그것들은 동일한 결과를 내놓는 2개의 서로 다른 라이브러리다.

2. 스캐 폴딩이 완료되면 npm install을 입력하자. 이렇게 하면 뷰 앱을 작성하는

데 필요한 npm 패키지를 모두 다운로드하고 설치한다. 이후에는 동작하는 데모 애플리케이션을 얻을 수 있다.

3. 애플리케이션을 실행하기 위해선 `npm run dev`를 입력하자. 추가 지시 사항이 화면에 나타나고 특정 웹 주소를 방문하라고 알려주지만, 웹 브라우저가 자동으로 열릴 확률이 높다.

4. 지정된 주소로 웹 브라우저를 이동시키자. 데모 애플리케이션을 즉시 볼 수 있을 것이다.

`vue-cli`로 만든 소스 파일을 탐색해보면 두 가지 주목할 만한 파일을 찾을 수 있다.

첫 번째 파일은 애플리케이션의 시작점인 `src/main.js`인데, 다음과 같은 내용을 포함하고 있다.

```
import Vue from 'vue'
import App from './App.vue'

new Vue({
 el: '#app',
 render: h => h(App)
})
```

이 코드는 방금 살펴본 `index.html` 페이지에 로드됐는데, 단지 `#app`(엘리먼트의 id 속성이 "app"인 `<div>`)로 선택된 엘리먼트에 App 컴포넌트를 로드하고 렌더링하도록 기본 뷰 인스턴스에 명령한다.

`App.vue` 파일은 뷰 컴포넌트를 작성할 수 있는 방법들을 그 내부에 포함하고 있다. 다른 레시피에서 컴포넌트에 더 많은 내용을 찾을 수 있지만, 지금은 좀 더 정돈된 형태로 애플리케이션을 분할할 수 있는 방법으로 생각하자.

다음 코드는 공식 템플릿에서 찾을 수 있는 코드와는 다르지만, 일반적인 구조를 요약한 것이다.

```
<template>
  <div id="app">
    <img src="./assets/logo.png">
    <h1>\{{ msg }}</h1>
  </div>
</template>
<script>
export default {
  data () {
    return {
      msg: 'Hello Vue 2.0!'
    }
  }
}
</script>
<style>
body {
  font-family: Helvetica, sans-serif;
}
</style>
```

코드가 HTML, 자바스크립트 및 CSS로 분리된 것이 반복되는 패턴임을 알 수 있다. 이 파일에서 우리는 첫 레시피의 JSFiddle과 비슷한 것을 볼 수 있다.

<template> 태그에 HTML, <script> 태그에 자바스크립트 코드를 넣고 <style> 태그를 사용해 애플리케이션에 스타일을 추가했다.

npm run dev를 실행한 후에 파일에서 msg 변수를 편집할 수 있다. 웹 페이지는 수정 사항을 저장한 후 구성 요소를 자동으로 다시 로드한다.

npm을 사용해 의존성 추가

지금 환경에서 외부 라이브러리를 추가하려면 npm install에 이어 라이브러리 이름을 입력하기만 하면 된다. 그 후 코드에서 다음 줄을 추가한다.

```
import MyLibrary from 'mylibrary'
```

다음 명령을 사용해 moment.js를 포함시킬 수 있다.

```
npm install moment
```

그런 다음, 자바스크립트에서 다음 줄을 추가한다.

```
import moment from 'moment'
```

IDE

프로젝트가 매우 큰 경우, IntelliJ 또는 웹스톰과 같은 도구를 이미 사용하고 있을 것이다. 이 경우, 대부분의 작업에서 임베디드된 콘솔을 사용하고 구문 강조 및 코드 완성과 같은 기능만 활성화할 것을 추천한다. 뷰의 개발자 도구는 아직 완벽하지 않기 때문에 실제로 프로그래밍하는 것보다 도구를 구성하는 데 더 많은 시간을 할애해야 하기 때문이다.

1. 웹스톰을 열고 새 빈 프로젝트를 생성한다.

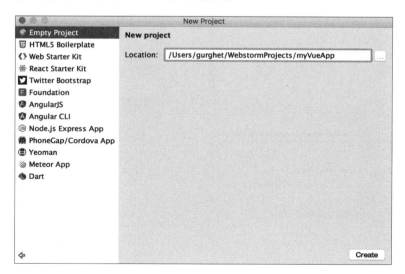

2. 좌측 하단에 있는 메뉴를 통해 콘솔이나 터미널을 연다.

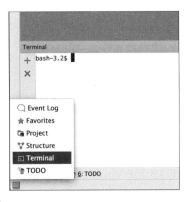

3. 이 프롬프트 화면에서 이전 단락에서 설명한 대로 정확히 npm으로 작업할 수 있다. 아직 읽지 않았다면 읽어보자. 여기서는 노드와 vue-cli가 설치돼 있다고 가정한다.

4. vue init simple을 입력한 후 질문에 답하자. 다음과 유사한 화면이 나올 것이다.

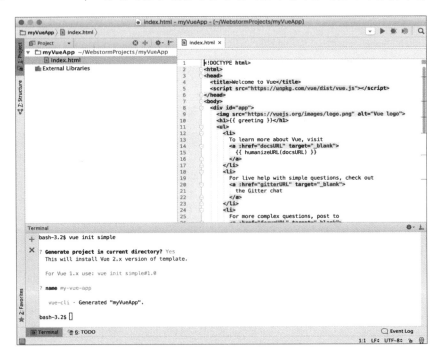

5. index.html 파일을 두 번 클릭해 연다.

6. index.html 파일의 우측 상단에 마우스 포인터를 올려놓으면 웹 브라우저 아이콘이 표시된다. 클릭해보자.

7. 예제 애플리케이션이 구동되고 있다.

마무리

상세 레시피에서 이것들이 어떻게 작동하는지 자세히 볼 수 있다. 여기서는 뷰를 개발할 수 있는 가능성에 대해서만 간략하게 살펴봤다. 빠른 프로토타입을 위해서는 확실히 JSFiddle을 사용할 수 있다. 자신만의 환경이 필요하거나 뷰 개발자 도구를 사용해야만 한다면 텍스트 편집기를 사용하는 것도 허용된다. 하지만 규모가 큰 프로젝트의 경우에는 npm, 웹팩 또는 브라우저리파이를 익히고 vue-cli를 사용해 새 프로젝트를 스캐폴딩해야 한다.

▌ 필터로 텍스트 서식 지정하기

첫 번째 버전의 뷰는 텍스트 서식을 지정하거나 일반적인 문제 해결에 도움이 되는 텍스트 필터가 번들로 제공됐다. 새로운 버전에는 내장 필터가 존재하지 않는다(다음 레시피에서 다루는 JSON 필터와 같은 것은 제외). 이는 자신만의 필터를 작성하거나 특수한 상황에서도 잘 동작하는 라이브러리를 온라인상에서 찾는 일이 쉽기 때문이다. 마지막으로 필터의 용도가 다소 변경됐는데 이전 용도인 필터링, 정렬 등보다 후처리에 더 집중하고 있다. 필터를 만드는 것이 얼마나 쉬운지를 보여주기 위해 이전 버전에서 뷰 필터였던 capitalize를 만들어본다.

준비하기

이 레시피를 완료하는 데는 특별한 지식이 필요하지 않다.

구동 방법

때로는 레이블과 같이 위치가 유동적인 문자열 변수들이 존재한다. 그것들은 문장의 중간에 위치할 때는 별 문제가 없지만, 문장의 시작 부분에 나타날 때는 다소 어색해 보인다.

어떤 문자열이든 머릿글자를 대문자로 만들어주는 필터를 작성하고 싶다. 예를 들어, 문자열 hello world를 대문자 H로 시작하게 하려면 다음과 같이 작성할 수 있다.

```
{{'hello world' | capitalize }}
```

뷰 앱에서 이 HTML을 실행해보면 뷰는 다음과 같이 불평할 것이다.

```
[ Vue warn]: Failed to
resolve filter: capitalize.
```

먼저 필터를 생성하고 뷰의 내부 필터 목록에 추가해보자.

1. 필터를 등록하고 뷰 인스턴스를 생성하기 위해 다음 자바스크립트 코드를 작성한다.

    ```
    Vue.filter('capitalize', function (string) {
      var capitalFirst = string.charAt(0).toUpperCase()
        var noCaseTail = string.slice(1, string.length)
          return capitalFirst + noCaseTail
    })
    new Vue({el:'#app'})
    ```

2. 다음 HTML을 작성한다.

    ```
    {{'hello world' | capitalize }}
    ```

3. 코드를 실행하고 텍스트가 Hello world로 출력되는 것을 확인하자.

동작 원리

파이프 기호는 이어 필터명이 나온다는 것을 의미한다. 예제의 경우 capitalize는 뷰의 필터 목록에 없으므로 경고를 출력하고 있는 그대로의 문자열을 출력한다.

시작하기 전에 Vue.filter를 사용해 라이브러리에 필터를 등록해야 한다. 뷰는 내부 필터 객체들을 갖고 있는데, 그곳에 새로운 필터인 capitalize를 추가할 것이다. 뷰는 파이프 기호를 볼 때마다 해당하는 필터를 검색한다. 필터는 뷰의 인스턴스가 생성되기 전에 추가해야 하는 것을 잊지말자. 그렇지 않으면 필터 검색에 실패할 것이다.

필터 작업은 매우 기본적인 자바스크립트를 사용하는데 ES6를 사용해 더 낫게 작성한 것은 다음과 같다.

```
Vue.filter('capitalize', function (string) {
  var [first, ...tail] = string
  return first.toUpperCase() + tail.join('')
})
```

ES6에 익숙하지 않은 독자들을 위해 간단히 설명하면 두 번째 줄은 문자열의 비구조화 할당이라고 부른다. 예제는 string 변수를 문자 배열로 해석한 후 첫 번째 문자를 first 변수, 그 외 다른 문자는 모두 tail에 넣는다.

이 방법을 사용하면 빠르게 배열의 나머지 영역들을 여러 개의 변수에 할애할 수 있다. 또 다른 신비한 구문은 join('')이다.

이제 tail은 문자 배열이므로, 흩어져 있는 문자로 하나의 문자열로 다시 결합하는 방법이 필요하다. join 함수의 인자는 단일 문자 사이의 구분 기호를 나타낸다. 예제에서는 구분 기호를 필요로 하지 않기 때문에 빈 문자열을 넘겨준다. 다음 장에서 필터에 대한 더 많은 레시피를 확인하고 여러 가지 실제 사용 사례를 다룰 것이다.

▌ 머스태치를 사용해 애플리케이션 디버깅하기 (예: JSON 필터)

이전 레시피에서는 필터의 전체적인 개요를 다뤘는데, 뷰에는 JSON 필터와 유사한 것을 제외하고는 필터가 내장돼 있지 않다고 이야기했다. 이 필터들은 매우 유용했으며, 디버깅 측면에서 정통적인 접근은 아니지만, 때로는 개발을 더욱 편하게 만들어준다. 이번 레시피에서는 직접 작성하지 않고 내장 기능을 곧바로 사용할 수 있다.

구동 방법

실제 작동하는 것을 보고 싶다면 뷰 인스턴스 내부 객체의 값을 출력하면 된다.

1. 자바스크립트 코드를 작성한다.

```
new Vue({
  el: '#app',
  data: {
    cat: {
        sound: 'meow'
    }
  }
})
```

이렇게 하면 코드 안에 문자열이 있는 cat 객체가 만들어진다.

2. HTML을 작성한다

```
<p>Cat object: {{ cat }}</p>
```

3. 앱을 실행하고 cat 객체가 JSON.stringify 결과와 유사하게 출력되는지 확인한다.

동작 원리

예제에서는 cat 객체의 JSON 표현을 출력하는데, 이전 뷰에서 동일한 결과를 얻으려면 다음과 같이 써야 했다.

```
{{cat | json}}.
```

이때 주의해야 할 것은 객체 내부의 루프다. 만약, 객체가 순환 참조를 포함하는데, 이것을 머스태치로 포함시키면 작동하지 않을 것이다. 이러한 객체는 당신이 생각하는 것보다 흔하게 존재한다. 예를 들어, HTML 요소는 부모 노드에 대한 참조를 포함하는 자바스크립트 객체다. 부모 노드는 차례로 자식 노드에 대한 참조를 포함한다. 그러한 트리 구조는 머스태치가 객체의 설명을 무한히 출력하게 한다. 실제로 시도해보면 뷰는 오류가 발생하고 작업을 거부한다. 콘솔에서 볼 수 있는 오류는 실제로 JSON.stringify의 객체를 인쇄하는 데 사용되는 뷰의 내부 메서드에 의해 발생한다.

실제로 머스태치를 사용하는 것이 유용할 때는 동일한 값이 여러 곳에서 변경되거나 변수의 내용을 신속하게 확인하고자 할 때다. 머스태치는 데모 목적으로도 유용할 수 있는데, 이는 이전 예제에서 확인했을 것이다.

▌ 뷰 개발자 도구를 사용해 애플리케이션 꿰뚫어 보기

머스태치를 사용하면 객체의 내용을 빠르게 표시할 수 있다. 그러나 몇 가지 한계가 존재한다. 이전 레시피에서 설명됐던 한계점 중 하나는 순환 참조를 포함하는 객체를 다루면 동작이 즉시 중단된다는 것이다. 내부 변수 검사 시에 이런 제한 없이 더 많은 디버깅 기능을 제공하는 도구는 뷰 개발자 도구다. 각 개발 단계마다 컴포넌트의 상태, 페이지에서의 위치 등을 시각화하는 데 도움이 되는 크롬 확장 프로그램이 존재한다. 또한 Vuex와 깊게 통합돼 있으며(나중에 별도의 레시피에서 다룬다) 웹 브라우저에서 직접 이벤트 흐름을 되감기

할 수 있는 타임머신 기능이 존재한다.

준비하기

설치하려면 카테고리의 크롬 웹 스토어의 Extensions 카테고리에서 다운로드하면 된다.
Vue.js devtools를 검색하면 바로 찾을 수 있다. ADD TO CHROME을 누르면 다음과
같이 설정할 수 있다.

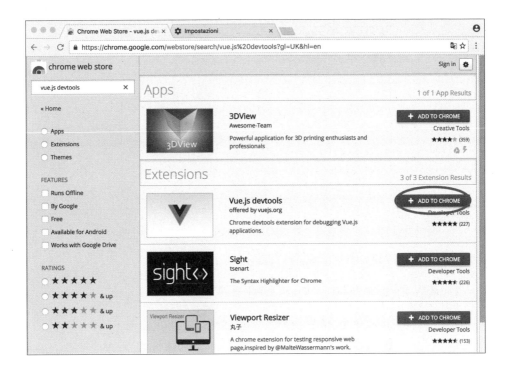

불행하게도 일부 환경에서는 사용할 수 없다. 특히 현재는 iframe 환경에서 작동하지 않
는 것으로 보이며, JSFiddle도 그중 하나이므로 이를 보려면 개발 환경 선택 레시피에 설
명한 한 가지의 접근 방법을 사용해야 한다.

구동 방법

1. 크롬 개발자 도구(일반적으로 cmd + opt + I 또는 Ctrl + Shift + I)를 사용하면 끝에 Vue라는 새 탭이 표시되는데, 이를 클릭하면 뷰 개발자 도구로 이동한다.

> ⓘ 린 페이지에서 도구가 작동되게 하려면 크롬 확장 프로그램 관리 패널에서 이 확장 프로그램의 파일 URL에 대한 액세스 허용을 선택해야 한다.

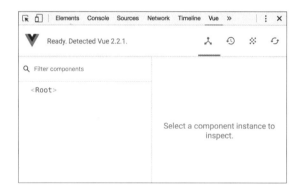

페이지에 배치된 컴포넌트의 계층적인 트리가 표시되며, 이를 선택하면 모든 변수의 내부까지 실시간으로 볼 수 있다.

2. 세부 정보를 보기 위해 트리의 객체를 클릭하자.

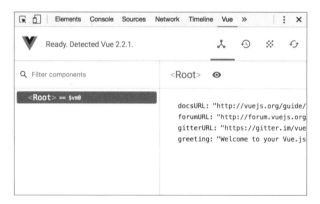

또 다른 유용한 버튼이 표시된다. inspect DOM 버튼(눈 모양)은 페이지 내의 엘리먼트가 있는 곳으로 스크롤되며, 크롬 개발자 도구에 DOM 표현을 보여준다. 또한 컴포넌트(그림에서 루트)를 클릭하면 $ vm0과 같은 변수를 콘솔에 사용할 수 있다. 예를 들어, 메서드를 실행하거나 변수를 검사할 수 있다.

3. 루트 컴포넌트를 클릭하고 콘솔에 다음을 작성해 $ vm0.docsUrl 속성을 탐색해보자.

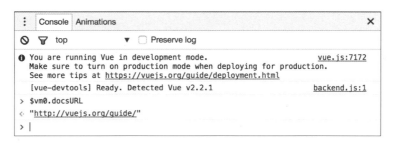

▌ 뷰JS 2로 업그레이드하기

뷰 앱을 버전 2로 업그레이드해야 하는 경우, 대부분의 코드는 그대로 사용해도 좋다. 수정이 필요한 몇 가지 기능이 존재하는데, 일부는 단순한 이름 변경이고, 일부는 더 복잡한 작업이 필요하다.

구동 방법

크리스 피츠Chris Fitz(뷰 팀의 핵심 팀원)는 마이그레이션을 앞당기기 위해 코드를 검사하고 마이그레이션을 안내하는 작은 헬퍼 애플리케이션을 작성했다.

1. 다음 npm 명령을 사용해 Vue Migration Helper를 설치하자.

```
npm install -g git://github.com/vuejs/vue-migration-helper.git
```

2. app폴더로 이동한다

3. 다음 명령어로 프로그램을 실행한다.

```
vue-migration-helper
```

변경이 필요한 모든 행이 강조될 것이다. 업데이트를 완료했거나 여전히 의문이 생기면 마이그레이션을 위한 공식 문서(https://rc.vuejs.org/guide/migration.html)를 참고하자.

동작 원리

문서를 한번 읽으면 업데이트가 필요한 중요한 사항들에 대해 쉽게 이해할 수 있다. 여기서는 가장 어려운 수정 사항에 대한 근거를 제공한다.

$ broadcast, $ dispatch 및 이벤트 옵션의 사용 중지

$ broadcast와 $ dispatch 둘 다 $ emit 메서드에 병합되는데 문법은 동일하다. 불행하게도 $ broadcast와 $ dispatch의 모든 인스턴스를 $ emit으로 바꾸는 것은 이벤트 관리에 사용되는 패턴이 조금 달라졌기 때문에 항상 작동하는 것은 아니다.

뷰 1에서는 이벤트가 계층 트리를 통해 아래쪽($broadcast 의 경우) 또는 위쪽($dispatch의 경우), 가로 방향($emit의 경우)의 경로를 따른다.

솔직하게 말해, 이벤트를 발생시키는 2개의 메서드(예전의 $ emit까지 포함하면 3개)를 갖는 것을 좋아하지 않았다. 이 이벤트가 부모 것인지 자식 것인지 질의해야 했기 때문에 작은 상황에서조차 혼란스러울 때가 많았다.

대부분의 경우 구별이 중요하지 않았기 때문에 바로 메서드를 실행하기 원했다. 그러나 무료 점심 같은 것은 존재하지 않는다. 새로운 패러다임에서 모든 것을 제대로 작동하게 하려면 시스템에 작업이 필요하다.

이제는 모든 이벤트가 하나 이상의 중앙 허브를 통과해야 한다. 이 중앙 허브의 역할은 뷰 인스턴스에서 수행될 수 있는데, 이는 뷰 인스턴스가 필요한 인터페이스를 구현하기 때문이다.

v-on이 소비하는 데 이벤트가 전달될 때는 $broadcast를 $emit으로 대체하는 것이 좋다. 이벤트가 멀리 이동할 필요가 없기 때문이다. 반면, 이벤트 측면에서 구성 요소의 인터페이스를 정의하는 경우, 더 이상 작동하지 않으므로 이벤트 옵션을 사용하지 말아야 한다. 이것은 모든 이벤트가 허브를 통과하기 때문에 생기는 직접적인 결과다. 이벤트 옵션은 모든 이벤트를 등록할 위치를 알 수 없다. 이는 하나의 전달 메서드($emit)를 사용하기 때문에 생기는 트레이드 오프다. 이벤트는 모든 방향에서 발생하지만, 정밀한 연결이 필요하다.

이벤트 허브의 역할을 할 전용의 뷰 인스턴스가 있다고 가정해보자.

```
var eventBus = new Vue()
```

만약 찻잔 컴포넌트를 작성하고 brew 이벤트를 등록하려면 다음과 같이 생성하고 이벤트를 등록할 것이다.

```
new Vue({
  el: '#app',
  components: {
   comp1: {
        template: '<div/>',
        created () {
        eventBus.$on('brew', () => {
        console.log('HTTP Error 418: I'm a teapot')
      })
    }
   },
    comp2: {
        template: '<div/>',
        created () {
```

```
            eventBus.$emit('brew')
        }
      }
    }
})
```

그리고 다음과 같은 HTML을 추가한다.

```
<div id="app">
  <comp1></comp1>
  <comp2></comp2>
</div>
```

brew 이벤트가 eventBus. $emit('brew')을 통해 전달될 때마다 콘솔에서 메시지를 출력한다.

 이 예제는 그다지 확장성이 없다. 생성된 후크에 많은 이벤트를 하고 등록된 허브에서 쉽게 추적할 수 없다. 이와 관련해서 더 복잡한 시나리오의 경우에는 이후의 레시피에서 소개할 Vuex를 사용하는 것이다.

생성하는 모든 컴포넌트는 이벤트 허브의 역할을 할 수 있다. 또한 리스너를 삭제하는 $off 메서드와 한 번만 이벤트를 수신하는 $.once 메서드도 존재한다.

배열 필터의 사용 중지

v-for 리스트를 자주 필터링했다면 나쁜 소식이 있다. 현업에서 필터의 가장 일반적인 용도가 v-for를 사용하는 경우라고 하더라도 커뮤니티는 이 기능을 제거하기로 결정했다. 그 이유는 종종 너무 많은 필터가 사용되고, 그것들이 연결되기 때문에 후에 추론하기가 어려워지고 유지보수가 어려워지기 때문이다.

리스트를 필터링하는 새로운 권장 방법은 계산된 속성을 사용하는 것이다. 다행스럽게도 해당 항목에 대한 전체 레시피를 갖고 있다. 다음 장의 '계산된 속성을 사용해 리스트 필터링하기' 레시피를 참고하자.

Vue.config.delimiters의 사용 중단

사용자 지정 구분 기호는 컴포넌트 수준에 존재하지 않는다. 원한다면 다른 구분 기호를 사용해 2개의 다른 컴포넌트를 가질 수 있다.

이 부분은 상당히 쉽게 업그레이드할 수 있으며 다른 템플릿 엔진에서 사용할 컴포넌트를 생성할 수 있다.

```
<div id="app">
  {!msg!}
</div>

new Vue({
 el: '#app',
 data: {
   msg:'hello world'
 },
 delimiters: ['{!','!}']
})
```

라이프 사이클 후크의 명칭 변경

라이프 사이클은 이제 장기적으로 이름을 기억하는 데 도움이 되는 보다 일관된 이름을 가진다.

기존 후크	새로운 후크
init	beforeCreate
created	reated

02

기본 뷰JS 기능들

이 장에서는 다음 레시피들을 다룬다.

- 계산된 속성 사용하기
- 계산된 속성을 사용해 리스트 필터링하기
- 계산된 속성으로 리스트 정렬하기
- 필터로 통화 서식 지정하기
- 필터로 날짜 서식 지정하기
- 조건부로 엘리먼트 표시 숨기기
- 조건부로 스타일 추가하기
- CSS 전환으로 앱에 재미 추가하기
- 원본 HTML 출력하기

- 체크 박스가 있는 양식 작성하기
- 라디오 버튼을 사용해 양식 작성하기
- select 엘리먼트로 양식 작성하기

▌소개

이 장에서는 필요한 기능을 전부 전부 갖는 동시에 대화형인 뷰 애플리케이션을 개발하기 위해 필요한 모든 요소들을 찾을 수 있다. 첫 번째 레시피에서는 시맨틱 애플리케이션을 만드는 데 활용할 수 있는 계산된 속성을 생성하는데, 이것은 로직을 캡슐화한다. 그리고 필터 및 v-html 지시자를 사용한 텍스트 서식에 대해 좀 더 살펴본다. 조건부 렌더링 및 트랜지션을 사용해 좀 더 매력적인 애플리케이션을 만들 수 있다. 마지막으로, 체크 박스, 라디오 버튼과 같은 양식을 위한 몇 가지 엘리먼트를 생성한다. 이번 장부터는 모든 레시피가 ES6만을 사용해 작성된다. 이 글을 쓰는 시점에서 크롬 9x 및 JSFiddle을 사용해 따라 한 경우, 완벽하게 작동할 것이다. 배운 내용들을 더 큰 프로젝트에 통합하는 경우, 바벨을 사용하는 것을 잊지 말자(자세한 내용은 8장, '구성 + 자동화 + 배포 = 웹팩'의 '바벨을 사용해 ES6에서 컴파일하기' 레시피 영역을 참조하자).

▌계산된 속성 사용하기

계산된 속성은 다른 기본 데이터를 기반으로 한 계산에 의존하는 뷰 컴포넌트의 데이터 다. 이 기본 데이터가 반응형일 경우 계산된 속성은 최신 상태를 유지하며 자체적으로 반응형이 된다. 이 설명에서, 기본 데이터라는 뜻은 상대적인 단어다. 계산된 속성을 기반으로 또 다른 계산된 속성을 생성할 수 있다.

준비하기

이 레시피를 시작하기 전에 v-model 지시자와 @event 표기법을 알아두자. 확실하지 않은 경우, 앞의 '클릭 및 키 입력 이벤트에 반응하기' 레시피를 완료하자.

구동 방법

간단한 예를 통해 계산된 속성이 무엇인지 더 명확하게 알 수 있다.

```
<div id="app">
  <input type="text" v-model="name"/>
  <input type="text" id="surname" value='Snow'/>
  <button @click="saveSurname">Save Surname</button>
  <output>{{computedFullName}}</output>
</div>

let surname = 'Snow'
new Vue({
  el: '#app',
  data: {
    name: 'John'
  },
  computed: {
    computedFullName () {
      return this.name + ' ' + surname
    }
  },
  methods: {
    saveSurname () {
      surname = this.$el.querySelector('#surname').value
    }
  }
})
```

이 예제를 실행하면 이름과 성에 대한 입력 필드, 그리고 성을 저장하기 위한 버튼이 표시된다. 코드를 확인해보면 이름은 객체의 data 영역, 성은 뷰 인스턴스 외부의 첫 줄에 선언돼 있는 것이 보인다. 외부에 선언된 성은 반응형 변수가 아닌데, 이는 편집하는 동안 확인해볼 수 있다. 이름은 계산된 값에 영향을 미칠 수 있는 반면, 성은 실제 변수가 변경돼도 변화를 일으키지 않는다. 이것은 웹 브라우저 콘솔에서 확인할 수 있다.

1. JSFiddle에서 앱을 실행하자. 입력 필드에 John과 Snow가 모두 표시되고 computedFullName의 결과로 다음이 표시된다.

2. John 대신 Johnny를 입력하면 계산된 속성이 실시간으로 변경되는데, 이것은 name 변수가 반응형이기 때문이다.

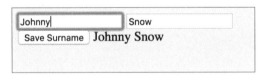

3. Snow 대신 Rain을 입력하고 Save Surname을 클릭해보자. surname 변수가 반응형이 아니기 때문에 아무런 일도 일어나지 않을 것이다. 뷰에서 갱신이 일어나지 않는다. 데이터가 저장됐는지 확인해보자.

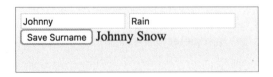

4. Johnny를 John으로 변경해보자. 계산된 속성의 성은 즉시 "Rain"이 된다. 왜냐하면 이름을 변경하면서 계산된 속성에 갱신이 일어났기 때문이다.

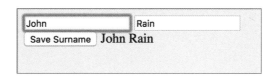

변수의 변경 사항이 메모리에 반영돼 있지만 반응형이 아닌 변수를 편집할 때는 새로 고침이 일어나지 않음을 실험으로 확인했다.

이와 마찬가지로 변수가 배열일 때 대괄호 표기법으로 요소를 변경하거나 $remove를 사용하지 않고 요소를 삭제하는 경우에도 작동하지 않는다. 계산된 속성의 다른 제한사항에 대해서는 다음 공식 문서를 확인하자.

https://vuejs.org/v2/guide/compute

추가 정보

다음 텍스트에서 의존성이라는 단어는 반응형이며 계산된 속성 내에서 사용되는 변수를 의미한다. 종속성이 변경되면 계산된 속성도 변경된다.

계산된 속성은 데이터를 저장하는 것이 아니다. 하지만 종속성을 통해 간접적으로 조작하는 대신 값을 직접 설정하는 것이 더 합당한 경우를 위해 세터를 정의할 수 있다. 또한 계산된 속성이 반환하는 객체는 이전 것이 아니라 항상 새 객체가 된다. 마지막으로 모든 종속성이 변경되지 않은 경우에는 계산된 속성이 호출되지 않는다.

이 캐싱 메커니즘과 세터에 대한 정의는 다음 절에서 자세히 알아본다.

계산된 속성의 캐시

methods 옵션 안의 함수는 호출할 때마다 실행되지만, 계산된 속성의 함수는 의존성을 기반으로 캐싱된다. 종속성은 함수 내부에서 발견되는 모든 반응형 데이터를 기반으로 정의된다. 다음 코드의 계산된 속성에서 무거운 계산이 일어나는 상황을 상상해보자.

```
computed: {
  trillionthDigitOfPi () {
    // 한 시간이 걸리는 연산
    return 2
  }
}
```

그런 다음엔 다른 곳에서 사용할 때도 다시 계산할 필요 없이 동일한 속성을 반복해 사용할 수 있다.

```
unnecessarilyComplexDoubler (input) {
  return input * this.trillionthDigitOfPi
}
```

이 함수를 호출할 때마다 trillionthDigitOfPi의 캐시된 값을 가져오기 때문에 다시 계산할 필요가 없다.

계산된 세터

때로는 모델에서 명확한 객체를 나타내는 계산된 속성을 보유하고 있는데 의존성을 수정하는 것보다 직접 편집하는 것이 좀 더 이해하기 쉽다. 테이블 팩토리의 관점에서 보면 만들고 싶은 테이블의 수 또는 테이블의 다리 수를 지정하길 원한다.

```
<div id="app">
  <label>Legs: <input v-model="legCount" type="range"></label><br>
  <label>Tops: <input @input="update" :value="tableCount"></label><br>
  <output>
    We are going to build {{legCount}} legs
    and assembly {{tableCount}} tables.
```

```
  </output>
</div>
```

상태는 오로지 legCount에 의해 결정되고 테이블의 수는 자동으로 결정된다. 새로운 뷰 인스턴스를 생성하자.

```
new Vue({
  el: '#app',
  data: {
    legCount: 0
  }
}
```

테이블 숫자를 알기 위해서는 tableCount의 계산된 속성을 만들어야 한다.

```
computed: {
  tableCount: {
    get () {
      return this.legCount / 4
    },
    set (newValue) {
      this.legCount = newValue * 4
    }
  }
}
```

게터Getter 부분은 언제나처럼 해당 시점의 속성값이며, 세터는 테이블의 수를 직접적으로 (그리고 다리의 수를 간접적으로) 설정할 수 있게 해준다. 그런 다음, 테이블 수를 변경할 때마다 트리거되는 update 메서드를 작성할 수 있다.

```
update (e) {
```

```
    this.tableCount = e.target.value
}
```

▌ 계산된 속성을 사용해 리스트 필터링하기

이전 버전의 뷰에서는 필터를 v-for 지시문에 사용해 일부 값만 추출하는 일이 가능했다. 그들은 여전히 필터라고 불리지만, 더 이상 동일한 용도로 사용되지 않는다. 필터들은 텍스트의 사후 처리 역할만 맡도록 축소됐다. 사실 나는 뷰 1에서 리스트에 필터를 사용하는 방법을 전혀 이해하지 못했다. 하지만 뷰 2에서 리스트 필터링하는 유일한 방법은 계산된 속성을 사용하는 것이기 때문에 큰 문제가 되지 않는다.

이 레시피를 통해 아주 간단한 할 일 목록에서부터 매우 복잡한 우주선의 자재 명세서(BOM:bill-of-materials, BOM)에 이르기까지 모두 필터링할 수 있다.

준비하기

뷰의 리스트 사용에 익숙해야 하며 계산된 속성의 기초를 알아야 한다. 그렇지 않은 경우 '계산된 속성을 사용해 리스트 필터링하기' 레시피에서 배울 수 있다.

구동 방법

이 레시피를 시작하려면 가장 좋아하는 요소를 필터링할 수 있는 예제 리스트가 필요하다. 우리가 ACME 연구 개발 연구소에서 일하고 있고, 원하는 분야의 실험을 재현할 책임을 가진다고 가정해보자. 다음 리스트에서 실험을 선택한다.

```
data: {
  experiments: [
```

```
    {name: 'RHIC Ion Collider', cost: 650, field: 'Physics'},
    {name: 'Neptune Undersea Observatory', cost: 100, field: 'Biology'},
    {name: 'Violinist in the Metro', cost: 3, field: 'Psychology'},
    {name: 'Large Hadron Collider', cost: 7700, field: 'Physics'},
    {name: 'DIY Particle Detector', cost: 0, field: 'Physics'}
  ]
}
```

간단한 <ul> 요소를 사용해 리스트를 바로 인쇄해보자.

```
<div id="app">
  <h3>List of expensive experiments</h3>
  <ul>
    <li v-for="exp in experiments">
      {{exp.name}} ({{exp.cost}}m €)
    </li>
  </ul>
</div>
```

물리학과 친한 사람이 아니라면 이 목록에서 물리학 실험을 필터링할 수 있다. 이를 위해, 물리와 관련없는 실험만을 포함하는 새로운 변수를 생성한다. 이 변수는 계산된 속성이 된다.

```
computed: {
  nonPhysics () {
    return this.experiments.filter(exp => exp.field !== 'Physics')
  }
}
```

물론, 리스트가 엘리먼트로 그려지길 원한다.

```
<li v-for="exp in nonPhysics">
  {{exp.name}} ({{exp.cost}}m €)
</li>
```

프로그램을 구동시키면 물리와 관련없는 시험들만 리스트에 표시된다.

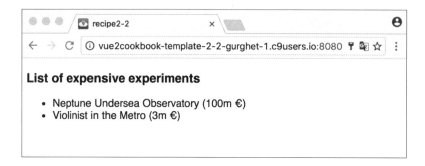

동작 원리

계산 속성인 nonPhysics에는 내부에 지정된 프로세싱을 거친 배열의 복사본을 가진다. 실험의 field가 Physics가 아닌 항목들을 새 배열로 전달해 리스트로 렌더링한다.

필터링은 완전히 임의적으로 이뤄진다. 기존의 Physics라는 단어 대신 텍스트 상자에서 가져온 변수의 단어를 사용할 수도 있다.

```
<input v-model="term"> // HTML

// 뷰 인스턴스 내부
data: {
  term: ''
},
computed: {
  allExceptTerm () {
    return this.experiments
      .filter(exp => exp.field.indexOf(this.term) === -1)
```

```
  }
}
```

추가 정보

위에 언급된 실험들을 재현하고 싶지만, 이것들은 동시에 예산 문제때문에 실험의 총합이 300만 유로 이상이 될 수 없을 때 이를 위한 필터를 작성해보자.

```
lowCost () {
  return this.experiments.filter(exp => exp.cost <= 3)
}
```

기존 필터 대신 새로운 필터를 사용한다면, *Do-It-Yourself Particle Detector* 물리학 실험이 표시되는 것을 볼 수 있다. 이와 동시에 우리는 물리학을 좋아하지 않으므로 두 필터를 결합하고 싶다.

이전 버전 뷰에서는 v-for 내부에 2개의 필터를 파이프로 연결하는게 가능했다. 그러나 새로운 버전에서는 방금 생성한 계산된 속성을 메서드로 이동시키고 순수 함수로 만들어준다.

```
methods: {
  nonPhysics (list) {
    return list.filter(exp => exp.field !== 'Physics')
  },
  lowCost (list) {
    return list.filter(exp => exp.cost <= 3)
  }
}
```

이렇게 하면 필터들을 조합하는 것이 가능한데, 그것들을 다음과 같이 v-for에 사용할 수 있다.

```
<li v-for="exp in nonPhysics(lowCost(experiments))">
  {{exp.name}} ({{exp.cost}}m € )
</li>
```

HTML에 로직을 덜 넣을 수 있는 다른 방법은 모든 로직을 계산된 속성에 캡슐화하는 것이다.

```
filteredExperiments () {
  return this.lowCost(this.nonPhysics(this.experiments))
}
```

HTML은 다음과 같이 변경된다.

```
<li v-for="exp in filteredExperiments">
  {{exp.name}} ({{exp.cost}}m €)
</li>
```

결국, 이 모든 필터링을 거쳐 목록에 남아 있는 유일한 요소는 지하철의 바이올리니스트 Violinist in the Metro인데, 정확히 말하면 300만 유로는 전체 실험이 아니라 바이올린 비용이다.

▌ 계산된 속성으로 리스트 정렬하기

v-for 구문 내부에서 필터를 사용한 정렬은 뷰 1에서 제거돼야 할 기능으로 간주돼 현재 버전에서 사라졌다. 계산된 속성으로 목록을 정렬하면 훨씬 더 많은 유연성이 제공되며 정렬을 위해 모든 사용자 지정 논리를 구현할 수 있다. 이 레시피에서는 몇 가지 숫자가 포

함된 리스트를 생성한 후 계산된 속성을 사용해 목록을 정렬한다.

준비하기

이 레시피를 완료하기 위해선 리스트 및 계산된 속성에 대해 어느 정도 익숙해야 한다. '
계산된속성을 사용해 리스트 필터링하기' 레시피에서 관련 내용을 빠르게 배울 수 있다.

구동 방법

세계에서 가장 큰 댐의 리스트를 작성하자.

먼저 3개의 열(이름, 국가, 생산 전력)이 있는 HTML 표가 필요하다.

```
<div id="app">
<table>
  <thead>
    <tr>
      <th>Name</th>
      <th>Country</th>
      <th>Electricity</th>
    </tr>
  </thead>
  <tbody>
  </tbody>
</table>
</div>
```

또한 뷰 인스턴스를 위한 자바스크립트 코드가 필요하다. 현재로서는 댐 이름, 위치와 생
성되는 전기량을 포함하는 작은 데이터베이스가 될 것이다.

```
new Vue({
  el: '#app',
```

```
    data: {
      dams: [
        {name: 'Nurek Dam', country: 'Tajikistan', electricity: 3200},
        {name: 'Three Gorges Dam', country: 'China', electricity: 22500},
        {name: 'Tarbela Dam', country: 'Pakistan', electricity: 3500},
        {name: 'Guri Dam', country: 'Venezuela', electricity: 10200}
      ]
    }
})
```

<tbody> 태그 안에는 방금 생성한 댐 리스트를 반복해 출력하기 위한 v-for를 배치한다.

```
<tr v-for="dam in dams">
  <td>{{dam.name}}</td>
  <td>{{dam.country}}</td>
  <td>{{dam.electricity}} MegaWatts</td>
</tr>
```

위 코드는 다음과 같은 테이블을 렌더링한다.

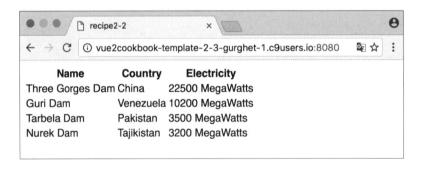

이제 이런한 댐들을 전력별로 분류하려고 한다. 이를 위해 다음과 같이 정렬된 댐을 반환하는 계산된 속성인 damsByElectricity를 정의한다.

```
computed: {
```

```
  damsByElectricity () {
    return this.dams.sort((d1, d2) => d2.electricity - d1.electricity);
  }
}
```

계산된 속성을 추가한 후에는 HTML에 댐 대신 damsByElectricity를 사용하면 된다. 다른 모든 것은 동일하게 유지되며 작동한다.

```
<tr v-for="dam in damsByElectricity">
  <td>{{dam.name}}</td>
  <td>{{dam.country}}</td>
  <td>{{dam.electricity}} MegaWatts</td>
</tr>
```

동작 원리

방금 생성한 계산된 속성, damsByElectricity는 배열을 반환하는데, 이것은 정렬된 this.dams 의 복사본이다. 언제나 그렇듯이 계산된 속성을 사용하면 결과가 캐싱(또는 메모리에 저장)된다. 결과가 필요할 때마다 원래 목록이 변경되지 않았다면 함수가 호출되지 않고 캐시된 결과가 반환된다.

sort 함수는 2개의 매개변수, 즉 리스트의 항목 2개를 인자로 받는다. 두 번째 항목이 첫 번째 항목 뒤에 있으면 반환값은 양수여야 하며, 이와 반대의 경우에는 반환값이 음수여야 한다.

d2.electricity - d1.electricity로 얻는 차수는 내림차순이다. 오름차순을 원하면 두 피연산자를 교환하거나 −1을 곱해야 한다.

추가 정보

리스트의 기능을 확장할 수 있는데 표의 헤더에 클릭 이벤트를 바인딩해 사용자가 Electricity를 클릭할 때 댐 리스트를 다른 방법으로 정렬시킬 수 있다.

조건부 스타일을 사용할 것인데, 익숙하지 않다면 '조건부로 스타일 추가하기' 레시피를 완료해야 한다.

어떤 순서로 정렬하는지 명확히 하기 위해 두 가지 CSS 클래스를 정의한다.

```
.ascending:after {
  content: "25B2"
}

.descending:after {
  content: "25BC"
}
```

여기에서 content의 값은 오름차순과 내림차순을 가리키는 화살표의 유니 코드 표현이다.

먼저 오름차순일 때 1, 내림차순일 때 −1이 되는 order 변수로 정렬 순서를 추적해야 한다.

```
data: {
  dams: [
    // list of dams
  ],
  order: 1 // means ascending
},
```

조건부 스타일링은 단순한 삼항 연산자다.

조건부 스타일에 대한 자세한 내용은 '조건부로 스타일 추가하기' 레시피를 확인하자.

```
<th>Name</th>
<th>Country</th>
<th v-bind:class="order === 1 ? 'descending' : 'ascending'"
    @click="sort">Electricity</th>
```

위에 보이는 sort 메서드는 다음과 같이 정의된다.

```
methods: {
  sort () {
    this.order = this.order * -1
  }
}
```

마지막으로 계산 속성인 damsByElectricity를 편집해 정렬 순서를 계산에 넣는다.

```
damsByElectricity () {
  return this.dams.sort((d1, d2) =>
    (d2.electricity - d1.electricity) * this.order);
}
```

결과적으로 order가 오름차순을 나타내는 −1일 때 반대로 정렬돼 출력된다.

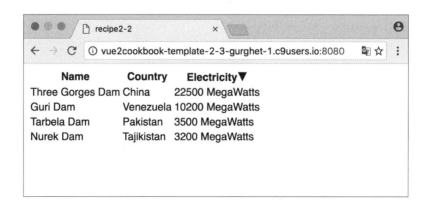

필터로 통화 서식 지정하기

뷰 1에서 통화 서식은 다소 제한적이었다. 이번 레시피에서는 멋진 라이브러리인 accounting.js를 사용해 훨씬 더 강력한 필터를 작성해볼 것이다.

준비하기

필터링의 기본 사항은 '필터로 텍스트 서식 지정하기' 레시피에서 다룬다. 기본 필터 작성을 마치고 이곳으로 다시 돌아오자.

구동 방법

웹 페이지에 accounting.js를 추가하자. 추가하는 자세한 방법은 http://openexchangerates.github.io/accounting.js 사이트를 참조하자.

JSFiddle을 사용하고 있다면 왼쪽 메뉴를 통해 외부 리소스를 추가할 수 있다. 예를 들어 CDN서비스 링크를 추가할 수 있다(예: https://cdn.jsdelivr.net/accounting.js/0.3.2/accounting.js).

필터는 아주 간단하다.

```
Vue.filter('currency', function (money) {
  return accounting.formatMoney(money)
})
```

한 줄의 HTML로 테스트해볼 수 있다.

```
I have {{5 | currency}} in my pocket
```

기본 화폐가 달러이기 때문에 위 구문은 다음을 출력한다.

```
I have $5.00 in my pocket.
```

동작 원리

JSFiddle의 페이지에 accounting.js를 추가하거나 프로젝트 페이지에서 수동으로 (또는 import를 사용해) 추가하면 accounting 객체를 사용할 수 있다. 동일한 방법을 통해 필터 (및 코드의 다른 모든 부분)에서 외부 라이브러리를 사용할 수 있다.

추가 정보

통화는 종종 테이블에서 표시되기 때문에 정렬이 필요하다. 어떻게 동작하는지 알아보자. 다음 HMTL 테이블부터 시작한다.

```html
<div id="app">
<table>
  <thead>
    <tr>
      <th>Item</th>
      <th>Price</th>
    </tr>
  </thead>
  <tbody>
    <tr v-for="item in inventory">
      <td>{{item.name}}</td>
      <td>{{item.price}}
    </td>
  </tr>
  </tbody>
</table>
```

```
</div>
```

물론 자바스크립트에 순회를 위한 inventory를 생성한다.

```
new Vue({
  el:'#app',
  data: {
    inventory: [
      {name: 'tape measure', price: '7'},
      {name: 'stamp', price: '0.01'},
      {name: 'shark tooth', price: '1.5'},
      {name: 'iphone', price: '999'}
    ]
  }
})
```

지금 이 시점에는 페이지에 렌더링될 가격의 표가 존재하지만, 통화 기호는 빠져 있으며 소수점 이하 자릿수 대해 일관성이 없고 정렬되지 않는다.

필터를 사용해 이 세 가지를 모두 추가할 것이다.

계속 진행하기에 앞서 눈치가 빠른 독자는 문자열을 사용해 가격을 표시했다는 것을 알아차렸을 것이다. 왜 숫자를 사용하지 않았을까? 그 이유는 자바스크립트 내의 모든 숫자가 부동 소수점이기 때문이다. 즉, 소수점의 위치가 결정돼 있지 않고 "떠있기" 때문에 정확하지 않다.

만약 우리가 고양이 열쇠고리를 0.83유로에 판매하는데 이를 50% 할인한다면, 이를 0.415유로에 판매해야 한다. 0.5센트가 존재하지 않기 때문에 우리는 약간의 반올림을 수행할 것이다.

고객이 우리 쇼핑몰을 둘러보다가 열쇠고리의 가격 할인에 놀랄 것이다.

간단한 산수를 해보면 열쇠고리 3개를 사는 경우 1.245유로인데, 여기에 `Math.round` 함수를 적용하면 1.25유로가 된다. 아래 코드로 확인할 수 있다.

```
Math.round(1.245 * 100) / 100
// 결과: 1.25
```

그러나 모든 계산을 코딩한다고 생각해보자.

```
var kittenKeychain = 0.83
var kittyDiscount = 0.5
var discountedKittenKeychain = kittenKeychain * kittyDiscount
var boughtKeychains = discountedKittenKeychain * 3
Math.round(boughtKeychains * 100) / 100
// 결과: 1.24
```

처리 과정에서 1센트가 사라졌는데 유사한 트랜잭션을 수천 개 처리하는 큰 애플리케이션의 경우를 상상해보자. 또는 이것이 가격이 아니라 환율이라면 어떻게 될까? 이 결과를 백엔드에 반환해야 하는데 계산이 일치하지 않는다면 어떻게 될까? 오류가 누적될 수 있으며 최종 숫자가 크게 달라질 수 있다. 이것은 단지 작은 예일 뿐이고 돈을 부동 소수점으로 사용하면 잘못 될 수 있는 경우는 더욱 많다.

문자열을 사용해 통화를 표현하면 원하는 정밀도를 얻을 수 있다. 이전 예제의 필터를 사용하면 달러 기호와 소수점 뒤에 2개의 숫자가 표시되지만, 원하는 대로 정렬되지 않았다. 이를 위해 CSS에 새로운 스타일을 추가하자.

```
.price {
  text-align: right
}
```

가격열에 price 클래스를 지정해주면 정렬이 이루진다. 전체 코드는 다음과 같다.

```
<div id="app">
<table>
  <thead>
    <tr>
      <th>Item</th>
      <th>Price</th>
      </tr>
  </thead>
  <tbody>
    <tr v-for="item in inventory">
      <td>{{item.name}}</td>
      <td class="price">{{item.price | dollars}}</td>
    </tr>
  </tbody>
</table>
</div>
```

자바스크립트 코드는 다음과 같다.

```
Vue.filter('dollars', function (money) {
  return accounting.formatMoney(money)
})
new Vue({
  el:'#app',
  data: {
    inventory: [
      {name: 'tape measure', price: '7'},
      {name: 'stamp', price: '0.01'},
      {name: 'shark tooth', price: '1.5'},
      {name: 'iphone', price: '999'}
    ]
  }
})
```

▌ 필터로 날짜 서식 지정하기

때로는 기본 필터보다 약간 더 다양한 기능이 필요하다. 약간의 차이가 있긴 하지만 유사한 필터를 여러 번 사용해야 하는데 필터가 너무 많으면 혼란이 생길 수 있다. 날짜를 다루는 이 예제는 해당 문제와 해결책을 보여준다.

준비하기

더 나아가기 전에, 1 장, '뷰JS 시작하기'의 '필터로 텍스트 서식 지정' 레시피를 통해 필터에 친숙해지도록 하자. 필터에 대해 이미 알고 있다면 계속 진행하자.

구동 방법

역사를 배우기 위한 대화형 페이지를 큐레이팅한다고 가정해보자. 우리는 다음 자바스크립트 코드로 뷰 인스턴스를 생성한다.

```
new Vue({
  el:'#app',
  data: {
    bastilleStormingDate: '1789-07-14 17 h'
  }
})
```

인스턴스 내부의 data에는 정형화되지 않은 문자열로 표시된 날짜가 존재한다. 그리고 HTML에는 프랑스 혁명의 연표가 포함될 수 있는데, 다음과 같은 내용이 나올 수 있을 것이다.

```
<div id="app">
  The Storming of the Bastille, happened on {{bastilleStormingDate | date}}
```

```
</div>
```

우리에게는 문장을 완성시켜줄 수 있는 필터가 필요하다. 이를 위해 선택 가능한 것 중 하나가 잘 알려진 moment.js인데, 목적에 따라 로케일을 지원하는 버전을 선택한다.

```
https://cdnjs.cloudflare.com/ajax/libs/moment.js/2.14.1/moment-with-locales.js
```

라이브러리를 추가하고 필터를 다음과 같이 작성한다.

```
Vue.filter('date', function (date) {
  return moment(date).format('LL')
})
```

이 필터는 다음과 같이 잘 서식된 날짜를 출력한다.

```
The Storming of the Bastille, happened on July 14, 1789.
```

다중 언어 사이트가 필요해 날짜를 프랑스 서식에 맞추고 싶다면 어떻게 해야 할까? moment.js 라이브러리는 로케일과 잘 동작하는데 실제로 동일한 텍스트를 불어로 써보자.

```
La prise de la Bastille, survenue le {{bastilleStormingDate | date}}
```

다음과 같이 필터를 연결한다.

```
Vue.filter('date', function (date) {
  moment.locale('fr')
  return moment(date).format('LL')
})
```

위 결과는 La prise de la Bastille, survenue le 14 juillet 1789다. 멋지다! 모든 페이지에서 사용자 언어를 하드 코딩하기를 원하지 않는다. 필터에 매개변수를 추가하는 편이 훨씬 좋다. 그래서 다음과 같이 언어를 필터에 전달할 수 있어야 한다.

```
La prise de la Bastille, survenue le {{bastilleStormingDate | date('fr')}}
```

이를 위해 필터 선언에 두 번째 매개변수를 추가해야 한다.

```
Vue.filter('date', function (date, locale) {
  moment.locale(locale)
  return moment(date).format('LL')
})
```

이렇게 하면 선택한 언어에 따라 페이지의 변수를 통해 필터의 매개변수로 언어를 전달할 수 있다.

조건부로 엘리먼트 표시 및 숨기기

일부 웹 페이지의 디자인에서 엘리먼트를 표시하거나 숨길 수 있는 기능은 기본적인 요구사항이다. 팝업 한 번에 하나만 표시돼야 하는 엘리먼트들 또는 버튼을 클릭할 때만 표시되는 엘리먼트 등이 존재한다.

이 레시피에서는 조건부 디스플레이를 사용해보고, 중요한 v-if 및 v-show 지시어에 대해 알아보자.

준비하기

레시피 시작에 앞서 계산된 속성에 대해 충분히 알고 있는지 확인하고, 그렇지 않다면 '계산된 속성으로 리스트 필터링하기' 레시피를 살펴보자.

구동 방법

밤에만 보이는 유령을 표현해보자.

```
<div id="ghost">
  <div v-show="isNight">
    I'm a ghost! Boo!
  </div>
</div>
```

v-show를 사용하면 id가 ghost인 `<div>`는 isNihgt가 true일 때만 표시된다. 예를 들어 다음과 같이 작성할 수 있다.

```
new Vue({
  el: '#ghost',
  data: {
    isNight: true
  }
})
```

이것으로 유령이 보이게 될것이다. 예제를 좀 더 현실에 가깝게 만들기 위해 isNight를 계산된 속성으로 변경하자.

```
new Vue({
    el: '#ghost',
    computed: {
```

```
      isNight () {
        return new Date().getHours() < 7
    }
  }
})
```

JSFiddle에서 이 프로그램을 로드하면 자정 이후 그리고 7시 전까지 고스트가 표시된다.

고스트를 보기 위해 기다릴 수 없다면, 다음과 같이 가짜 시간을 넣을 수 있다.

```
return (new Date('4 January 03:30')).getHours() < 7
```

동작 원리

v-show 지시자는 계산된 속성인 isNight를 평가하고 style 속성에 display나 none을 적용해 출력한다.

이는 엘리먼트가 뷰에 의해 완전히 렌더링됐음을 의미하는데, 단지 유령처럼 보이지 않을 뿐이다.

엘리먼트를 조건부로 표시하기 위한 또 다른 지시자인 v-if 가 존재한다 . 이것의 동작은 v-show와 동일하지만, DOM에서 해당 엘리먼트를 찾을 수 없을 것이다. v-if가 참으로 평가되면 엘리먼트가 동적으로 추가되며 스타일이 적용되지 않는다. 지시자를 시험해보기 위해 v-show를 v-if로 대체하자.

```html
<div id="ghost">
  <div v-if="isNight">
    I'm a ghost! Boo!
  </div>
</div>
```

일반적으로 차이가 없다면 장기적으로 봤을 때 적은 자원을 소모하기 때문에 v-show를 사용하는 것이 더 좋다. 반면, 일부 엘리먼트가 페이지에 표시될지 확실하지 않은 경우 v-if를 사용하면 사용자 CPU 시간을 일부 절약할 수 있다(앱이 언제 갑자기 유명해지거나 수백만 명의 사용자가 생겨날지 예측할 수 없기 때문에 제대로 선택하면 많은 자원을 절약할 수 있다).

여담으로 자정까지 웹 페이지 앞에서 기다리지 말자. 아무 일도 일어나지 않는다. 왜냐하면 계산된 속성은 내부의 대응되는 속성이 변경될 때만 다시 평가되기 때문이다. 이 경우, 반응형 데이터가 아닌 Date를 사용하기 때문에 어떤 갱신도 발생하지 않는다.

▌ 조건부로 스타일 추가하기

현대 웹 페이지 아키텍처의 가장 큰 특징 중 하나는 CSS에서 다양한 디스플레이 로직을 담을 수 있다는 점이다. 즉, 매우 깨끗하고 표현력이 뛰어난 HTML을 작성하는 동시에 CSS를 통해 인상적인 대화형 페이지를 만들 수 있다.

뷰는 HTML과 CSS 간의 관계를 표현할 때 특히 유용하며, 사용하기 쉬운 기능으로 복잡한 로직을 캡슐화할 수 있다.

이 레시피에서 우리는 뷰의 스타일링에 대한 기초를 알아볼 것이다.

구동 방법

허용되는 최대 문자 수에 도달하면 경고를 출력하는 텍스트 영역을 작성한다.

```
<div id="app">
  <textarea
    v-model="memeText"
    :maxlength="limit">
  </textarea>
  {{memeText.length}}
```

```
</div>
```

영역 내부에 쓰인 텍스트는 memeText 변수에 바인딩되며, 그 길이는 머스태치를 통해 마지막에 출력된다.

입력할 수 있는 글자가 10자만 남았을 때 배경색을 변경하고 싶다. 이를 위해 CSS 클래스인 warn을 생성한다.

```
.warn {
  background-color: mistyrose
}
```

이 클래스를 텍스트 영역에서 사용해 쓰기 영역이 얼마 남지 않았음을 알릴 것이다. 이와 관련된 자바 스크립트 코드를 살펴보자.

```
new Vue({
  el: '#app',
  data: {
    memeText: 'What if I told you ' +
              'CSS can do that',
    limit: 50
  }
})
```

이것은 단지 모델이고 longText 함수를 추가해 40자가(최대 50자에서 10자 적은) 됐을 때 참을 반환한다

```
computed: {
  longText () {
    if (this.limit - this.memeText.length <= 10) {
        return true
```

```
    } else {
        return false
    }
  }
}
```

이것으로 조건에 따라 warn 스타일을 추가하기 위한 모든 것이 갖춰졌다. 이를 위해서는 객체 구문과 배열 구문, 두 가지 선택이 존재하는데 먼저 객체 구문으로 시도해보자.

```
<div id="app">
  <textarea
    v-model="memeText"
    :class="{ warn: longText }"
    :maxlength="limit">
  </textarea>
  {{memeText.length}}
</div>
```

이것은 longText가 참으로 평가된다면(truthy[1]) CSS 클래스 warn이 텍스트 영역에 추가된다는 뜻이다.

동작 원리

텍스트 영역에 39자를 초과해 쓰려면 배경이 안개가 짙은 장미색으로 바뀐다. n개의 클래스를 위한 일반적인 객체 구문은 다음과 같다.

```
:class="{ class1: var1, class2: var2, ..., classn: varn }"
```

그러나 이 구문에 대한 몇 가지 대안이 존재한다. 우선 HTML에 전체 객체를 작성하지 않

---

1 참 또는 참으로 해석될 수 있는 값—옮긴이

고 객체를 직접 바인딩할 수도 있다. 일반적인 방법은 다음과 같다.

```
<div :class="classes"></div> // in HTML
```

```
// 뷰 인스턴스 내부에서
```

```
data: {
  classes: {
    warn: true
  }
}
```

이 시점에서 클래스 객체를 조작하면 `<div>`에서 warn 클래스가 추가되거나 제거된다. 더 현명한 방법은 객체를 반환하는 계산된 속성에 바인딩하는 것이다.

```
<div :class="classes"></div>

computed: {
  classes () {
    return {
      warn: true
    }
  }
}
```

물론 계산된 속성 내에 사용자 정의 로직을 추가하는 것이 훨씬 쉬워진다.

```
computed: {
  classes () {
    const longText = this.limit - this.memeText.length <= 10
    return {
      warn: longText
```

```
    }
  }
}
```

CSS 전환으로 앱에 재미 추가하기

CSS 전환은 DOM에 엘리먼트가 삽입, 업데이트 및 제거될 때 적용할 수 있는 효과다. 이 레시피에서는 친구와 즐길 수 있는 수수께끼 몇 가지를 만든다. 수수께끼의 답을 보여줄 때 페이드 전환을 사용한다.

준비하기

이 장을 완료하려면 조건부 표시 및 조건부 렌더링을 이미 알고 있어야 한다. '조건부로 요소 표시 및 숨기기' 레시피에서 관련 내용을 배울 수 있다.

구동 방법

HTML로 수수께끼를 작성하자.

```html
<div id="app">
  <article>
    They call me fruit.<br>
    They call me fish.<br>
    They call me insect.<br>
    But actually I'm not one of those.
    <div id="solution" @click="showSolution = true">
      I am a <span id="dragon" v-show="showSolution">Dragon</span>
    </div>
  </article>
</div>
```

뷰 인스턴스는 다음과 같은 코드로 손쉽게 생성된다.

```
new Vue({
    el: '#app',
  data: {
    showSolution: false
  }
})
```

CSS에는 solution의 div 태그가 클릭될 수 있도록 하기 위해 다음을 추가한다.

```
#solution {
  cursor: pointer;
}
```

이 시점에서 애플리케이션은 동작하지만, 정답이 바로 표시되는 점은 조금 아쉽다. 우리는 수수께끼에 클래스를 추가해 정답이 페이드 효과와 함께 나타나게 하고 싶다.

두 가지 CSS 클래스가 필요한데, 정답이 나타나면 첫 번째 클래스가 한 틱 동안 적용된다.

```
.fade-enter {
  opacity: 0
}
```

두 번째 것은 첫 번째 이후부터 지속된다.

```
.fade-enter-active {
  transition: opacity .5s;
}
```

마지막으로 전환시킬 정답을 래핑한다

```
I am a <transition name="fade">
  <span id="dragon" v-show="showSolution">Dragon</span>
</transition>
```

동작 원리

전환의 이름은 CSS 클래스 선택자^{fade}의 첫 번째 단어이며, 뷰 는 요소가 화면에 나타나거나 사라지는지의 여부에 따라 이것을 찾는다. 이름을 지정하지 않고 `<transition>`만 사용하면 뷰는 CSS의 전환의 이름으로 v를 사용한다.

예제의 경우, 이전에는 보이지 않는 정답이 나타나므로 한 틱에 `fade-enter`가 적용될 것이다(틱은 뷰의 새로 고침 주기로, 애니메이션의 프레임으로 생각할 수 있다). 이는 불투명도가 0으로 설정되기 때문에 처음에는 `<span>`이 효과적으로 보이지 않음을 의미한다.

그 후, `fade-enter` 클래스는 제거되고 `fade-enter`와 연결돼 있던 `fade-enter-active`만 남아 있는 유일한 클래스가 된다. 불투명도는 클래스 규칙에서 볼 수 있듯이 0.5초만에 1로 갈 것이다. 1이 어디에 지정돼 있는지 찾았는가? 그것은 기본값이다.

뷰가 전환 시에 찾을 클래스의 전체 목록은 다음과 같다.

- `name-enter`: Enter를 위한 시작 클래스다. 이것은 엘리먼트가 삽입되기 전에 적용되고, 한 프레임 후에 제거된다.
- `name-enter-active`: 이것은 Enter를 위한 영속 클래스다. 엘리먼트가 삽입되기 전에 적용되며, 전환/애니메이션이 끝나면 제거된다. 이것을 사용해 duration 및 easing과 같은 전환의 특성을 정의할 수 있다.
- `name-enter-to`: Enter의 종료 클래스다. `name-enter`가 제거될 때 적용된다.
- `name-leave`: 이것은 leave의 시작 클래스다. 이것은 leave 전환이 시작되고 나서 한 프레임 후에 제거될 때 적용된다.
- `name-leave-active`: 이것은 leave의 영속 클래스다. 이것은 전환이 시작될 때 적

용되며 전환/애니메이션이 끝나면 제거된다.

- name-leave-to: 이것은 name-leave를 대체한다.

여기서, name은 전환의 이름이다(지정하지 않은 경우 v가 된다).

추가 정보

전환은 멋지지만 레시피의 예제에는 시야를 가리고 있는 나무가 있어서 전환의 효과를 망치고 있다. 이를 위해 다음과 같은 HTML을 고려해보자.

```html
<div id="app">
  <p>
    Transitions are awesome, careful<br/>
    please don't use them always.
  </p>
  <transition name="fade">
    <img id="tree"
      src="http://i.imgur.com/QDpnaIE.png"
      v-show="show"
      @click="show = false"/>
  </transition>
</div>
```

이를 위한 약간의 CSS는 다음과 같다.

```css
#tree {
  position: absolute;
  left: 7.5em;
  top: 0em;
  cursor: pointer;
}

.fade-leave-active {
```

```
  transition: opacity .5s;
  opacity: 0
}
```

마지막으로 간단한 뷰의 인스턴스가 필요하다.

```
new Vue({
    el: '#app',
  data: {
    show: true
  }
})
```

애플리케이션을 구동하면 다음과 같이 보인다.

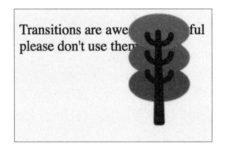

나무를 클릭하면 진짜 메시지가 보이게 된다.

▌ 원본 HTML 출력하기

경우에 따라 애플리케이션 데이터에 줄 바꿈(<br>)과 같은 HTML 내용을 삽입해야 할 수
도 있다. 이는 v-html 지시자를 사용해 쉽게 가능하다. 이 레시피에서는 감사 노트 애플
리케이션을 작성해본다.

준비하기

이 레시피에서는 특별한 지식이 필요하지 않지만, 기본적인 뷰 기능을 기반으로 한다. 이 장이나 마지막의 레시피를 완료했다면 잘 해낼 수 있다.

구동 방법

친구 John이 있다고 가정해보자. 그로부터 선물을 받기 전에 잘 꾸며진 감사 노트를 준비하려고 하지만, 그가 당신에게 무엇을 줄지는 미리 알 수 없다. 그래서 당신은 3개의 감사 노트를 미리 작성해 놓는다.

```
new Vue({
    el: '#app',
  data: {
    htmlTexts: [
    'Dear John,<br/>thank you for the <pre>Batman vs Superman</pre> DVD!',
    'Dear John,<br/>thank you for <i>Ghostbusters 3</i>!',
    'Dear John,<br/>thanks, <b>Gods of Egypt</b> is my new favourite!'
    ]
  }
})
```

다음과 같이 이 변수들을 머스태치에 출력하려는 경우를 생각해보자.

```
<div id="app">
  {{htmlTexts[0]}}
</div>
```

이 경우의 문제는 있는 그대로의 HTML을 출력하게 된다는 것이다.

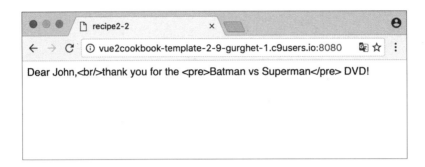

당신이 기대하던 것은 HTML 태그를 따라 잘 정렬된 감사 노트였다.

이런 경우에 필요한 것이 다음 코드에서 보이는 v-html이다.

```
<div id="app" v-html="htmlTexts[0]">
</div>
```

이렇게 해서 HTML 태그가 컴포넌트 내에서 이스케이프되지 않고, 있는 그대로 해석되도록 할 수 있다.

동작 원리

일반적으로 순수 HTML을 출력하는 것은 매우 위험하다. 웹 보안에 대해 설명하는 것은 이 책의 범위를 벗어나지만, 간단히 설명하면 웹 사이트에 댓글 섹션이 있고 누군가 `<img>`를 덧글에 넣었다고 상상해보자. 이것을 HTML로 해석해 다른 사용자에게 표시하면 사용자가 원하지 않는 이미지를 다운로드하게 할 수 있다. 이미지가 당신 소유가 아니라면 계획하지 않았던 네트워크 대역폭을 부담해야 할 수도 있다. 여기서 한 가지 더 이유를 찾을 수 있다. 사용자가 주석에 `<script>`를 넣으면 스크립트가 어떤 행동을 할지 알 수 없기 때문에 더 큰 위험을 초래한다.

기본적으로 뷰는 순수 HTML 출력을 허용하지 않음으로써 이 문제를 방지한다. 그것이 우리가 특별한 지시자인 `v-html`을 필요로 하는 이유다. 즉, 이 지시자를 사용할 때는 당신이 출력하고 있는 내용을 완벽하게 통제하고 있는지 확인하자.

추가 정보

순수 HTML을 출력하는 또 다른 방법이 존재한다. 그것은 고급 기술이지만 HTML 형식에 크게 의존하는 컴포넌트가 있는 경우에는 훨씬 깔끔하고 유지 관리가 쉬워진다.

이렇게 경우에는 9장, '고급 뷰JS 기능들 – 지시자, 플러그인, 렌더 함수'의 '함수형 컴포넌트(functional component) 만들기' 레시피에 자세히 설명된 함수형 컴포넌트를 사용할 수도 있지만, 여기서는 이전 예제를 확장시킨다.

당신이 작성해야 하는 HTML은 다음과 같다.

```
<div id="app">
  <thanks gift="Batman" decoration="strong"></thanks>
</div>
```

이미 코드의 의도가 명확히 보일 것이다. HTML `<strong>`을 장식을 사용해 배트맨 선물에 감사 노트를 작성하기 위함이다. <thanks> 컴포넌트를 생성하는 자바스크립트 코드는 다음과 같다.

```
Vue.component('thanks', {
    functional: true,
  render: function (createElement, context) {
    let decoratedGift =
      createElement(context.props.decoration, context.props.gift)
    return createElement('p', ['Dear John, thanks for ', decoratedGift])
  },
  props: {
    gift: String,
    decoration: String
  }
})
```

물론 동시에 뷰 인스턴스도 생성해야 한다.

▌ 체크 박스가 있는 양식 작성하기

사용자 입력을 요청하는 것은 오늘날의 웹 앱에서 필수적인 행동이다. 여러 선택 항목을 사용자에게 제시하기 위해서는 사용자가 인터페이스를 더 재미있게 사용할 수 있게 함과 동시에 구조화된 입력이 필요하다. 이 레시피에서는 자신의 인쇄소에 대한 확인 페이지를 작성해 체크 박스를 만드는 방법을 배운다.

준비하기

우리는 이미 뷰에서 데이터 바인딩이 작동하는 방식을 알고 있으므로 이번 레시피를 잘 마무리할 수 있을 것이다. 그렇지 않다면 1장, '뷰JS 시작하기'의 '클릭 및 키 입력과 같은 이벤트에 반응하기' 레시피로 돌아가 v-model 지시자에 대해 배워보자.

구동 방법

3개의 다른 프린터로 화성인 인쇄소를 열었다고 가정해보자.

- 모노크롬 프린터
- 플라스마 컬러 프린터
- 3D DNA 클론 프린터

확인 페이지는 기본적인 양식으로 구성된다.

```
<div id="app">
  <form>
    <!-프린터 목록의 위치-->
  </form>
</div>
```

이름 대신 v-model을 사용해 모델을 뷰에 바인딩시킬 것이다.

```
<label>
  <input type="checkbox" v-model="outputPrinter" value="monochrome"/>
  Monochrome
</label>
```

동일한 v-model을 가진 모든 <input> 체크 박스는 리얼 타임으로 업데이트될 반응형 배열에 담긴다. 뷰 인스턴스에서 이 배열을 선언하자.

```
new Vue({
    el:'#app',
```

```
  data:{
    outputPrinter: []
  }
})
```

이것은 일반적인 배열이다. 선택한 모든 프린터가 배열에서 자동적으로 삽입되거나 제거된다. 다음은 완전한 HTML이다.

```
<div id="app">
  <form>
    <fieldset>
      <legend>What printers you want to use?</legend>
      <label>
        <input type="checkbox" v-model="outputPrinter" value="monochrome"/>
        Monochrome</label><br>
      <label>
        <input type="checkbox" v-model="outputPrinter" value="plasma"/>
        Plasma Color</label><br>
      <label>
        <input type="checkbox" v-model="outputPrinter" value="cloner"/>
        3D DNA Cloner</label><br>
      <input type="submit" value="Print now"/>
    </fieldset>
  </form>
</div>
```

이는 다음과 같은 HTML 양식으로 보일 것이다.

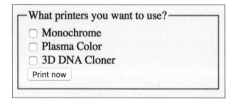

앱 내부의 `<div>` 태그에 {{outputPrinter}}를 넣고 프린터를 선택할 때 배열이 실시간으로 변경되는 것을 직접 확인해보자.

동작 원리

첫 번째와 마지막 프린터에 체크하면 배열은 다음과 같을 것이다.

```
outputPrinter: ['monochrome', 'cloner']
```

이 배열을 AJAX를 사용해 웹 서비스에 보내거나 추가 작업도 가능하다. 뷰의 체크 박스는 그저 보통 `<input>` 엘리먼트와 동일하며, 유일한 차이점은 전통적인 양식에서 사용되는 name 속성이 실제로 필요하지 않다는 것이다.

이는 값을 제출할 두 번째 페이지(name 속성을 사용해 값을 읽는 페이지)가 존재하지 않기 때문이다.

추가 정보

이전에 언급한 두 번째 페이지에 도달하기 위해선 submit 버튼만 클릭하면 된다. 이것은 양식의 기본 동작이며, 예제의 경우에는 우리가 원치 않는 동작이 된다. 왜냐하면, 일반적으로 뷰를 사용할 때는 페이지가 바뀔 필요가 없으므로[2] 이를 방지하는 법을 소개할 것이다.

현대 웹 사이트는 사용자의 작업 흐름을 방해하지 않고 동일한 페이지에서 해당 작업에 대한 피드백을 제공하는 경향이 있다. 동일한 세션에서 5~6개의 추가 흐름들이 존재한다면 어떻게 될까?

---

2 SPA로 자주 사용되기 때문에—옮긴이

좀 더 유용한 방향으로 선회하자. 우선, 버튼의 기본 동작을 막을 수 있도록 페이지를 수정한다. 이를 위해 prevent 수식어^{Modifier}를 사용한다.

```
<input type="submit" value="Print now" @click.prevent="printHandler"/>
```

printHandler는 뷰 인스턴스의 메서드가 될 것이고, 이것은 우리에게 추가 방안이 떠오르게 한다. 원하는 대로 자유롭게 핸들러를 생성할 수 있으므로 인쇄가 진행 중임을 알려주는 팝업을 추가해보자. 이를 통해 원래 홈페이지로 돌아갈 수 있다.

이 예제에서는 버튼이 경고 팝업과 함께 작동하는지 여부만 파악할 것이다.

```
methods: {
  printHandler () {
    let printers = this.outputPrinter
    alert('Printing with: ' +
      (printers.length ? printers.join(', ') : 'none') + '.')
  }
}
```

▌ 라디오 버튼을 사용해 양식 작성하기

라디오 버튼을 사용하면 여러 옵션 중 하나만 선택할 수 있다. 사용자가 라디오 버튼을 선택하면 이전에 선택한 라디오 버튼이 선택 취소된다. 일반적인 사용 예는 등록 양식에서 남성과 여성을 선택하게 할 때다.

준비하기

이 방법은 '체크 박스가 있는 양식 작성하기' 레시피와 유사한 기술을 사용하기 때문에 유

122

사하게 진행될 것이다. 뷰의 양식에 관해 검은 띠가 되기 위해 두 가지 레시피 모두 완성해보길 권한다.

구동 방법

우선 무엇인가 선택할 수 있는 대상이 필요하므로 뷰 인스턴스에 배열을 생성한다.

```
new Vue({
  el: '#app',
  data: {
    genders: ['male', 'female', 'alien'],
    gender: undefined
  }
})
```

변수 gender(단수)를 사용해 선택한 옵션의 값을 유지한다. 여기에서 몇 줄만 더 입력하면 양식을 설정할 수 있다.

```
<div id="app">
  <form>
    <fieldset>
      <legend>Choose your gender</legend>
      <label>
        <input type="radio" v-model="gender" value="male"/>
          Male
      </label><br>
      <label>
        <input type="radio" v-model="gender" value="female"/>
          Female
      </label> <br>
      <label>
        <input type="radio" v-model="gender" value="alien"/>
          Alien
```

```
      </label>
    </fieldset>
  </form>
</div>
```

애플리케이션을 실행해볼 수 있으며 잘 동작할 것이다. 그러나 양식 뒤에 머스태치 구문을 추가해 어떤 일이 일어나고 있는지 확인해야 한다.

```
<div>
  Choosen gender: '{{ gender }}'
</div>
```

이렇게 하면 라디오 버튼 클릭이 내부 데이터에 어떤 영향을 미치는지 확인할 수 있다.

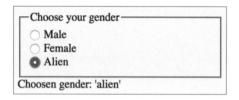

동작 원리

예제에서는 3개의 라디오 버튼을 배치한다. 그들은 모두 v-model = "gender"를 갖고 있기 때문에 논리적으로는 같은 그룹에 속한다. 즉, 주어진 시간에 하나의 값만 선택될 수 있다. 이와 같은 방법을 통해 원하는 만큼의 그룹을 가질 수 있다.

추가 정보

이 레시피에서는 라디오 버튼의 값이 완전히 고정돼 있다.

```
<input type="radio" v-model="gender" value="male"/>
```

value = "male"을 v-bind : value로 변경해 반응형으로 만들 수 있다. 이렇게 하면 값을 우리가 전달하는 변수에 바인딩한다. 예를 들어, 모델에 성별 배열이 있다고 가정해보자.

```
genders: ['male', 'female']
```

앞의 라디오 버튼을 다음과 같이 다시 작성할 수 있다.

```
<input type="radio" v-model="gender":value="genders[1]"/>
```

예제에서 : value는 v-bind : value의 축약 표현이다.

배운 것을 시험해보려면 간단한 게임을 만들어보자.

당신이 농부고, 농장에서 0마리의 동물을 갖고 시작한다고 하자. 매일 동물 시장에서 판매되는 새로운 동물들이 존재하고 하루에 한 번만 구입할 수 있다. 이 선택을 라디오 버튼을 사용해 표현할 수 있다.

그래서 모델에는 animals배열, 사용자의 선택을 포함할 animal 변수, 지금까지 축적된 선택을 나타내는 farm 배열(처음에는 비어 있음)을 갖고 시작한다. 하루에 동물 시장의 수를 임의의 숫자로 유지하기 위해 i 변수를 랜덤으로 만든다.

```
data:{
  animals: ['🐖', '🐔', '🐄'],
  animal: undefined,
  farm: [],
  i: 0
}
```

이모티콘을 사용하는 것이 너무나 재미있기 때문에 배열에 그것들을 사용했다. 이모티콘을 어디서 찾을지 모르겠다면 http://emojipedia.org/로 이동해 동물을 찾아보자.

처음에 사용한 것과 동일한 HTML으로부터 시작할 수 있다. 단지 범주만 바꿔주면 된다.

```
<legend>Today's animals</legend>
```

이 시점에서 우리는 선택해야 할 동물의 목록을 추가해야 하지만, 그것이 동적으로 동작하면 더 좋을 것이다. 즉, 매일 다른 동물 쌍들이 되도록 한다.

```
<label>
  <input type="radio" v-model="animal" :value="animals[i]"/>
  {{animals[i]}}
</label><br>
<label>
  <input type="radio" v-model="animal" :value="animals[i+1]"/>
  {{animals[i+1]}}
</label><br>
```

i 변수가 변경되면 라디오 버튼의 값(및 레이블)이 변경될 것이다.

이제 남아 있는 작업은 동물을 사서 농장에 추가하고 다음 날을 기다리는 것이다. 이 모든 기능을 submit 버튼에 담을 것이다.

```
<input type="submit" value="Add to Farm" @click.prevent="addToFarm"/>
```

여기에 addToFarm 메서드가 정의돼 있다.

```
addToFarm () {
    if (this.animal === undefined) { return }
    this.farm.push(this.animal)
```

```
     this.i = Math.floor(Math.random() * (this.animals.length - 1))
  this.animal = undefined
}
```

동물이 선택되지 않았다면 아무것도 손대지 말고 농장에 동물을 추가한다. 그리고 다음날
랜덤 숫자를 뽑고 선택을 재설정하자. 농장을 보려면 HTML에 다음을 추가하자.

```
<div>
  Your farm is composed by {{ farm.join(' ') }}
</div>
```

당신의 앱은 다음과 같이 보일 것이다.

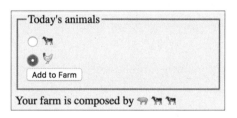

▍ select 엘리먼트로 양식 작성하기

셀렉트 박스 또는 "드롭다운 목록"은 선택 항목이 너무 많거나 선택지의 수와 관계없이 항
상 같은 공간을 사용하는 라디오 버튼이 적합하지 않을 때 양식에 사용된다.

준비하기

셀렉트 박스를 알아보기 전에 데이터 바인딩 또는 양식에 대한 레시피를 완료하는 것이 좋
다. '라디오 버튼이 있는 양식 작성하기' 레시피를 통해 셀렉트 박스와 비슷한 기능을 가진

라디오 버튼에 익숙해질 수 있다.

구동 방법

이 레시피에서는 간단하게 국가의 셀렉트 박스를 작성한다. 우선 뷰의 도움 없이 셀렉트 박스를 작성해 HTML을 다듬을 것이다. 먼저 select 엘리먼트를 넣을 양식을 작성하자.

```
<form>
  <fieldset>
    <legend>Choose your country</legend>
      <!-select 엘리먼트의 위치-->
  </fieldset>
</form>
```

fieldset 내부에서 select 엘리먼트의 코드를 작성한다.

```
<select>
  <option>Japan</option>
  <option>India</option>
  <option>Canada</option>
</select>
```

애플리케이션을 실행하자. 그럼 시작부터 제대로 동작하는 셀렉트 박스를 볼 수 있다. 관련 분석은 아주 간단하다. 모든 <option>은 선택할 수 있는 목록에 더해진다.

현재로서는 이 엘리먼트로 할 일이 많지 않다. 뷰를 사용해 선택한 국가를 변수에 바인딩하자. HTML을 편집해야 한다.

```
<select v-model="choosenCountry">
```

이제는 모델에 choosenCountry를 더한다.

```
new Vue({
    el:'#app',
  data:{
    choosenCountry: undefined
  }
})
```

양식을 <div id = "app">로 둘러싸자. 그렇지 않으면 뷰가 선택할 수 없다.

다시 애플리케이션을 실행하자. 이전에 드롭다운이 이미 한국으로 선택된 상태에서 시작됐지만, 이제는 코드에서 초기화 작업을 수행하도록 변경된 것에 유의하자.

즉, 처음에는 어떤 국가도 선택되지 않는다. 이 변수의 상태를 바로 보려면 머스태치 표현을 추가해야 한다.

```
<div>
  {{choosenCountry}}
</div>
```

이제 국가 셀렉트 박스는 다음과 같이 보인다.

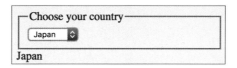

동작 원리

<select> 요소를 v-model과 바인딩하면 선택한 옵션이 바인딩된 변수를 채워준다.

옵션에 value를 설정하면 변수는 태그 안에 쓰여지는 텍스트가 아니라 value의 값을 취한다. 예를 들어, 다음과 같이 작성할 수 있다.

```
<select>
  <option value="1">Korea</option>
  <option value="2">India</option>
  <option value="7">Canada</option>
</select>
```

이렇게 하면 모든 국가에 숫자값이 바인딩된다.

추가 정보

종종 국가와 도시는 계층적인 방식으로 배치된다. 예를 들어 사용자 출생지를 결정하기 위해선 2개 이상의 선택 요소가 필요하다. 이 단락에서는 여러 개의 드롭다운 메뉴가 있는 계층적 선택을 살펴본다. 전 세계에 너무 많은 도시가 있기 때문에 그 대신 유사하게 생물학의 동물을 선택할 것이다.

```
clans: {
    mammalia: {
      'have fingers': {
        human: 'human',
        chimpanzee: 'chimpanzee'
      },
      'fingerless': {
        cat: 'cat',
        bear: 'bear'
      }
```

```
      },
      birds: {
        flying: {
          eagle: 'eagle',
          pidgeon: 'pidgeon'
        },
        'non flying': {
          chicken: 'chicken'
        }
      }
    }
```

최상위 레벨을 clan, 두 번째 레벨을 type, 마지막 레벨을 animal이라고 한다. 나는 이것이 동물을 분류하는 정통 방식이 아니라는 것을 알지만, 예제로서는 충분하다.

상태를 뷰 모델에 저장할 변수 2개를 추가해보자.

```
clan: undefined,
type: undefined
```

이제 첫 번째 select 엘리먼트를 추가할 수 있다.

```
<select v-model="clan">
  <option v-for="(types, clan) in clans">{{clan}}</option>
</select>
```

이것으로 다음과 같은 항목이 있는 드롭다운 메뉴가 생성된다.

- Mammalia(포유류)

- Birds(조류)

이 예제에서는 실제로 아무것도 하지 않는다.

특정 clan 유형을 위한 두 번째 드롭다운을 생성하려고 한다.

```
<select v-model="type">
  <option v-for="(species, type) in clans[clan]">{{type}}</option>
</select>
```

변수 clan에 값이 있으면 이 select 요소를 사용해 동물 type을 선택할 수 있다. 우리가 종 (species)에 대한 세 번째 선택을 추가한다고 생각해보자.

```
<select>
  <option v-for="(animals, species) in clans[clan][type]">{{species}}</option>
</select>
```

이것은 clans [clan]이 정의되지 않은 상태에서 뷰가 이를 평가하려고 하기 때문에 오류가 발생한다. 이 문제를 해결하기 위해 첫 번째와 두 번째 값이 있을 때만 세 번째 select 엘리먼트를 표시할 수 있다. 이를 위해 v-show 지시자를 사용할 수 있지만, 문제는 뷰가 엘리먼트를 v-show로 렌더링하고 렌더링 후에만 숨긴다는 것이다. 이는 오류가 여전히 발생함을 의미한다.

올바른 방법은 v-if를 사용하는 것인데, 내부에서 조건이 만족되지 않으면 엘리먼트를 렌더링하지 않는다.[3]

```
<select v-if="clans[clan]">
  <option v-for="(animals, species) in clans[clan][type]">{{species}}</option>
</select>
```

이제 원하는 동물을 계층적으로 선택해도 좋다.

---

3 DOM으로 구성되지 않는다.—옮긴이

03

전환과 애니메이션

이 장에서는 다음과 같은 레시피들을 다룬다.

- animate.css와 같은 서드파티 라이브러리와 통합하기
- 자신만의 전환 클래스 추가하기
- CSS가 아닌 자바스크립트를 사용한 애니메이션
- 초기 렌더링에서 전환하기
- 엘리먼트 간 전환
- 전환에서 진입enter 단계 이전에 엘리먼트를 진출leave 시키기
- 엘리먼트 리스트에 대한 진입 및 진출 전환 추가하기
- 리스트로 이동하는 엘리먼트의 전환
- 컴포넌트 상태에 애니메이션 적용하기

- 재사용할 수 있는 전환을 컴포넌트로 구성하기
- 동적인 전환

▌소개

이 장에는 전환 및 애니메이션과 관련된 레시피가 포함돼 있다. 뷰는 요소가 장면에 진출하거나 진입할 때 전환을 다루기 위한 자체 태그인 `<transition>`과 `<transition-group>`을 제공한다. 사용자에게 더 나은 사용자 경험을 제공하기 위해 관련 내용들을 배울 것이다.

뷰의 전환은 완전히 사용자 정의가 가능하고, 자바스크립트 및 CSS 스타일을 손쉽게 결합할 수 있으며, 기본 설정이 매우 직관적이기 때문에 많은 코드를 원하지 않을 때 유용하다.

컴포넌트의 상태 변수를 가시성 속성에 바인딩하면 전환과 관련 태그 없이도 컴포넌트의 많은 부분을 애니메이션화할 수 있다.

마지막으로, 뷰 전환 및 애니메이션에 대해 알아야 할 모든 내용을 마스터하면 계층화된 컴포넌트로 쉽게 구성할 수 있으며 이를 애플리케이션 전체에서 재사용할 수 있다. 이것이 해당 기능들을 강력하고, 사용하기 쉬우며, 유지 보수가 용이하게 만들어준다.

▌animate.css와 같은 서드파티 라이브러리와의 통합하기

그래픽 인터페이스는 사용하기 쉽고 이해할 수 있어야 할 뿐만 아니라 접근성도 좋아야 하고 사용하기에 유쾌해야 한다. 전환을 사용하면 웹 사이트가 재미있게 동작할 수 있는 방법에 대한 단서를 찾을 수 있는데, 이번 장에서는 이와 관련해 많은 도움을 얻을 수 있다. 이 레시피에서는 애플리케이션에서 CSS 라이브러리를 사용하는 방법을 알아본다.

준비하기

시작하기 전에 그림에 소개되는 https://daneden.github.io/animate.css/를 살펴보면 사용 가능한 애니메이션 아이디어를 얻을 수 있다. 그러나 이를 사용하기 위해 특별한 지식이 필요하진 않다.

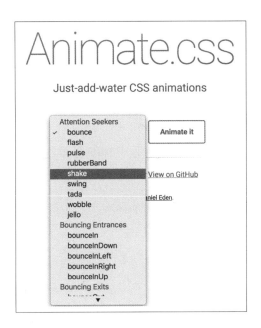

구동 방법

택시를 예약해주는 앱을 만드는 중이라고 가정해보자. 이를 위한 인터페이스는 간결하고 재미있어야 한다.

우선, `animate.css` 라이브러리를 의존성 목록에 추가하자('개발 환경' 선택 레시피 참조).

진행하기 위해선 평소처럼 앱을 감싸주는 태그가 필요하다.

```
<div id="app">
```

```
</div>
```

이 안에 택시를 호출하기 위한 버튼을 넣을 것이다.

```
<button @click="taxiCalled = true">
  Call a cab
</button>
```

`taxiCalled` 변수는 버튼이 눌려졌는지 여부를 추적하기 위한 것임을 이미 알아차렸을 것이다.

택시 호출을 사용자에게 확인시켜주기 위한 이모티콘을 추가하자.

```
<p v-if="taxiCalled">🚕 </p>
```

이번에는 자바스크립트를 작성한다.

```
new Vue({
  el: '#app',
  data: {
    taxiCalled: false
  }
})
```

애플리케이션을 실행하고 버튼을 클릭하면 즉시 택시가 표시된다. 우리는 쿨한 택시 회사이므로 전환을 사용해 택시가 운전되는 것처럼 만들어보자.

```
<transition
  enter-active-class="animated slideInRight">
  <p v-if="taxiCalled">🚕 </p>
```

```
</transition>
```

이제 애플리케이션을 실행하자. 택시를 호출하면 오른쪽에서 미끄러지며 등장할 것이다.

택시가 보이는 것처럼 우측에서 좌측으로 움직이고 있다.

동작 원리

모든 전환은 네 가지 종류에 따라 적용된다. 엘리먼트가 장면에 진입할 때 두 가지가 적용되고, 나머지 두 가지는 진출 시에 적용된다.

이름	적용 시점	제거 시점
v-enter	엘리먼트가 삽입되기 전	한 프레임 후
v-enter-active	엘리먼트가 삽입되기 전	전환 종료 시
v-enter-to	한 프레임 후	전환 종료 시
v-leave	전환 시작 시	한 프레임 후
v-leave-active	전환 시작 시	전환 종료 시
v-leave-to	한 프레임 후	전환 종료 시

위 표에서 앞의 v는 전환의 이름이 되는데, 이름을 지정하지 않았다면 v가 사용된다.

예제의 경우에는 v-enter-active를 직접 작성하기보다 서드파티 라이브러리를 사용할 것이다. 문제는 이미 라이브러리가 우리가 사용하길 원하는 애니메이션(slideRight)에 대해 다른 이름으로 이미 클래스가 존재한다는 점이다. 클래스명을 바꿀 수는 없기 때문에 뷰에게 v-etner-active 클래스를 찾는 대신 slideRight를 사용하도록 지시한다.

이를 위해 다음과 같은 코드를 사용한다.

```
<transition enter-active-class="animated slideInRight">
```

즉, 우리의 v-enter-active가 이제 animated slideInRight라고 불린다. 뷰는 엘리먼트가 삽입되기 전에 두 클래스를 추가하고 전환이 끝나면 제거한다. animated는 animate.css와 함께 제공되는 일종의 헬퍼 클래스다.

▌ 자신만의 전환 클래스 추가하기

애플리케이션에서 애니메이션을 풍부하게 사용하고 다른 프로젝트에서 CSS 클래스를 서로 섞거나 매칭해 재사용하고 싶다면, 이 레시피는 바로 당신을 위한 것이다. 또한 FLIP^{First Last Invert Play}이라 불리는 좋은 성능을 내는 애니메이션 기술을 익힐 수 있다. FLIP은 일반적으로 뷰에서 자동으로 실행되지만, 이를 수동으로 구현해 작동 원리의 이해를 돕는다.

준비하기

이 레시피를 완료하기 위해선 CSS 애니메이션과 전환에 대해 이해해야 한다. 이 책의 범위를 벗어나지만, http://css3.bradshawenterprises.com은 좋은 입문서가 돼줄 것이다. 해당 웹 사이트는 언제 애니메이션 및 전환 기능을 사용할 수 있는지 설명하기 때문에 유용하다.

구동 방법

우리는 사용자가 버튼 클릭만으로 택시를 호출하고 호출 시점에 멋진 애니메이션으로 피드백을 제공하는 택시 회사의 애플리케이션(이전의 레시피와 유사)을 구축한다.

버튼을 생성하기 위해 HTML을 작성해보자.

```
<div id="app">
  <button @click="taxiCalled = true">
    Call a cab
  </button>
  <p v-if="taxiCalled">🚕 </p>
</div>
```

그리고 다음과 같은 자바스크립트 코드를 통해 taxiCalled 변수를 false로 초기화한다.

```
new Vue({
  el: '#app',
  data: {
    taxiCalled: false
  }
})
```

이 시점에서 자신만의 전환을 CSS 파일에 생성한다.

```
.slideInRight {
  transform: translateX(200px);
}

.go {
  transition: all 2s ease-out;
}
```

자동차 이모티콘을 뷰의 전환 컴포넌트 내부에 위치시킨다.

```
<transition
  enter-class="slideInRight"
  enter-active-class="go">
  <p v-if="taxiCalled">🚕</p>
</transition>
```

코드를 실행하고 Call a cab 버튼을 누르면 택시가 들르는 것을 볼 수 있다.

동작 원리

버튼을 클릭하면 taxiCalled 변수가 true로 변경되고, 택시 이모티콘이 페이지에 삽입된다. 실제 이런 일들이 일어나기에 앞서 enter-class에서 지정한 클래스(이 경우 slideInRight만 해당)를 읽고 래핑된 요소(택시 이모티콘이 있는 〈p〉 엘리먼트)에 적용한다. 또한 enter-class-active에 지정된 클래스를 적용한다(이 경우에는 go만 해당).

enter-class의 클래스는 첫 번째 프레임 다음에 제거되고 enter-class-active의 클래스는 애니메이션이 끝나면 제거된다.

여기에 사용된 애니메이션은 네 가지 포인트로 구성된 FLIP 기술을 따른다.

- **시작**(First, F): 애니메이션의 첫 번째 프레임에서 그대로 속성을 가져오는데 예제의 경우 택시가 움직이기 시작하는 화면 오른쪽의 어딘가다.

- **끝(Last, L)**: 애니메이션의 마지막 프레임에서 그대로 속성을 가져오는데, 예제의 경우에는 화면 왼쪽에 위치하는 택시다.
- **반전(Inver, I)**: 첫 번째 프레임과 마지막 프레임 사이에 등록한 속성 변경을 뒤집는다. 택시가 화면 왼쪽으로 이동했기 때문에 마지막 프레임에서 −200픽셀 오프셋이 존재한다. 우리는 그것을 반전하고 slideInRight 클래스가 translateX(200px)로 변환되도록 설정해 택시가 나타날 때 +200픽셀 오프셋을 더해준다.
- **재생(Play, P)**: 지금까지 손댄 모든 속성에 대한 전환을 생성한다. 택시 예제에서는 transform 속성을 사용하므로 writetransition: all 2s ease-out을 사용해 택시를 부드럽게 트위닝^{Tweening} 해준다.

이 기술은 뷰의 내부에서 자동적으로 사용돼 <transition-group> 태그 내에서 전환이 작동하도록 해준다. '엘리먼트 리스트에 대한 진입 및 진출 전환 추가하기' 레시피에서 자세히 설명한다.

CSS가 아닌 자바스크립트를 사용한 애니메이션

애니메이션은 CSS로 수행돼야 하고 자바스크립트로 실행하면 속도가 느리다는 생각은 흔한 오해다. 실제로는 제대로 사용한다면 자바스크립트를 이용한 애니메이션은 유사하거나 더 우수한 성능을 보여준다. 이 레시피에서는 간단하지만 강력한 벨로시티JS(Velocity. js http://velocityjs.org/) 라이브러리를 사용해 애니메이션을 생성한다.

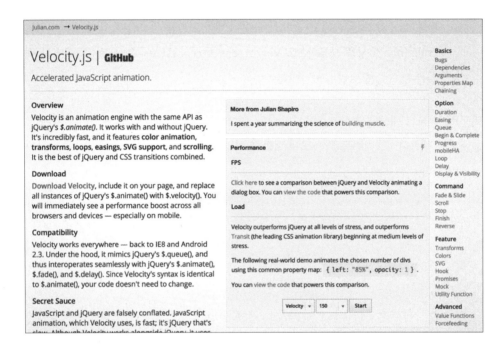

준비하기

이 레시피는 독자가 벨로시티 라이브러리에 대한 지식이 없다는 것을 전제로 하지만 CSS 또는 자바스크립트 라이브러리(예: jQuery)의 애니메이션에 익숙하다고 가정한다. CSS 애니메이션을 본 적이 없어서 빠르게 기초 지식을 습득하고 싶다면 이전 두 가지 레시피를 완료하면 된다.[1]

---

1 두 이미지 사이의 중간 프레임을 생성하는 작업-옮긴이

구동 방법

이번에도 역시 택시를 기다리는 동안 고객을 즐겁게 해줄 택시 회사(이전 레시피와 동일)를 위해 알맞은 전환을 계속 알아보는 중이다. 택시를 호출하는 버튼과 우리가 예약할 때 나타날 작은 택시 이모티콘이 존재한다.

먼저 벨로시티 라이브러리를 프로젝트에 의존성으로 추가하자(https://cdnjs.cloudflare. com/ajax/libs/velocity/1.2.3/velocity.min.js).

웹 인터페이스를 위한 뼈대가 되는 HTML은 다음과 같다.

```
<div id="app">
  <button @click="taxiCalled = true">
    Call a cab
  </button>
  <p v-if="taxiCalled">🚕 </p>
</div>
```

뷰 모델은 매우 간단하며 taxiCalled만 존재한다.

```
new Vue({
  el: '#app',
  data: {
    taxiCalled: false
  }
})
```

택시를 뷰 전환 컴포넌트로 감싸 에니메이션을 생성한다.

```
<transition
  @enter="enter"
```

```
   :css="false"
>
<p v-if="taxiCalled">🚕 </p>
</transition>
```

enter 메서드는 버튼을 눌러 택시 이모티콘이 삽입되는 즉시 호출된다.

뷰 인스턴스에 추가해야 하는 enter 메서드는 다음과 같다.

```
methods: {
    enter (el) {
      Velocity(el,
      { opacity: [1, 0], translateX: ["0px", "200px"] },
      { duration: 2000, easing: "ease-out" })
    }
  }
```

코드를 실행하고 버튼을 클릭해 택시를 호출해보자.

동작 원리

앞서 언급했듯이 코드에는 CSS가 없다. 애니메이션은 순수하게 자바스크립트로만 작동한다. 예제의 뷰 전환 컴포넌트를 자세히 알아보자.

```
<transition
  @enter="enter"
  :css="false"
>
  <p v-if="taxiCalled">🚕 </p>
</transition>
```

여전히 CSS를 사용해도 동일한 전환 효과를 만들 수 있지만 css="false"를 설정해 CSS를 중지시키고 귀중한 CPU 자원을 절약하도록 뷰에 알려야 한다. 이를 통해 뷰가 CSS 애니메이션과 관련된 모든 코드를 건너뛰고 그것이 순수 자바 스크립트로 작동하는 애니메이션을 방해하지 않도록 만든다.

재미있는 부분은 @enter="enter"에 존재한다. 엘리먼트가 enter 메서드에 삽입될 때 실행되는 후크를 바인딩한다. 메서드 자체는 다음과 같다.

```
enter (el) {
  Velocity(el,
    { opacity: [1, 0], translateX: ["0px", "200px"] },
    { duration: 2000, easing: "ease-out" }
  )
}
```

위 코드에서는 벨로시티 라이브러리를 호출한다. el 매개변수는 뷰에 의해 자유롭게 전달되며, 삽입된 요소를 참조한다(이 경우에는 택시 이모티콘을 포함한 <p> 엘리먼트).

벨로시티 함수의 구문은 다음과 같다.

```
Velocity( elementToAnimate, propertiesToAnimate, [options] )
```

다른 문법도 사용할 수 있지만 예제에서는 이 문법을 고수한다.

이 함수를 호출할 때 첫 번째 인수로 p 엘리먼트를 전달했다. 그리고 다음 인자에서는 불투명도가 0에서 1로 변경되도록 지정했고, 이와 동시에 엘리먼트 x축의 시작 위치에서 200픽셀 떨어진 곳에서 시작점으로 이동해야 한다. 옵션으로, 애니메이션이 2초 동안 지속돼야 함을 지정하고 끝에 가서는 애니메이션을 easing[2]시킨다.

---

2 애니메이션을 변화 속도를 시간별로 다르게 해 자연스럽고 편안하게 만드는 효과-옮긴이

opacity(불투명도)와 translateX의 매개변수 전달 방법을 제외하면 모든 것이 명확해 보인다.

이것은 벨로시티가 forcefeeding이라고 부르는 것인데, 예제는 벨로시티에게 불투명도가 0에서 시작해 1로 변경되도록 지정하고 있다. 이와 동일하게, translateX 속성이 200픽셀에서 시작해 0픽셀로 변경되도록 지정하고 있다.

일반적으로는 배열을 전달해 속성의 초깃값을 지정하지 않아도 된다. 벨로시티가 전환 방법을 계산할 것이다.

예를 들어 다음 CSS 클래스를 미리 지정했을 수도 있다.

```
p {
  opacity: 0;
}
```

벨로시티 호출도 다음과 같이 변경할 수 있다.

```
Velocity(el,
  { opacity: 1 }
)
```

택시가 천천히 나타난다. 벨로시티는 엘리먼트의 초깃값에 대해 DOM에 직접 쿼리한 다음, 이 값을 1로 전환했다. 이 접근법의 문제점은 DOM에 대한 쿼리가 발생하기 때문에 일부 애니메이션의 속도가 느려질 수 있다는 것이다. 동시다발적으로 애니메이션이 발생할 경우, 특히 그렇다.

force-feeding과 같은 효과를 얻을 수 있는 또 다른 방법 중 하나는 다음과 같이 begin 옵션을 사용하는 것이다.

```
Velocity(el,
```

```
  { opacity: 1 },
  { begin: () => { el.style.opacity = 0 } }
)
```

애니메이션이 시작되기 직전에 (그리고 엘리먼트가 삽입되기 전에) 불투명도가 0으로 설정된다. 속도가 느린 웹 브라우저에서 force-feeding을 사용하면 애니메이션을 시작하고 움직이는 차의 잔상이 보일 수 있기 때문에 이 방법은 도움이 된다.

다음 표는 자바스크립트 애니메이션의 가능한 후크를 정리한 것이다.

속성	설명
@before-enter	이 함수는 엘리먼트가 삽입되기 전에 호출된다.
@enter	이 함수는 엘리먼트가 삽입될 때 호출된다.
@after-enter	이 함수는 엘리먼트가 삽입되고 애니메이션이 끝나면 호출된다.
@enter-cancelled	이 함수는 애니메이션이 아직 진행 중이지만 엘리먼트를 진출해야 할 때 호출된다. 벨로시티를 사용한다면 Velocity (el, "stop")와 유사한 것을 사용할 수 있다.
@before-leave	이 함수는 leave 함수가 트리거되기 전에 호출된다.
@leave	이 함수는 엘리먼트가 진출할 때 호출된다.
@after-leave	이 함수는 엘리먼트가 페이지를 진출할 때 호출된다.
@leave-cancelled	leave 호출이 끝나기 전에 엘리먼트를 삽입해야 하는 경우에 호출된다. v-show에서만 작동한다.

 이 후크는 벨로시티뿐만 아니라 모든 라이브러리에 유효하다는 것을 기억하자.

추가 정보

취소 버튼을 구현해 인터페이스로 다른 시도를 해볼 수 있다. 사용자가 실수로 택시를 예약한 경우, 취소 버튼을 누르면 예약이 취소되고 이를 택시 이모티콘이 사라짐으로써 명확하게 보여준다.

먼저 취소 버튼을 추가한다.

```
<button @click="taxiCalled = false">
  Cancel
</button>
```

충분히 쉬웠다. 이제 진출 시의 전환을 추가한다.

```
<transition
  @enter="enter"
  @leave="leave"
  :css="false"
>
  <p v-if="taxiCalled"> 🚕 </p>
</transition>
```

위 코드는 leave 메서드도 필요하다.

```
leave (el) {
  Velocity(el,
    { opacity: [0, 1], 'font-size': ['0.1em', '1em'] },
    { duration: 200})
}
```

코드에서 하는 일은 이모티콘을 축소시켜 사라지게 만드는 것이다.

이를 실행하려고 하면 몇 가지 문제가 발생한다.

취소 버튼을 클릭하면 진출 애니메이션이 시작돼 택시가 작아지고 결국 사라져야만 한다. 그 대신 아무 아무 일도 일어나지 않다가 택시가 갑자기 사라져버린다.

취소 애니메이션이 계획대로 재생되지 않는 이유는 애니메이션이 CSS가 아니라 자바스크립트로 작성됐으므로 뷰가 애니메이션 완료 시점을 알 수 없기 때문이다. 특히, 뷰는 진출 애니메이션이 시작되기도 전에 완료됐다고 간주한다. 그것이 예제에서 택시가 사라지는 원인이다.

트릭은 후크의 두 번째 인자에 존재한다. 모든 후크는 2개의 인수를 가진 함수를 호출한다. 이미 애니메이션의 대상이 되는 첫 번째 인자 el 엘리먼트를 갖고 있고, 두 번째는 호출 시점에 뷰에 애니메이션이 끝났음을 알려주는 콜백이다.

벨로시티에는 complete라는 옵션이 존재하는데, 이 옵션은 벨로시티 관점에서 애니메이션이 완료되면 함수가 호출되도록 지정할 수 있다.

이 새로운 정보를 기반으로 코드를 다시 작성해보자.

```
leave (el, done) {
  Velocity(el,
  { opacity: [0, 1], 'font-size': ['0.1em', '1em'] },
  { duration: 200 })
}
```

done 인수를 함수에 추가하면 뷰는 우리가 애니메이션이 끝날 때 콜백이 호출되길 원한다는 사실을 알 수 있다. 뷰는 그 자체로 이해할 수 있기 때문에 콜백을 명시적으로 사용할 필요는 없지만 기본 동작에 의존하는 것은 언제나 좋지 않다(문서화되지 않은 경우 변경할 수 있음) 애니메이션이 끝나면 done 함수를 호출해보자.

```
leave (el, done) {
  Velocity(el,
  { opacity: [0, 1], 'font-size': ['0.1em', '1em'] },
  { duration: 200, complete: done })
}
```

코드를 실행하고 취소 버튼을 눌러 택시를 취소시켜보자.

초기 렌더링에서 전환하기

appear 키워드를 사용하면 엘리먼트를 처음 로드할 때 전환을 패키징할 수 있다. 이를 통해 엘리먼트에 전환을 적용할 때 페이지가 반응형으로 동작하고 속도가 빠르다는 인상을 줄 수 있기 때문에 사용자 경험을 높여준다.

준비하기

이 레시피는 특별한 지식이 필요하지 않다. 적어도 'CSS 전환으로 앱에 재미 추가하기' 레시피를 완료했다면 식은 죽 먹기일 것이다.

구동 방법

우리는 미국 배우 필 머레이[Fill Murray]에 관한 페이지를 만들 것이다. 잘못 본 게 아니다, 빌머레이가 아니다. 그에 대한 자세한 정보는 http://www.fillmurray.com에서 찾을 수 있다. 예제에서는 이 사이트의 이미지를 사용해 그에 관한 페이지를 작성할 것이다.

HTML에는 헤더를 사용해 페이지 제목으로 작성한다.

```
<h1>
  The Fill Murray Page
</h1>
```

제목 이후에는 뷰 애플리케이션이 위치한다.

```
<div id="app">
  <img src="https://fillmurray.com/50/70">
  <p>
    The internet was missing the ability to
    provide custom-sized placeholder images of Bill Murray.
```

```
    Now it can.
  </p>
</div>
```

웹 브라우저에서 렌더링하면 다음과 같이 보인다.

예제 페이지는 있는 그대로 소박하게 보인다. 필 머레이 사진이 페이드인 전환 컴포넌트 내부에 래핑해야 한다.

```
<transition appear>
  <img src="https://fillmurray.com/50/70">
</transition>
```

다음은 CSS 클래스다.

```
img {
  float: left;
  padding: 5px
}
.v-enter {
  opacity: 0
}
.v-enter-active {
  transition: opacity 2s
}
```

이제 페이지를 실행해보면 이미지가 천천히 표시되지만 텍스트도 덩달아 이동해 있다. 이 문제를 해결하기 위해서는 이미지 크기를 미리 지정해야 한다.

```
<transition appear>
  <img src="https://fillmurray.com/50/70" width="50" height="70">
</transition>
```

이렇게 해서 웹 브라우저가 천천히 나타나는 이미지를 위해 미리 공간을 확보해두도록 한다.

동작 원리

transition 태그의 appear 지시자는 컴포넌트를 연관된 전환을 사용해 먼저 그려준다 (찾은 경우).[3]

컴포넌트가 처음으로 렌더링될 때 적용될 전환을 지정하는 방법은 여러 가지가 존재하는데, 모든 경우에 appear 지시자로 지정돼야 한다.

이 지시자가 존재할 때 뷰가 첫 번째로 찾는 것은 태그에 지정된 자바스크립트 훅 또는 CSS 클래스다.

```
<transition
  appear
  @before-appear="customBeforeAppearHook"
  @appear="customAppearHook"
  @after-appear="customAfterAppearHook"
  appear-class="custom-appear-class"
  appear-active-class="custom-appear-active-class"
>
  <p>My element</p>
</transition>
```

---

3 점점 사라지는 애니메이션 효과—옮긴이

그 후 만약 이름이 지정되면 뷰는 해당 요소에 대한 진입 전환을 찾게 된다.

```
<transition appear name="myTransition">
  <p>My element</p>
</transition>
```

앞의 코드는 다음과 같은 이름의 클래스를 찾는다.

```
.myTransition-enter {...}
.myTransition-enter-active {...}
```

아무것도 발견하지 못할 경우 뷰는 엘리먼트 삽입(v-enter 및 v-enter-active)을 위한 기본 CSS 클래스를 검색한다. 실제로 이것이 레시피에서 사용하고 있는 방법이다.

 TIP 이러한 기본값에 의존하는 것은 좋은 습관이 아니다. 예제에서는 설명을 위해 그렇게 사용한 것이다. 전환에는 항상 이름을 지정해야 한다.

아마도 예제에서 이미지의 너비와 높이를 추가한 이유를 알아두면 좋을 것이다. 그 이유는 HTML에서 이미지 URL을 지정할 때 웹 브라우저는 이미지의 크기를 미리 알지 못해 기본 공간을 따로 잡아두지 않기 때문이다. 미리 이미지의 크기를 지정해야 웹 브라우저가 이미지를 로드하기 앞서 페이지를 올바르게 구성하는 것이 가능하다.

▌ 엘리먼트 간 전환

웹 페이지의 모든 것은 하나의 엘리먼트다. 뷰의 v-if 및 v-show 지시문을 사용하면 쉽게 그려주거나 숨길수 있다. 전환을 사용하면 나타나는 방법을 제어하거나 더 나아가 마법과 같은 효과까지 추가할 수 있다. 이 레시피는 그 방법을 설명한다.

준비하기

이 레시피를 진행하기 전에 뷰의 전환 및 CSS의 작동 방식에 익숙해져 있어야 한다. 2장, '기본 뷰JS 기능들'의 'CSS 전환으로 앱에 재미 추가하기' 레시피를 완료하면 쉽게 가능하다.

구동 방법

마법과 같은 효과에 대해 이야기했으므로 이번 예제에서는 개구리를 공주로 변환시킬 것이다. 변환 자체가 전환으로 구성될 것이다.

버튼을 누를 때 개구리의 키스마크를 표시하는 버튼을 생성한다.

```
<div id="app">
  <button @click="kisses++">💋Kiss!</button>
</div>
```

버튼을 누를 때마다 kisses 변수가 증가한다. 변수는 다음 코드를 통해 0으로 초기화된다.

```
new Vue({
  el: '#app',
  data: {
    kisses: 0
  }
})
```

다음으로 버튼의 뒤에 추가로 표시하기 위한 개구리와 공주가 필요하다.

```
<transition name="fade">
  <p v-if="kisses < 3" key="frog">🐸 frog</p>
  <p v-if="kisses >= 3" key="princess">👸princess</p>
</transition>
```

페이드 전환을 위한 CSS는 다음과 같다.

```
.fade-enter-active, .fade-leave-active {
  transition: opacity .5s
}
.fade-enter, .fade-leave-active {
  opacity: 0
}
```

제대로 작동하게 하려면 추가 CSS선택자를 추가해야 한다.

```
p {
  margin: 0;
  position: absolute;
  font-size: 3em;
}
```

애플리케이션을 실행하고 키스 버튼을 일정 횟수 이상 클릭하면 개구리가 공주로 바뀌는 것을 볼 수 있다.

이 전환은 사라지는 효과를 갖고 있다.

개구리 이모티콘이 공주 이모티콘으로 변경됐다.

동작 원리

예제에서 두 가지 엘리먼트를 사용했을 때 어떤 것이 개구리이고, 어떤 것이 공주인지를 지정하기 위한 key 속성을 사용했다. 그렇지 않으면 뷰의 최적화 시스템에 영향을 받기 때문이다. 두 엘리먼트의 내용을 살펴보고 실제 엘리먼트 자체를 교환하지 않고도 두 요소의 내용을 바꿀 수 있다고 판단하고 전환이 일어나지 않게 되는데 엘리먼트 자체는 동일하고 그 내용만 변경됐기 때문이다.

key 속성을 제거하면 개구리와 공주가 바뀌지만 전환은 발생하지 않는 것을 볼 수 있다.

```
<transition name="fade">
  <p v-if="kisses < 3">🐸 frog</p>
  <p v-if="kisses >= 3">👸 princess</p>
</transition>
```

다음과 같이 2개의 다른 엘리먼트를 사용할수도 있다.

```
<p v-if="kisses < 3" >🐸 frog</p>
<span v-if="kisses >= 3">👸 princess</span>
```

또한 <P>의 CSS 선택자도 이에 맞게 수정한다.

```
p, span {
  margin: 0;
  position: absolute;
  font-size: 3em;
  display: block;
}
```

이제 애플리케이션을 다시 시작하면 key 속성을 사용하지 않고도 잘 동작한다.

> **TIP** 최초의 예제와 같이 의무적이지 않은 경우에도 키의 사용이 권장된다. 이는 각 항목이 다른 의미를 갖고 있을 때 특히 그렇다. 이것에 대한 몇 가지 이유가 존재하는데, 주된 이유는 여러 사람이 동일한 코드 행에서 작업할 때 key 애트리뷰트를 수정하는 것은 span 엘리먼트를 p 엘리먼트로 다시 전환하는 것처럼 쉽게 깨지지 않기 때문인데, 그렇게 될 경우 예제처럼 전환이 동작하지 않게 된다.

추가 정보

여기서는 이전 레시피의 두 가지 하위 사례를 다룬다. 두 가지 이상의 엘리먼트 사이를 전환하고 키 속성을 바인딩한다.

두 가지 이상의 엘리먼트 사이에서 전환

방금 완료한 레시피에서 간단하게 확장할 수 있다.

공주에게 너무 여러 번 키스하면 산타클로스로 변한다고 가정해보자. 아마도 당신의 나이에 따라 이것이 매력적일 수도 있고, 아닐 수도 있다.

먼저 세 번째 엘리먼트를 추가한다.

```
<transition name="fade">
  <p v-if="kisses < 3" key="frog"> frog</p>
```

```
    <p v-else-if="kisses >= 3 && kisses <= 5" key="princess">👧princess</p>
    <p v-else key="santa">🎅 santa</p>
</transition>
```

즉시 애플리케이션을 시작할 수 있으며, 5번 이상 공주 또는 개구리에게 키스하면 산타클로스가 동일한 페이드 전환으로 나타난다.

이 설정을 사용하면 처음 두 요소 사이에서 사용한 것과 동일한 전환을 사용해야 한다는 한계가 있다.

'동적인 전환' 레시피에서 이것을 우회하는 방법을 설명한다.

키 속성을 동적으로 설정

사용 가능한 데이터가 이미 존재한다면 모든 엘리먼트에 대한 키를 작성할 필요가 없다. 다음과 같이 같은 엘리먼트를 반복하지 않고 동일한 앱을 작성할 수 있다.

```
<transition name="fade">
  <p :key="transformation">{{emoji}}{{transformation}}</p>
</transition>
```

이것은 물론 키스의 횟수에 따라 전환 정보와 이모티콘 변수를 올바르게 제공해야 함을 의미한다.

이를 위해선 그것을 계산된 속성에 연결해야 한다.

```
computed: {
  transformation () {
    if (this.kisses < 3) {
      return 'frog'
    }
    if (this.kisses >= 3 && this.kisses <= 5) {
      return 'princess'
    }
    if (this.kisses > 5) {
      return 'santa'
    }
  },
  emoji () {
    switch (this.transformation) {
      case 'frog': return '🐸'
      case 'princess': return '👸'
      case 'santa': return '🎅'
    }
  }
}
```

예제에서는 뷰 인스턴스에서 좀 더 많은 로직을 위치시키는 대신 템플릿의 복잡성이 줄어들었다. 추후에 더 복잡한 로직이 추가될 것으로 예상되거나 변환의 수가 증가하면 이 방법이 장기적으로 더 좋을 수 있다.

▌ 엘리먼트 전환의 진입 단계 이전에 진출시키기

엘리먼트 간 전환 레시피에서 두 엘리먼트 사이를 전환하는 방법을 살펴봤다. 뷰의 기본 동작은 첫 번째 진출하는 것과 동시에 진입하는 엘리먼트의 전환을 시작하는 것인데, 우리가 항상 원하는 방식은 아니다.

이번 레시피에서는 위에서 언급한 중요한 예외의 경우와 이를 우회하는 방법을 배운다.

준비하기

이 레시피에서는 두 엘리먼트 사이의 전환에서 작성한 예제를 기반으로 작성하며 특수한 문제를 해결한다. 글에서 무엇을 말하고 있는지 모르겠다면, 바로 이전의 레시피로 돌아가자.

구동 방법

먼저 지금까지 문제가 발생하지 않았다면 곧 문제가 발생한다. 그리고 뷰가 문제를 해결하기 위해 어떤 것을 제공하는지 확인할 수 있다.

두 가지 엘리먼트 문제

웹 사이트에 캐러셀Carousel 효과를 작성해보자. 사용자는 한 번에 하나의 상품을 보고 스와이프하면 다음 상품으로 이동한다. 다음 제품으로 스와이프하기 위해선 사용자가 버튼을 클릭해야 한다.

먼저 뷰 인스턴스에 상품 목록이 필요하다.

```
new Vue({
  el: '#app',
  data: {
    product: 0,
    products: ['umbrella', 'computer', 'ball', 'camera']
  }
})
```

HTML에서는 버튼과 엘리먼트의 뷰만 필요하다.

```
<div id="app">
  <button @click="product++">next</button>
  <transition name="slide">
```

```
    <p :key="products[product % 4]">{{products[product % 4]}}</p>
  </transition>
</div>
```

4의 나머지 연산$^{\text{product \% 4}}$을 사용하는 이유는 제품 목록의 끝까지 다다랐을 때 처음 목록
으로 되돌아가기 위함이다.

슬라이딩 전환을 설정하려면 다음 규칙이 필요하다.

```
.slide-enter-active, .slide-leave-active {
  transition: transform .5s
}
.slide-enter {
  transform: translateX(300px)
}
.slide-leave-active {
  transform: translateX(-300px);
}
```

또한 더 깔끔하게 만들기 위해 다음과 같이 마무리한다.

```
p {
  position: absolute;
  margin: 0;
  font-size: 3em;
}
```

코드를 실행하면 다음과 같이 멋진 캐러셀을 볼 수 있다.

이번에는 마지막 규칙에서 position: absolute를 제거하자.

```
p {
  margin: 0;
  font-size: 3em;
}
```

코드를 실행키면 다음과 같이 제품 사이에 이상한 간격을 발견할 수 있다.

이것이 우리가 풀려고 하는 문제다. 두 번째 전환은 첫 번째 제품이 진출하기 전에 시작된다. 위치 설정이 absolute가 아니면 이상한 결과를 보게 될 것이다.

전환 모드

이 문제를 해결하기 위해 전환 모드가 변경된다. <transition> 코드를 수정하자.

```
<transition name="slide" mode="out-in">
  <p :key="products[product%4]">{{products[product%4]}}</p>
</transition>
```

이제 프로그램을 실행하면 제품이 화면 내부로 들어오기까지 약간의 시간이 걸리는 것을 볼 수 있다. 그것들은 진입 전에 이전 상품이 사라질 때까지 기다린다.

동작 원리

다시 말하면, 뷰에서 컴포넌트 간의 전환을 관리하는 두 가지 다른 방법이 존재한다. 기본 방법은 out 전환과 동시에 in 전환을 시작하는 것인데, 이를 위해 다음과 같이 명시할 수 있다.

```
<transition mode="in-out">
  <!-- 엘리먼트들-->
</transition>
```

in 애니메이션을 시작하기 전에 *out* 부분이 끝날 때까지 기다리도록 이 기본 동작을 변경할 수 있는데, 그 설정은 다음과 같다.

```
<transition mode="out-in">
  <!-- 엘리먼트들-->
</transition>
```

전자는 엘리먼트가 스타일에서 절대적인 위치를 가질 때 유용하고, 후자는 엘리먼트를 페이지에 추가하기 전에 더욱 명확한 지침을 기다릴 필요가 있을 때 더 적절하다.

절대 위치 지정은 엘리먼트의 움직임이 페이지의 흐름을 따르지 않기 때문에 엘리먼트끼리 서로 겹쳐도 상관없다. 한편 정적 위치 지정은 첫 번째 요소 다음에 두 번째 요소를 추가해 두 엘리먼트가 동시에 표시되는 경우에는 전환이 어색하게 표시된다.

▌ 엘리먼트 리스트에 대한 전환 진입 및 진출 추가하기

이미 '엘리먼트 간 전환' 레시피에서 리스트에 애니메이션을 적용해봤다. 여기서는 엘리먼트가 리스트에 추가되거나 제거될 수 있도록 제안해주는 시각적 요소를 추가한다. 이것은 사용자에게 어떻게 엘리먼트가 추가되거나 제거됐는지 추측할 수 있게 해주기 때문에

UX적으로 큰 도움이 될 수 있다.

준비하기

'엘리먼트 간 전환' 레시피를 마쳤다면 바로 진행할 준비가 됐다. CSS와 전환에 더 친숙하면 도움이 될 것이다. 필요하다고 생각되면 이 장의 다른 레시피들을 참고하자.

구동 방법

프로그래밍을 공부하기 위한 강의 계획을 세워보자. 이전에 배운 내용을 사용해 수강 항목에 떠다니는 애니메이션을 적용시키는데 해당 주제를 끝내고 나면 만족감을 느낄 수 있을 것이다.

리스트의 데이터는 뷰 인스턴스에 존재한다.

```
new Vue({
  el: '#app',
  data: {
    syllabus: [
      'HTML',
      'CSS',
      'Scratch',
      'JavaScript',
      'Python'
    ]
  }
})
```

리스트는 다음 코드와 함께 HTML로 출력된다.

```
<div id="app">
  <h3>Syllabus</h3>
```

```
  <ul>
    <li v-for="topic in syllabus">
      {{topic}}
    </li>
  </ul>
</div>
```

버튼을 누르면 과목이 리스트에서 사라져야 한다. 이를 위해 작성한 코드를 수정하자.

먼저 각 과목 앞에 완료 버튼을 추가해보자.

```
<li v-for="topic in syllabus">
  <button @click="completed(topic)">Done</button>{{topic}}
</li>
```

완성된 메서드는 다음과 같다.

```
methods: {
  completed (topic) {
    let index = this.syllabus.indexOf(topic)
    this.syllabus.splice(index, 1)
  }
}
```

코드를 실행하면 공부를 마친 과목들을 확인할 수 있는 간단한 애플리케이션이 나타난다. 여기서 더 원하는 것은 우리를 안심시켜주기 위한 애니메이션이다.

이를 위해 리스트의 컨테이너를 편집해야 한다. <ul> 태그를 제거하고, 그 대신 <transition-group>에 <ul> 태그를 컴파일하도록 지시한다.

```
<transition-group tag="ul">
  <li v-for="topic in syllabus" :key="topic">
    <button @click="completed(topic)">Done</button>{{topic}}
  </li>
</transition-group>
```

과목에 따라 각 리스트의 항목에 키를 추가했다. 마지막으로 필요한 것은 전환 규칙을 CSS에 추가하는 것이다.

이제 그림과 같이 Done 버튼을 클릭하면 전환과 함께 과목이 사라진다.

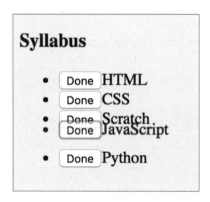

동작 원리

<transition-group> 태그는 동시에 표시될 엘리먼트 그룹의 컨테이너를 나타낸다. 기본적으로 <span> 태그를 나타내지만 tag 속성을 ul로 설정해 정렬되지 않은 리스트로 지정한다.

목록의 모든 요소에는 고유한 키가 있어야 한다. 그렇지 않으면 전환이 작동하지 않는다. 뷰는 진입하거나 진출하는 모든 엘리먼트에 전환을 적용할 것이다.

리스트에서 이동하는 엘리먼트의 전환

이번 레시피에서는 리스트의 변경 방향에 따라 이동하는 엘리먼트 리스트를 작성한다. 이 특정 애니메이션은 사용자에게 무언가가 변경됐다는 사실을 알려주고, 그에 따라 리스트가 갱신될 때 유용하다. 또한 사용자가 엘리먼트가 삽입된 지점을 식별하는 데 도움이 된다.

준비하기

이번 레시피는 약간 고급 주제를 다룬다. 뷰의 전환에 익숙하지 않은 경우, 이번 장의 다른 레시피들을 미리 완료하는 것이 좋다.

'엘리먼트 리스트에 대한 전환 전입 및 전출 추가하기' 레시피를 큰 어려움 없이 끝냈다면 별 문제 없이 마무리할 수 있을 것이다.

구동 방법

작은 게임인 버스 정류장 시뮬레이터를 작성해본다.

이모티콘으로 표시되는 버스가 역을 떠날 때마다 다른 모든 버스들이 조금씩 앞으로 이동할 것이다. 뷰 인스턴스 데이터에서 볼 수 있듯이 모든 버스는 번호로 식별된다.

```
new Vue({
  el: '#app',
  data: {
    buses: [1,2,3,4,5],
    nextBus: 6
  }
})
```

새 버스가 도착할 때마다 그 다음 번호가 할당된다. 예제에서는 2초마다 새로운 버스가 출발하거나 앞으로 나가기를 원한다. 컴포넌트가 화면에 마운트될 때 타이머를 연결해 작업을 수행할 수 있다. data 영역 이후에 다음을 작성하자.

```
mounted ( ) {
  setInterval(( ) => {
    const headOrTail = ( ) => Math.random( ) > 0.5
    if (headOrTail( )) {
      this.buses.push(this.nextBus)
      this.nextBus += 1
    } else {
      this.buses.splice(0, 1)
    }
  }, 2000)
}
```

앱의 HTML은 다음과 같다.

```
<div id="app">
  <h3>Bus station simulator</h3>
  <transition-group tag="p" name="station">
    <span v-for="bus in buses" :key="bus">🚌</span>
  </transition-group>
</div>
```

버스를 움직이게 하기 위해 CSS 규칙을 station 접두사로 명시한다.

```
.station-leave-active, .station-enter-active {
  transition: all 2s;
  position: absolute;
}

.station-leave-to {
  opacity: 0;
```

```
  transform: translateX(-30px);
}

.station-enter {
  opacity: 0;
  transform: translateX(30px);
}

.station-move {
  transition: 2s;
}

span {
  display: inline-block;
  margin: 3px;
}
```

이제 앱을 실행하면 매 2초마다 출발하거나 도착하는 정돈된 버스의 열이 생긴다.

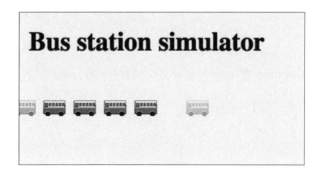

동작 원리

예제의 핵심은 <transition-group> 태그다. 키로 식별된 모든 버스들을 다룬다.

```
<transition-group tag="p" name="station">
```

```
  <span v-for="bus in buses" :key="bus">🚌</span>
</transition-group>
```

버스가 화면에 들어가거나 떠날 때마다 FLIP 애니메이션('자신만의 전환 클래스 추가하기' 레시피 참조)이 자동으로 발생한다.

좀 더 명확히 설명하기 위해 버스들이 배열 [1, 2, 3]으로 표현되고 버스 1이 화면을 떠난다고 가정해보자. 다음은 첫 번째 버스의 <span> 엘리먼트 속성이 실제 애니메이션 시작 전에 저장된다는 것이다. 따라서 우리는 속성을 설명하는 다음 객체를 얻을 수도 있다.

```
{
  bottom:110.4375
  height:26
  left:11
  right:27
  top:84.4375
  width:16
}
```

뷰는 <transition-group> 태그 안에 있는 모든 엘리먼트에 대해 이 작업을 수행한다.

이후에 station-leave-active 클래스가 첫 번째 버스에 적용된다. 규칙이 어떤 것인지 간단히 살펴보자.

```
.station-leave-active, .station-enter-active {
  transition: all 2s;
  position: absolute;
}
```

이전에 배웠듯이 위치가 absolute라는 것을 알 수 있다. 이는 엘리먼트가 페이지의 정상적인 흐름에서 제거됨을 의미한다. 이것은 차례대로 그 뒤에 있는 모든 버스들이 비어 있는 공간을 채우기 위해 갑자기 움직이는 것을 의미한다. 뷰는 이 단계에서 버스의 모든 속성을 기록하며, 이것은 애니메이션의 마지막 프레임으로 간주된다. 이 프레임은 실제 표시된 프레임이 아니라 단지 엘리먼트의 최종 위치를 계산하기 위한 추상 영역으로 사용된다.

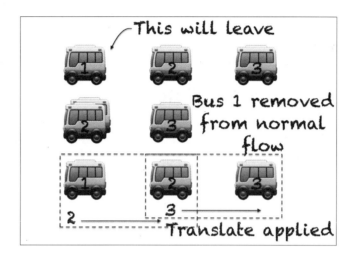

뷰는 최종 프레임과 시작 프레임의 차이를 계산하고 그렇지 않은 경우에도 버스가 초기 프레임에 표시될 수 있도록 스타일을 적용한다. 해당 스타일은 한 프레임 후에 제거된다. 버스가 즉시 새로운 위치로 이동하는 대신, 최종 프레임 위치로 천천히 움직이는 이유는 그것들이 span 엘리먼트고, 모든 전환 스타일은 (뷰가 한 프레임에 대해 위치를 속이기 위해 사용하는 스타일) 2초 동안 전환돼야 한다고 명시했기 때문이다.

```
.station-move {
  transition: 2s;
}
```

즉, 프레임 −1에서 3개의 버스가 모두 제자리에 존재하게 되고, 그 위치가 기록된다.

프레임 0에서 첫 번째 버스는 페이지 흐름에서 제거되고 다른 버스는 즉시 그 뒤쪽으로 이동한다. 동일한 프레임에서 뷰는 새로운 위치를 기록하고 아무도 이동하지 않은 상태였던 프레임 −1의 위치로 버스를 이동시켜줄 변환을 적용한다.

프레임 1에서 변환은 제기되지만 이동이 있었으므로 비스는 친친히 최종 위치로 이동한다.

컴포넌트의 상태에 애니메이션 적용

컴퓨터에서는 모든 것이 숫자다. 뷰에서는 숫자인 모든 것이 한 방향으로 또는 다른 방식으로 움직일 수 있다. 이 레시피에서는 트윈 애니메이션으로 부드럽게 움직이는 탱탱볼을 제어한다.

준비하기

이번 레시피를 완료하려면 자바스크립트에 대해 어느 정도 알고 있어야 한다. 자바스크립트의 전문 기술은 책의 범위를 벗어나지만, 동작 원리 영역에서 코드를 분석할 것이므로 너무 신경 쓰지 않아도 좋다.

구동 방법

예제의 HTML에서 우리는 단지 2개의 엘리먼트를 추가할 것이다. 원하는 탱탱볼의 위치를 입력할 입력 창과 공 자체가 그것이다.

```
<div id="app">
  <input type="number">
  <div class="ball"></div>
</div>
```

볼을 제대로 렌더링하기 위해 다음 CSS 규칙을 작성하면 화면에 표시된다.

```css
.ball {
  width: 3em;
  height: 3em;
  background-color: red;
  border-radius: 50%;
  position: absolute;
  left: 10em;
}
```

Y 좌표의 위치를 제어하려고 한다. 그렇게 하기 위해 공에 top 속성을 바인딩한다.

```html
<div id="app">
  <input type="number">
  <div class="ball" :style="'top: ' + height + 'em'"></div>
</div>
```

높이는 뷰 인스턴스 모델의 일부다.

```javascript
new Vue({
  el: '#app',
  data: {
    height: 0
  }
})
```

이제 입력된 높이가 변경될 때마다 볼을 새로운 위치로 이동시키기를 원하기 때문에 입력 요소의 @change 이벤트를 바인딩하자.

```html
<div id="app">
```

```
    <input type="number" @input="move">
    <div class="ball" :style="'top: ' + height + 'em'"></div>
</div>
```

이동 방법은 현재의 높이를 가져와 지정된 값으로 천천히 전환시킬 것이다.

이 작업을 수행하기 전에 Tween.js 라이브러리를 종속성으로 추가한다. 공식 저장소는 https://github.com/tweenjs/tween.js다. JSFiddle을 사용하는 경우 README.md 페이지에 지정된 CDN 링크를 추가할 수 있다.

라이브러리를 추가한 후 다음과 같이 move 메서드를 추가하자.

```
methods: {
  move (event) {
    const newHeight = Number(event.target.value)
    const _this = this
    const animate = (time) => {
      requestAnimationFrame(animate)
      TWEEN.update(time)
    }
    new TWEEN.Tween({ H: this.height })
      .easing(TWEEN.Easing.Bounce.Out)
      .to({ H: newHeight }, 1000)
      .onUpdate(function () {
        _this.height = this.H
      })
      .start()
    animate()
  }
}
```

앱을 실행하고 높이를 편집하는 동안 공이 튀는 것을 확인해보자.

높이를 변경하면 공의 위치도 변경된다.

동작 원리

여기서 일반적인 원칙은 엘리먼트 또는 컴포넌트에 대한 상태가 존재한다는 것이다. 상태가 숫자인 경우, 특정 커브 형태 또는 가속도에 맞춰 다른 값으로 "트위닝tween"할 수 있다.

코드를 더 분석해보자.

예제에서는 공에 새롭게 설정된 높이를 가져와 newHeight 변수에 저장한다.

```
const _this = this
```

이렇게 하는 이유는 금방 분명해진다.

```
const animate = (time) => {
  requestAnimationFrame(animate)
  TWEEN.update(time)
}
```

앞의 코드에서는 모든 애니메이션을 하나의 함수에 포함시키고 있다. 이것은 Tween.js 라이브러리 사용 시에 자연스러운 방법이며 애니메이션을 적용하는 데 사용할 주요 루프를 식별할 수 있게 해준다. 다른 트윈 애니메이션이 있는 경우 이 위치에서 작동시킬 수 있다.

```
new TWEEN.Tween({ H: this.height })
  .easing(TWEEN.Easing.Bounce.Out)
  .to({ H: newHeight }, 1000)
  .onUpdate(function () {
    _this.height = this.H
  })
.start()
```

위 코드는 라이브러리에 대한 API 호출이다. 먼저 컴포넌트를 대신해 높이값의 복사본을 보유할 객체를 생성한다. 일반적으로 이곳에는 상태 자체를 나타내는 객체를 위치시킨다. 뷰의 한계(또는 Tween.js의 한계) 때문에 다른 방법을 사용하고 있다. 우리는 상태의 복사본을 애니메이션에 사용하고 모든 모든 프레임 변경 시마다 실제 상태를 동기화한다.

```
Tween({ H: this.height })
```

첫 번째 줄은 공의 복사본을 현재 실제 높이와 동일하도록 초기화한다.

```
easing(TWEEN.Easing.Bounce.Out)
```

탱탱볼의 움직임을 흉내 내기 위해 easing을 사용한다.

```
.to({ H: newHeight }, 1000)
```

이 줄은 목표 높이 및 애니메이션이 지속되는 시간(밀리초)을 설정한다.

```
onUpdate(function () {
  _this.height = this.H
})
```

여기서는 애니메이션의 높이를 실제 객체로 복사하고 있다. 실제 객체를 복제된 것에 바인딩돼 있기 때문에 ES5 구문을 사용해 강제로 접근하는 것이 가능하다. 이것이 뷰 인스턴스를 참조할 수 있는 변수의 존재 이유다. ES6 구문을 사용했다면 H 값에 직접 접근할 수 있는 방법이 없다.

▌ 재사용 할 수 있는 전환을 컴포넌트로 구성하기

웹 사이트의 사용자 유입 경로(퍼널 :funnel)를 통틀어 재사용하고 싶은 특징적인 전환이 있을 수도 있다. 코드를 좀 더 체계적으로 유지하고 싶은 경우, 전환을 컴포넌트로 패키징하는 것이 좋은 선택이 될 수 있다. 이 레시피에서는 간단한 전환 컴포넌트를 작성한다.

준비하기

뷰에서 전환을 사용한 경험이 있다면 쉽게 이번 레시피를 따라올 수 있을 것이다. 또한 컴포넌트를 사용하기 때문에 적어도 컴포넌트가 무엇인지는 알고 있어야 한다. 다음 장에서 컴포넌트에 대한 입문 과정을 살펴보자. 특히 함수형 컴포넌트를 생성하는데 이것은 '함수형 컴포넌트 만들기' 레시피에 자세히 설명돼 있다.

구동 방법

이번 예제에서는 뉴스 포털을 위해 특징적인 전환을 작성해본다. 사실 훌륭한 마술 라이브러리(https://github.com/miniMAC/magic)에서 미리 제작된 전환을 사용하므로 이를 프로젝트에 종속성으로 추가해야 한다. CDN 링크는 https://cdnjs.com/libraries/magic 에서 찾을 수 있다(이 페이지로 이동해 링크를 직접 복사하자).

먼저 웹 페이지를 작성한 후 전환을 생성한다. 마지막으로 다른 엘리먼트들에 전환을 추가해주면 된다.

기본 웹 페이지 작성

예제 웹 페이지는 각각의 카드를 표시하는 2개의 버튼으로 구성된다. 하나는 요리법이고 다른 하나는 긴급 속보다.

```
<div id="app">
  <button @click="showRecipe = !showRecipe">
    Recipe
  </button>
  <button @click="showNews= !showNews">
    Breaking News
  </button>
  <article v-if="showRecipe" class="card">
    <h3>
      Apple Pie Recipe
    </h3>
    <p>
      Ingredients: apple pie. Procedure: serve hot.
```

```
    </p>
  </article>
  <article v-if="showNews" class="card">
    <h3>
      Breaking news
    </h3>
    <p>
      Donald Duck is the new president of the USA.
    </p>
  </article>
</div>
```

카드는 다음과 같은 CSS 규칙 덕분에 독특한 느낌을 주게 된다.

```
.card {
  position: relative;
  background-color: FloralWhite;
  width: 9em;
  height: 9em;
  margin: 0.5em;
  padding: 0.5em;
  font-family: sans-serif;
  box-shadow: 0px 0px 10px 2px rgba(0,0,0,0.3);
}
```

자바스크립트 부분은 매우 단순한 뷰 인스턴스로 구성됐다.

```
new Vue({
  el: '#app',
  data: {
    showRecipe: false,
    showNews: false
  }
})
```

코드를 실행하면 이미 웹 페이지가 표시되고 있다.

재사용 가능한 전환 생성

웹 사이트에서 카드가 표시될 때마다 전환을 사용해 꾸며주기로 결정했다. 웹 사이트의 모든 것을 애니메이션으로 재사용할 것이기 때문에 이를 컴포넌트에 패키징하는 것이 좋을 것이다.

뷰 인스턴스 생성 전에 다음 컴포넌트를 선언한다.

```
Vue.component('puff', {
  functional: true,
  render: function (createElement, context) {
    var data = {
      props: {
        'enter-active-class': 'magictime puffIn',
        'leave-active-class': 'magictime puffOut'
      }
    }
    return createElement('transition', data, context.children)
```

```
  }
})
```

puffIn 및 puffOut 애니메이션은 magic.css에 정의돼 있다.

페이지의 엘리먼트에 전환 사용

이제 웹 페이지를 편집해 <puff> 구성 요소를 카드에 추가하자.

```
<div id="app">
  <button @click="showRecipe = !showRecipe">
    Recipe
  </button>
  <button @click="showNews = !showNews">
    Breaking News
  </button>
  <puff>
    <article v-if="showRecipe" class="card">
      <h3>
        Apple Pie Recipe
      </h3>
      <p>
        Ingredients: apple pie. Procedure: serve hot.
      </p>
    </article>
  </puff>
  <puff>
    <article v-if="showNews" class="card">
      <h3>
        Breaking news
      </h3>
      <p>
        Donald Duck is the new president of the USA.
      </p>
    </article>
  </puff>
```

```
</div>
```

"puff" 효과가 있는 버튼을 누르면 카드가 나타나고 사라진다.

동작 원리

예제에서 유일하게 까다로운 부분은 <puff> 컴포넌트를 작성하는 것이다. 일단 컴포넌트를 생성하고 나면, 그 내부에 무엇을 위치시키든 전환에 따라 나타나고 사라질 것이다. 예제에서는 이미 만들어진 전환을 사용했다. 실제 사용하게 된다면 매번 같은 방식을 적용할 수 없어 난이도 있는 매우 복잡한 애니메이션을 제작할 수 있다. 전환을 컴포넌트로 패키징하면 사용과 유지보수가 쉬워진다.

두 가지 요소가 <puff> 컴포넌트를 재사용 가능한 전환으로 만들어준다.

```
props: {
  'enter-active-class': 'magictime puffIn',
  'leave-active-class': 'magictime puffOut'
}
```

위 예제에서는 진입과 진출 시 컴포넌트가 적용해야 하는 클래스를 지정한다. 여기에는 특별한 것이 없다. animate.css와 같은 서드파티 CSS 애니메이션 라이브러리와의 통합 레시피에서 이미 사용해봤다.

마지막에는 실제 엘리먼트를 반환한다.

```
return createElement('transition', data, context.children)
```

이 행은 엘리먼트의 루트인 동시에 하나의 자식 노드^{context.children}만 가진 <transition> 태그를 생성한다. 이것은 자식 노드가 지정되지 않았다는 것을 의미한다. 컴포넌트는 템플릿에 전달되는 것이 무엇이든 그것을 자식 노드로 배치시킨다. 위의 예제에서는 재빠르게 표시되는 카드를 몇 개 통과시켰다.

▌ 동적인 전환

뷰의 영원한 관심 주제는 반응형^{reactivity}이기 때문에 전환도 동적으로 동작할 수 있다. 전환 자체는 물론 모든 속성을 반응형 변수에 바인딩할 수 있다. 이렇게 함으로써 주어진 순간에 어떠한 전환이 사용되는지에 대해 완전히 통제할 수 있다.

준비하기

이 레시피는 '엘리먼트 리스트에 대한 전환 진입 및 진출 추가' 레시피를 기반으로 구현된다. 전환에 대해 이미 알고 있는 경우 뒤로 돌아갈 필요가 없지만 뭔가를 놓친 것처럼 느껴지면 해당 주제를 먼저 완료하도록 하자.

구동 방법

키스는 개구리를 공주로 변신시킨다. 그러나 키스 횟수가 너무 많으면 공주는 산타클로스로 변신할 것이다. 물론, 여기서는 이모티콘에 대한 이야기다.

HTML 설정은 매우 간단하다.

```
<div id="app">
  <button @click="kisses++">💋Kiss!</button>
  <transition :name="kindOfTransformation" :mode="transformationMode">
    <p :key="transformation">{{emoji}}{{transformation}}</p>
  </transition>
</div>
```

예제의 대부분의 속성은 변수에 바인딩돼 있다. 다음은 자바스크립트 코드다.

먼저 모든 데이터가 포함된 간단한 뷰 인스턴스를 생성한다.

```
new Vue({
el: '#app',
  data: {
    kisses: 0,
    kindOfTransformation: 'fade',
    transformationMode: 'in-out'
  }
})
```

예제에서 참조하는 페이드 전환은 다음 CSS를 사용한다.

```
.fade-enter-active, .fade-leave-active {
  transition: opacity .5s
}
.fade-enter, .fade-leave-active {
  opacity: 0
}
```

변수 tranformation과 emoji는 계산된 속성을 통해 정의된다.

```
computed: {
  transformation () {
    if (this.kisses < 3) {
      return 'frog'
    }
    if (this.kisses >= 3 && this.kisses <= 5) {
      return 'princess'
    }
    if (this.kisses > 5) {
        return 'santa'
```

```
    }
  },
  emoji () {
    switch (this.transformation) {
      case 'frog': return '🐸'
      case 'princess': return '👸'
      case 'santa': return '🎅'
    }
  }
}
```

우리가 개구리와 공주 사이의 페이드 전환을 사용하고 있지만 공주와 개구리 사이의 전환에는 뭔가 다른 것을 사용하면 좋을 것 같다. 다음 전환 클래스를 사용한다.

```
.zoom-leave-active, .zoom-enter-active {
  transition: transform .5s;
}

.zoom-leave-active, .zoom-enter {
  transform: scale(0)
}
```

이제 전환의 이름을 변수에 바인딩했으므로 프로그래밍 방식으로 이것들을 쉽게 전환할 수 있다. 계산된 속성 영역에 다음 강조된 코드를 추가해 이것을 수행한다.

```
transformation () {
  if (this.kisses < 3) {
    return 'frog'
  }
  if (this.kisses >= 3 && this.kisses <= 5) {
    this.transformationMode = 'out-in'
    return 'princess'
  }
  if (this.kisses > 5) {
```

```
    this.kindOfTransformation = 'zoom'
    return 'santa'
  }
}
```

첫 번째로 추가된 내용은 줌 트랜지션이 시작되는 동안 오버랩되는 것을 방지한다(좀 더 자세한 내용은 '전환 중인 엘리먼트를 진입 전에 진출시키기' 레시피에서 확인).

두 번째로 추가된 내용은 애니메이션을 "줌"으로 전환한다.

완벽하게 보이기 위해 CSS 규칙이 하나 더 필요하다.

```
p {
  margin: 0;
  position: absolute;
  font-size: 3em;
}
```

이제 더 보기 좋아졌다.

이제 앱을 실행하고 2개의 다른 전환이 어떻게 동적으로 작동하는지 확인하자.

키스의 횟수가 증가함에 따라 공주 이모티콘이 줌아웃된다.

이렇게 산타클로스가 줌인된다.

동작 원리

뷰에서 반응형 데이터가 어떻게 작동하는지 알고 있다면 많은 설명은 필요 없다. kindOfTransformation 변수에 전환의 이름을 바인딩하고 코드에서 페이드^{fade}에서 줌 인^{zoom in}으로 변경했다. 또한 〈transition〉 태그의 다른 속성들 역시 즉시 변경될 수 있는 것을 봤다.

04

컴포넌트에 대한 모든 것

이번 장에서는 다음 레시피들을 다룬다.

- 컴포넌트 생성 및 등록하기
- props를 통해 컴포넌트에 데이터 전달하기
- 컴포넌트 간에 통신하기
- 컴포넌트와 Vuex 간 통신하기
- 자식 컴포넌트의 상태 읽기
- 컴포넌트에서 다른 컴포넌트 사용하기
- 컴포넌트에서 믹스인mixin 사용하기
- 슬롯을 사용해 콘텐츠 배치하기
- 웹팩을 통한 단일 파일 컴포넌트 생성하기

- 비동기적으로 컴포넌트 로딩하기
- 재귀로 컴포넌트 생성하기
- 재사용 가능한 컴포넌트 체크리스트

▌소개

뷰는 순수 HTML 및 CSS와 매우 밀접하게 연관돼 있기 때문에 디자이너에게 매우 매력적으로 다가온다. 그러나 뷰는 프론트엔드 엔지니어들에게도 마찬가지로 매력적이다. 뷰 아키텍처의 주된 특징은 모든 것이 컴포넌트로 구성될 수 있다는 것이다.

프로그램 전체를 컴포넌트로 구성하면 그 크기에 관계 없이 독립된 영역에서 작업할 수 있다. 언제든지 다른 컴포넌트에 영향을 미치지 않고 새 것을 추가할 수 있으며, 필요 없는 것을 삭제하고도 문제 없이 작동한다.

실제로 이것은 이상적인 상황이다. 막상 진행해보면 독립된 (느슨하게 결합된) 컴포넌트를 작성하는 것이 항상 간단한 일은 아니다. 두 컴포넌트가 함께 작동하도록 설계됐거나 특정 방법을 통해 데이터를 주고받는 상황이 있을 수도 있다.

이번 장의 레시피를 주의 깊게 잘 따라온다면 컴포넌트의 장점을 대부분 취하며 일반적으로 좋지 않은 상황들을 피할 수 있을 것이다.

▌컴포넌트 생성 및 등록하기

컴포넌트를 다루는 첫 번째 단계는 그것을 생성해보는 것이다. 컴포넌트가 등록되면 뷰 인스턴스에게 그 사실을 알려줘 해당 컴포넌트를 사용할 수 있도록 해야 한다. 이번 레시피에서는 처음으로 컴포넌트를 생성해본다.

준비하기

이 레시피에는 특정 지식이 필요하지 않다. 처음 시작하는 사람이라면, 1장의 레시피를 둘러보길 권한다.

구동 방법

첫 번째 컴포넌트를 작성하는 일은 매우 간단하다. 예제에서는 전구를 만들 것이다.

다음은 관련 코드다.

```
Vue.component('light-bulb', {
 template: `
 <div class='light-bulb'>
  <p>💡Eureka!</p>
 </div>
 `
})
```

템플릿 바로 뒤는 백틱^{Backtik} 문자로, 모든 키보드에 존재하는 것은 아니다. 만약 키보드에서 그것을 찾지 못한다면, 복사해 붙여 넣도록 하자. 이것은 ES6 구문의 일부이며 웹 브라우저(또는 transpiler)에 문자열이 둘 이상의 줄에 걸쳐 있음을 알려준다.

생성한 컴포넌트를 사용하려면 일반적인 뷰 인스턴스가 필요하다.

```
new Vue({
  el: '#app'
})
```

또한 실제로 페이지에 노출시키려면 HTML이 필요하다.

```
<div id="app">
```

```
<light-bulb></light-bulb>
 <light-bulb></light-bulb>
 <light-bulb></light-bulb>
</div>
```

애플리케이션을 실행하면 2개의 전구가 나타난다. 번뜩이는 아이디어가 아닐 수 없다.

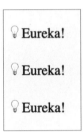

동작 원리

컴포넌트는 뷰 인스턴스와 매우 유사하다. 다음 내용은 공식 문서에서 인용한 것이다.

 TIP 뷰의 컴포넌트는 본질적으로 미리 정의된 옵션을 갖는 뷰 인스턴스다.

사실 뷰 인스턴스를 선언을 깊게 들여다보면 컴포넌트 선언과 매우 유사하다. 두 가지 경우를 나란히 놓고 유사점과 차이점을 찾아보자.

```
Vue.component('light-bulb', {
 template: `
 <div class='light-bulb'>
  <p>Eureka!</p>
 </div>
 `
})
```

```
new Vue({
 el: '#app'
})
```

첫 번째로 유의해서 봐야 하는 것은 두 가지 경우에 모두 존재하는 옵션 객체다.

전구 컴포넌트에서는 template만 포함돼 있지만 뷰 인스턴스는 el 옵션만 포함하고 있다.

이 두 옵션은 관련은 있지만 서로 다르다. template 옵션은 컴포넌트의 모양을 지정하며 el 옵션은 컴포넌트의 위치를 알려준다.

따라서 전구 컴포넌트에 대해 이야기할 때 앞의 코드들을 살펴보면 어떤 모양인지 알 수 있지만 웹 페이지 어디에 놓여져야 하는지 위치는 모른다. 반면 뷰 인스턴스 코드를 살펴보면 마운트의 위치는 알 수 있지만 어떻게 그려질지는 알지 못한다. 전구 컴포넌트의 el 값은 무엇이며 뷰 인스턴스의 템플릿은 어떤 형태를 지닐까?

이것들은 HTML 내에 나타나고 있다.

```
<div id="app">
 <light-bulb></light-bulb>
 <light-bulb></light-bulb>
 <light-bulb></light-bulb>
</div>
```

뷰 인스턴스는 <div> 앱의 내부처럼 보이고 <light-bulb> 태그가 나타낼 때마다 전구가 마운트된다는 것을 알고 있다. 어째서 해당 태그로 요청하는가? 그것이 우리가 컴포넌트에 부여한 이름이기 때문이다. 일반 구문은 다음과 같다.

```
Vue.component('name-of-component', { ... options ... })
```

이름을 카멜케이스[4]로 지정하면 뷰가 이것을 케밥케이스[5]로 변환한다는 것을 알아둬야 한다. 이것은 HTML이 대소 문자를 구분하지 않기 때문이다. 따라서 전구의 이름은 Vue.component('lightBulb', {... options ...})가 된다.

컴포넌트 범위

이 레시피에서는 뷰 인스턴스 위에 앞으로 사용할 컴포넌트를 선언했다. 이는 컴포넌트가 뷰 루트 인스턴스와 동일한 범위에 존재하기 때문에 괜찮다. 컴포넌트는 인스턴스에 의해 자동으로 등록된다.

규모가 더 큰 애플리케이션이나 다른 컴포넌트를 임포트할 때는 좀 더 복잡해질 수 있다.

뷰 인스턴스 내부에서는 템플릿 내부에서 렌더링될 수 있는 모든 컴포넌트의 레지스트리 역할을 하는 component 옵션이 존재한다. 표준 태그(웹 브라우저에 내장돼 있는)가 아니라 방금 언급한 레지스트리에 등록되지 않은 태그를 발견하면 뷰는 다음과 같은 오류를 출력한다.

```
vue.js:2643 [Vue warn]: Unknown custom element: <light-bulb> - did you register
the component correctly? For recursive components, make sure to provide the
"name" option.
(found in root instance)
```

이 레시피에서는 글로벌 영역에 컴포넌트를 등록했다. 해당 컴포넌트는 레지스트리에 추가하는 뷰 인스턴스에 의해 선택된다.

다른 방법으로 컴포넌트를 수동으로 등록해보자.

```
var lightBulb = {
```

---

4 각 단어의 첫문자를 대문자로 표기하고 붙여쓰되, 맨 처음 문자는 소문자로 표기한다.-옮긴이
5 하이픈으로 단어를 연결하는 표기법-옮긴이

```
template: `
<div class='light-bulb'>
 <p>💡Eureka!</p>
</div>
`
}
new Vue({
 el: '#app',
 components: {
  'light-bulb': lightBulb
 }
})
```

이 방법을 지역적 등록local registration이라고 부른다. 두 번째 Vue 인스턴스가 존재한다면 그것은 전구 컴포넌트에 아무 설정 없이 접근할 수 없다. 이러한 종류의 등록을 사용하면 전구를 별도의 파일에 정의할 수 있다. 그런 다음, 파일을 임포트하고 관심사가 분리된 Separation of concern 컴포넌트를 사용할 수 있다. 자세한 내용은 '재귀로 컴포넌트 생성하기' 레시피에서 찾을 수 있다.

렌더 함수

뷰 2에는 컴포넌트의 렌더링 방법을 위한 다른 방법이 존재한다. template 옵션을 사용할 수 있지만 render 함수도 사용할 수도 있다. template 옵션을 삭제하고 다음과 같이 변경하자.

```
Vue.component('light-bulb', {
 functional: true,render (createElement) {
  return createElement(
   'div',
   { class: 'light-bulb' },
   [
    createElement('p', '💡Eureka!')
   ]
```

```
    )
  }
})
```

위의 컴포넌트는 이전 컴포넌트와 완전히 동일하다. 이미 2장, '기본 뷰JS 기능들'의 '원본 HTML 출력하기' 레시피에서 유사한 스타일로 컴포넌트를 작성해봤다.

첫 번째 줄은 컴포넌트를 함수형으로 표시한다. 즉, 컴포넌트가 내부 상태(data 옵션이 존재하지 않음)를 가질 수 없음을 의미한다. 이것은 수학적인 함수와 같은 역할을 한다. 입력을 받아(예제의 경우에는 존재하지 않음), 전구 이모티콘과 '유레카'라는 출력을 렌더링한다.

createElement 함수는 종종 문자 h로 축약되기 때문에 다음과 같이 표시될 수도 있다.

```
Vue.component('light-bulb', {
 functional: true,render (h) {
  return h(
    'div',
    { class: 'light-bulb' },
    [
     h('p', '💡Eureka!')
    ]
   )
 }
})
```

render 함수는 컴포넌트를 화면에 그려야 할 때 호출되고 createElement 함수를 인자로써 받는다. createElement 함수의 구문은 다음과 같다.

```
createElement(
 // {String | Object | Function}
 'div', // in this case a string
 {
  'class': ...
```

196

```
    style: ...
    attrs: ...
    props: ...
    domProps: ...
    on: {
     click: ...
     input: ...
     ...
    },
    nativeOn: {
     input: ...
     ...
    },
    directives: ...
    slot: ...
    key: ...
    ref: ...
 },
 [ ... an array of children ... ]
)
```

컴포넌트에서 데이터를 표시하는 데 있어 템플릿 메서드 사용을 더 선호하지만 render 함수는 표시되는 것에 대해 프로그래밍적으로 세세하게 제어하고 싶은 경우에 사용한다.

▌ props를 사용해 컴포넌트에 데이터 전달하기

간단한 컴포넌트는 어떻게 보면 우표처럼 동작하는 것 같다. 컴포넌트를 사용하면 동일한 엘리먼트를 여러 번 생성하지 않아도 된다. 페이지 전체에서 동일한 컴포넌트를 여러 번 복사해 사용할 수 있지만 컴포넌트가 무엇을 해야 하는지 알려줄 수 있는 수단이 존재해야 한다. 그러한 방법으로 동일한 컴포넌트를 세 가지를 가질 수 있는데 각 컴포넌트는 조금씩 다른 기능을 수행한다.

뷰에서는 모든 것이 반응형으로 동작하기 때문에 props 를 사용하면 컴포넌트와 직접적으로 통신할 수 있는데, 그 방법을 이번 레시피에서 배울 것이다.

준비하기

이번 레시피를 완료하기 위해서는 특별한 지식을 필요로 하지 않는데 단순한 컴포넌트를 등록하는 방법만 알고 있으면 된다. 그 방법을 잊어버렸다면 바로 이전 레시피를 보자.

구동 방법

음량을 나타내는 아이콘을 생성해보자. 음량을 조절하면 아이콘이 변경된다. 아이콘 자체는 다음과 같이 컴포넌트로 생성될 것이다.

```
Vue.component('sound-icon', {
 template: "<span>{{soundEmojis[level]}}</span>",
 props: ['level'],
 data () {
  return {
   soundEmojis: ['🔇', '🔈', '🔉', '🔊']
  }
 }
})
```

data 옵션에 객체가 아니라 함수가 선언돼 있는지 확인하자.

다음 뷰 인스턴스는 현재 음량을 저장한다.

```
new Vue({
 el: '#app',
 data: {
  soundLevel: 0
 }
```

```
})
```

이 음량은 입력 상자에 의해 props를 통해 컴포넌트로 전달된다. 다음 HTML은 표시 방법을 지시한다.

```
<div id="app">
  <label>Sound level</label>
  <input type="number" v-model.number="soundLevel">
  <sound-icon :level="soundLevel"></sound-icon>
</div>
```

이제 애플리케이션을 실행하면 음량이 변경될 때 아이콘이 어떻게 변경되는지 확인할 수 있다.

동작 원리

예제에서는 하나의 요소(문자열 level)를 가진 배열을 props 옵션에 지정했다. 이것은 컴포넌트가 내부 상태로서 갖게 될 속성이다.

컴포넌트에서 props를 선언할 때는 다음 두 가지 사항을 명심해야 한다.

- props 는 단방향 통신이다.
- 고정된 값이거나 동적으로 변경될 수 있다.

props 특히 부모와 자녀 컴포넌트 사이에 의사 소통을 지원하기 위한 것이다. 이 예에서 뷰 인스턴스는 사운드 아이콘에게 음량을 알려준다. 반대로 사운드 아이콘이 뷰 인스턴스에 응답할 수 있는 방법은 존재하지 않는다.

다음 줄에서 props 앞에 있는 콜론에 유의하자.

```
<sound-icon :level="soundLevel"></sound-icon>
```

만약 `level = "soundLevel"`과 같이 콜론을 제거하고 사용했다면 그 의미는 달라졌을 것이다. 콜론이 없다는 것은 "이 문자열을 props의 값으로 사용하고 절대로 변경하지 않는다"라는 의미를 가진다. 따라서 level 값은 동적인 숫자여야 하지만, `soundLevel`로 고정돼 버리고 만다.

자식 컴포넌트에서 우리는 데이터를 선언하기 위한 일반적인 구문을 사용하지 않았다. 자식 컴포넌트에서 data 옵션은 함수다. 예제에서는 뷰 인스턴스는 하나만 존재하므로 객체여도 좋다. 자식 객체들의 인스턴스는 여러 개가 생성될 수 있는데, 이러한 상황에서 객체를 사용한다면, 같은 객체가 그들 사이에 공유될 것이다. 우리는 각 자식 컴포넌트들에 대해 서로 다른 객체를 원하며 이를 위해 올바른 방법은 생성될 때마다 함수(data 함수)를 호출하는 것이다. 객체를 할당하려고 시도하면 뷰는 다음과 같은 경고를 출력한다.

```
[Vue warn]: The "data" option should be a function that returns a per-instance
value in component definitions.
```

케밥케이스와 카멜케이스

케밥케이스는 대상이 `shish-kebab--like-this-for-example`과 같이 작성된 것이다. 카멜케이스의 경우 공백 대신 대문자를 사용하는데, 예를 들어 `capitalizationLooksLikeThis`와 같다. HTML은 대소 문자를 구분하지 않으므로 카멜케이스를 사용할 수 없다. 그러나 자바스크립트는 카멜케이스를 사용하는데 어떻게 이 두 가지를 공존시킬 수 있을까?

뷰는 HTML에 관련해 작업해야 한다면 카멜케이스를 케밥케이스로 변경한다. props는

HTML에서 사용되기 때문에 이와 관련이 있다.

잠시 동안 우리의 level 변수가 이제 soundLevel이라고 가정해보자.

```
props: ['soundLevel']
```

이것을 HTML에서 그대로 사용하려고 한다.

```
<sound-icon :soundLevel="soundLevel"></sound-icon>
```

변수가 이제 HTML에서 sound-level로 호출되기 때문에 작동하지 않는다.

```
<sound-icon :sound-level="soundLevel"></sound-icon>
```

자바 스크립트에서 카멜케이스를 사용했다면 HTML에서는 항상 케밥케이스로 변수를 참조해야 한다.

이 규칙에는 예외가 존재한다. 컴포넌트의 템플릿을 작성하고(sound-icon 컴포넌트의 것과 유사하게) 문자열을 사용하는 경우 실제로 HTML에서 카멜케이스를 사용할 수 있다. 이는 템플릿 해석을 위해 웹 브라우저가 아닌 뷰가 사용되기 때문이다. 이것은 HTML이 아니기 때문에 심지어 컴포넌트의 렌더 함수에도 적용된다.

추가 정보

props에 대해 더 알아야 할 것들이 있다. 예제에서 사용한 구문은 프로덕션 환경에서 사용하지 않는 것이 좋다.

```
props: ['level']
```

이 코드에서는 배열을 선언하고 각 props의 이름을 나열하고 있다.

더 풍부한 구문을 사용할 수 있도록 준비돼 있는데, 이를 사용해 props 에 좀 더 엄격한 요구사항을 추가해야 한다.

이를 위해 할 수 있는 첫 번째 일은 타입을 지정하는 것이다. 프로젝트가 개발 환경에 있다면 런타임 시에 검사를 수행한다(예를 들면, 뷰JS의 축소된 버전을 사용하는 경우 검사는 일어나지 않는다).

```
props: {
 level: Number
}
```

위의 검사가 실패하면 뷰는 다음과 같은 에러 메시지를 출력한다.

```
[Vue warn]: Invalid prop: type check failed for prop "level". Expected Number,
got String.
(found in component <sound-icon>)
```

이 레시피에서는 입력 상자의 변수의 타입이 숫자가 되도록 지정했는데 아무 문제도 발생하지 않는다(입력 상자 자체를 지우지 않는 한).

배열 문법을 사용해 한 가지 이상의 형을 지정할 수 있다.

```
props: {
 level: [Number, String]
}
```

또는 확장된 문법을 사용할 수 있다.

```
props: {
 level: {
  type: Number
 }
}
```

가능한 타입은 다음과 같다.

- String
- Number
- Boolean
- Function
- Object
- Array

앞의 타입들은 특별하다. 뷰는 내부적으로 instanceof를 사용해 전달된 타입이 올바른지 판단한다. 따라서 다음 코드와 같이 생성자를 전달해 전달된 props를 검사할 수 있다.

```
props: {
 level: {
  type: MyObject
 }
}
```

또 다른 세 가지 옵션이 존재하는데 하나는 기본값을 설정하는 것이고, 다른 하나는 타입 검사가 여의치 않은 경우 사용자 지정의 검증기를 생성하는 것이며, 마지막은 prop를 특정해야 하는 경우다. 이와 같은 다양한 선택지를 통해 props를 좀 더 세부적으로 제어할 수 있다.

```
props: {
```

```
level: {
 required: true,
 default: 0,
 validator (value) {
  return value >= 0 && value <= 3
 }
}
}
```

 array 또는 object 타입의 props는 기본값을 지정할 때 함수를 사용해야 한다. 그렇지 않으면 뷰는 모든 컴포넌트에 대해 새로운 객체를 생성하는 대신 동일한 객체를 사용한다. `default () {return {greetings : 'hello '}}`.

▌ 컴포넌트 간에 통신하기

'props를 사용해 컴포넌트에 데이터 전달하기' 레시피에서 부모 컴포넌트가 자식 컴포넌트와 어떻게 통신하는지 알아봤다. 이번 레시피에서는 좀 더 일반적인 내용들을 다룬다. 평범하게 두 컴포넌트 간에 데이터를 전달하고 싶다면 어떻게 해야 할까? 그 해답은 몇 분 안에 배울 것이다.

준비하기

이번 레시피를 진행하려면 컴포넌트가 무엇인지만 알면 충분하다. 문맥을 잃지 않기 위해 이전 레시피를 둘러볼 것을 추천한다.

구동 방법

예제 애플리케이션 서로 통신하는 2개의 수다쟁이[blabber] 컴포넌트로 구성되는데 그 HTML 은 다음과 같다.

```
<div id="app">
 <blabber></blabber>
 <blabber></blabber>
</div>
```

각 수다쟁이 컴포넌트에는 대화에 사용하기 위한 스크립트를 포함하고 있다. 예제를 단순 하게 유지하고 싶기 때문에 대화는 순환적이고 계속 지속되도록 만든다.

```
dialogue: [
 'hello',
 'how are you?',
 'fine thanks',
 'let's go drink!',
 'alright, where?',
 'to hello's bar',
 'hello?'
]
```

현재 말해야 할 위치를 표시하기 위한 변수와 대화 내용들이 컴포넌트의 data 옵션에 위 치한다.

```
data () {
 return {
  currentLine: 0,
  dialogue: [
   'hello',
   'how are you?',
```

```
    'fine thanks',
    'let's go drink!',
    'alright, where?',
    'to hello's bar',
    'hello?'
   ]
  }
}
```

컴포넌트의 템플릿은 현재 가리키고 있는 줄만 표시하게 된다.

```
template: "<p>{{dialogue[currentLine]}}</p>"
```

각 수다쟁이들은 2초를 기다린 후, 현재 표시되는 줄을 갱신하고, 다음 대화를 위해 한 줄을 증가시킨다. 이러한 동작은 구성 컴포넌트가 마운트된 후에 시작한다.

```
mounted () {
 setInterval(() => {
  this.currentLine = line % this.dialogue.length
  line += 1
 }, 2000)
}
```

잘 따라오고 있다면 컴포넌트의 최종 코드는 다음과 같을 것이다.

```
Vue.component('blabber', {
 template: "<p>{{dialogue[currentLine]}}</p>",
 data () {
  return {
   currentLine: 0,
   dialogue: [
    'hello',
```

```
      'how are you?',
      'fine thanks',
      'let's go drink!',
      'alright, where?',
      'to hello's bar',
      'hello?'
    ]
  }
 },
 mounted () {
  setInterval(() => {
   this.currentLine = line % this.dialogue.length
   line += 1
  }, 2000)
 }
})
```

아직 한 가지가 빠져 있다. 컴포넌트 영역 바로 앞에서 line 변수를 초기화해야 한다.

```
var line = 0
```

다음과 같이 뷰 인스턴스를 작성한다.

```
new Vue({
 el: '#app'
})
```

애플리케이션을 실행하면 두 수다쟁이가 끊임없이 대화하는 것을 볼 수 있다.

동작 원리

두 컴포넌트를 서로 통신하게 만드는 비결은 line 변수다.

각 컴포넌트들이 변수를 읽고 변경을 시도한다. 이것이 확실히 권고되는 방법은 아니지만 일반적인 뷰의 코드 외부에 위치한 간단한 변수를 사용해 컴포넌트가 외부 세계와 통신할 수 있음을 보여준다.

컴포넌트가 통신하기 위해 더 적절한 방법은 부모 뷰 인스턴스를 활용해 동일한 상태를 유지하고 이것을 두 자식 컴포넌트에 prop로 전달하는 것이다. 자, 그럼 이제 문제는 통신이 단방향(부모에서 자식으로)이기 때문에 두 컴포넌트가 prop를 수정할 수 없다는 것이다. 해결 방법은 컴포넌트가 부모에게 이벤트를 전달하고 그것이 line 변수를 갱신하도록 지시하는 것이다.

이쯤 되면 올바른 해결책이 무엇인지 더욱 명확해진다. 이벤트를 통해 두 컴포넌트가 서로 통신하도록 만들자. 이것은 좀 더 복잡하지만 확장성이 뛰어난이 해결책인데 이전 레시피를 통해 다시 구현해보자.

이제 더는 누가 대화를 먼저 시작할지 임의성에 맡길 수는 없으므로 순서를 결정하기 위해 수다쟁이 컴포넌트에 변수가 필요하다.

```
props: {
 iceBreaker: {
  type: Boolean,
  default: false
```

```
  }
}
```

그리고 currentLine의 초기화에서 상태 변수를 갱신해야 한다.

```
...
data () {
 return {
  currentLine: this.iceBreaker ? 0 : -1,
  dialogue: [
   ...
```

제대로 동작하기 위해선 HTML을 다음과 같이 변경한다.

```
<div id="app">
 <blabber :ice-breaker="true"></blabber>
 <blabber></blabber>
</div>
```

두 컴포넌트가 통신하게 만드려면 메시지를 교환하기 위한 버스가 필요하다. 이를 위해 메시지를 저장할 컴포넌트 선언 전에 비어 있는 뷰 인스턴스를 사용할 수 있다.

```
var bus = new Vue()
```

마운트 시점의 훅은 다음과 같다.

```
mounted () {
 if (this.iceBreaker) {
  bus.$emit('line', 0)
 }
```

```
}
```

이것을 생성 시점의 훅과 연결해야 한다.

```
created () {
 bus.$on('line', line => {
  // 현재 라인이 아닐 경우
  if (line !== this.currentLine) {
   setTimeout(() => {
    this.currentLine = (line + 1) % this.dialogue.length
    bus.$emit('line', this.currentLine)
   }, 2000)
  }
 })
}
```

즉, line 메시지가 수신되고 나서 2초 후에(아마도 수다쟁이가 다시 등장하길 고려할 시점) 대화 목록의 라인을 하나 증가시키고 버스에 연결돼 있는 또 다른 수다쟁이에게 line 메시지를 보낸다. 송신한 수다쟁이조차도 메시지를 받기 때문에 타임아웃을 설정하기 전에 수신하는 라인이 자신의 값과 일치하는지 확인해야 한다. 이전에는 숫자 변수를 사용했다면 이제는 완전한 기능을 갖춘 뷰 인스턴스가 됐다.

▐ 컴포넌트와 Vuex 간 통신하기

뷰에서 컴포넌트 간의 통신은 여러 가지 방법으로 수행될 수 있다. 이 레시피에서는 Vuex의 구조화된 방식으로 공유 상태를 통해 통신하는 두 가지 컴포넌트를 작성해본다.

준비하기

Vuex는 뷰의 상태 관리 도구다. 10장, 'Vuex를 통한 대규모 애플리케이션 패턴'에서 더 자세히 설명할 것이다. 지금은 컴포넌트 간의 간접적인 통신 수단으로 사용해보겠다. 이번 레시피를 위해 특별한 기술은 필요하지 않지만 Vuex는 플럭스[Flux], 리덕스[Redux] 및 엘름 아키텍처[The Elm Architecture]에서 영감을 얻어 제작됐기 때문에 적어도 플럭스 패턴이 무엇인지는 알고 진행해야 한다. 자세한 내용은 https://facebook.github.io/flux/docs/overview.html에서 확인하자.

우리는 변이[Mutations]와 같은 용어를 사용하는데 이 의미에 대해서 알고 있다고 가정한다. 그럼에도 불구하고 간략한 설명을 원하면 10장, 'Vuex를 통한 대규모 애플리케이션 패턴'을 참고할 수 있다.

구동 방법

예제에서는 Vuex 저장소[store]에 전체 애플리케이션의 상태를 중앙 집중식으로 저장할 것이다. Vuex는 의존성 추가를 통해 설치할 수 있다(자세한 내용은 https://vuex.vuejs.org/en/installation.html). 지금은 JSFiddle 또는 하나의 웹 페이지에서 작업하고 있다고 가정할 것이고, 이 페이지에서는 https://unpkg.com/vuex를 의존성으로 추가할 수 있다.

다음과 같이 상태를 위한 새로운 저장소를 선언한다.

```
const store = new Vuex.Store({})
```

그런 다음, 뷰 인스턴스와 마찬가지로 괄호 안의 빈 객체에 속성을 추가한다.

먼저 Vuex의 변이 외부에서 상태를 수정할 때마다 우리에게 알려줌으로써 디버깅을 돕도록 설정한다.

```
strict: true
```

그런 다음, 전체 시스템을 특성 짓기 위해 사용할 상태를 선언한다.

```
state: {
 currentActor: -1,
 currentLine: -1,
 actors: [],
 dialogue: [
  'Where are you going?',
  'To the cinema',
  'What's on at the cinema?',
  ''Quo vadis?'',
  'Oh, what does it mean?'
 ]
}
```

actors 배열은 배우 자체를 나타내는 객체로 채운다. 그리고 actor와 dialog 배열을 번갈아 가며 접근할 것이다.

다음으로 Vuex 저장소 객체에 작성해야 할 것은 변이다. 한 장면에 배우를 추가하는 변이와 현재 라인을 하나씩 증가시키는 변이를 각각 정의하자.

```
mutations: {
 entersScene (state, uuid) {
  state.currentLine =
   (state.currentLine + 1) % state.dialogue.length
  state.actors.push({
```

```
  uuid,
  line: state.dialogue[state.currentLine]
})
state.currentActor =
  (state.currentActor + 1) % state.actors.length
},
nextLine (state) {
 state.currentActor =
  (state.currentActor + 1) % state.actors.length
 state.currentLine =
  (state.currentLine + 1) % state.dialogue.length
 state.actors[state.currentActor].line =
  state.dialogue[state.currentLine]
 }
}
```

저장소를 성공적으로 완성했다. 이제 희극을 작동시킬 컴포넌트를 정의해야 한다.

```
Vue.component('blabber', {
 template: '<div class="blabber">{{currentLine}}</div>',
 data () {
  return {
   uuid: Math.random()
  }
 },
 computed: {
  currentLine () {
   return store.state.actors.find(actor =>
    actor.uuid === this.uuid).line
  }
 },
 created () {
  store.commit('entersScene', this.uuid)
 }
})
```

수다쟁이 컴포넌트에는 간단한 템플릿이 존재한다. 계산된 속성을 사용해 저장소에서 해당 행을 검색하고 생성 시에 저장소에 장면에 입장하는 신호를 보낸다.

두 명의 수다쟁이를 HTML에 위치시킬 수 있다.

```
<div id="app">
 <blabber></blabber>
 <blabber></blabber>
</div>
```

CSS를 사용해 수다쟁이에 테두리가 있는 스타일을 추가하자.

```
.blabber {
 width: 200px;
 height: 40px;
 background-color: gainsboro;
 border: 1px solid grey;
}
```

모든 장치들이 동작하기 위해 마지막으로 해야 할 일은 2초마다 nextLine 변이를 저장소에 커밋해 쇼가 진행되도록 하는 것이다. 뷰 인스턴스에서 setInterval을 작성해 이 작업을 수행할 수 있다.

```
new Vue({
 el: '#app',
 mounted () {
  setInterval(() => {
   store.commit('nextLine')
  }, 2000)
 }
})
```

지금 애플리케이션을 실행하면 두 명의 수다쟁이들이 몇 시간 동안 같은 말을 반복하며 대화하는 것을 볼 수 있다.

동작 원리

수다쟁이들은 저장소를 통해 간접적으로 통신하기 때문에 항상 현재 라인을 알고 있다.

자세히 들여다보면, 수다쟁이들은 상태를 갖고 있지 않다. 사실 그것들은 범용 고유 식별자 Universally Unique Identifier, UUID를 갖고 있지만 고유의 정체성을 위한 것이고, 결코 변하지 않는다.

상태는 저장소에 중앙 집중식으로 저장돼 있고 actor 배열은 실행 중에 다음과 같이 보일 것이다.

```
[{
 uuid:0.9775738039368538,
 line:"'Quo vadis?'"
},
{
 uuid:0.7398549831424475,
 line:"Oh, what does it mean?"
}]
```

뷰의 반응형 성질 덕분에 컴포넌트는 이 상태의 미러 값일 뿐이다.

컴포넌트 간의 통신은 간접적으로 저장소에서 실행된다. 매 2초마다 nextLine 변이가 발생한다.

```
nextLine (state) {
  state.currentActor =
   (state.currentActor + 1) % state.actors.length
  state.currentLine =
   (state.currentLine + 1) % state.dialogue.length
  state.actors[state.currentActor].line =
```

```
    state.dialogue[state.currentLine]
}
```

이 코드는 currentActor와 currentLine 인덱스를 하나씩 증가시킨다. 그 후에
currentActor 인덱스에 위치한 배우는 currentLine 인덱스의 대사를 말한다. 배우들은
서로 직접 통신하지 않는 대신 각 단계마다 증가되는 공유 카운터currentLine의 값(해당 라인)
을 감시하게 된다.

컴포넌트가 서로 통신하는 방법을 넘어서 무엇을 할지 알려주기 위한 오케스트라 지휘자
를 생성해봤다.

추가 정보

뷰 개발자 도구Devtools를 열면 Vuex 섹션에서 커밋된 변이들을 확인할 수 있다.

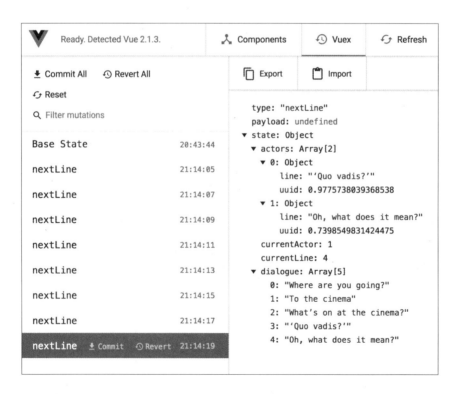

2초마다 새로운 nextLine 변이가 나타나야 한다. 또한 actors 배열을 확장해 내부에 어떤 값이 있는지 확인해볼 것을 권유한다. currentActor와 currentLine을 보면 그것들이 순환하는 것을 확인할 수 있다.

대담해지고 싶다면 세 번째 수다쟁이를 추가할 수도 있다.

```
<div id="app">
 <blabber></blabber>
 <blabber></blabber>
 <blabber></blabber>
</div>
```

수다쟁이들이 스스로 재구성할 수 있는지와 두 명의 수다쟁이가 동작했던 시스템이 세 명으로 늘었을 때 제대로 동작하는지 여부를 확인할 수 있을 것이다.

▌ 자식 컴포넌트의 상태 읽기

이 장의 다른 레시피에서 살펴봤듯이, 부모와 자식 컴포넌트 간의 의사 소통은 props(하향식)를 사용하며 단방향이고 이벤트를 사용해 허브를 통과한다. 이 레시피에서는 자식 컴포넌트의 상태를 직접 읽는 몇 가지 트릭을 사용해본다. 이 기술은 두 컴포넌트가 디자인에 의해 강하게 결합tightly coupled되거나 디버깅이 필요할 때 유용하다.

준비하기

이 레시피는 초보자를 위한 것이 아니므로 컴포넌트와 이벤트 및 props의 작동 방법에 대해 어느 정도 이해하고 진행하자.

구동 방법

예제에서는 실제로 쿠키를 몰래 먹었지만 그가 한 행동을 인정하지 않는 아이가 존재한다. 우리는 내부 상태를 통해 진신을 확인함으로써 그가 이 상황을 빠져나가지 못하게 할 것이다.

다음과 같이 애플리케이션의 HTML 구조를 작성한다.

```
<div id="app">
 <child ref="junior"></child>
 <p>Truth: {{childStomach}}</p>
</div>
```

ref 속성은 나중에 코드에서 가져올 수 있는 표식을 컴포넌트에 제공한다.

다음과 같이 자식 컴포넌트를 복사한다.

```
Vue.component('child', {
 template: "<p>{{mouth}}</p>",
 data () {
  return {
   mouth: 'I didn\'t eat that cookie',
   stomach: 'Yummy that cookie was delicious.'
  }
 }
})
```

이 컴포넌트는 mouth 변수 안의 문자열만을 표시한다.

다음과 같이 뷰 인스턴스를 작성할 수 있다.

```
new Vue({
 el: '#app',
```

218

```
  data: {
    childStomach: 'unknown'
  },
  mounted () {
    this.childStomach = this.$refs.junior.stomach
  }
})
```

부모의 변수 안에 자식 컴포넌트의 위에 들어 있는 값을 할당할 mounted 훅을 생성한다.

애플리케이션을 실행하면 이제 진실을 알 수 있다.

> **I didn't eat that cookie**
>
> **Truth: Yummy that cookie was delicious.**

동작 원리

자식 컴포넌트의 태그에서 사용된 ref는 후에 스크립트 코드에서 참조를 얻을 때 사용하기 위해 페이지의 컴포넌트 또는 엘리먼트에 지정할 수 있는 특수한 속성이다.

Ref는 반응형이 아니기 때문에 변수에 바인딩할 수 없다. 또한 $refs 옵션은 값이 설정되는 데 약간의 시간이 걸린다. 예제에서는 사용되기 전에 mounted 훅이 트리거될 때까지 기다렸다.

예를 들어, 다음 코드는 작동하지 않는다.

```
<div id="app">
  <child ref="junior"></child>
  <p>Truth: {{$refs.junior.stomach}}</p>
</div>
```

이유는 머스태치 구문은 템플릿(이 경우 HTML)의 렌더링에서 평가되고 $refs 변수가 이 렌더링 프로세스 후에 채워지기 때문이다. 그래서 이 시점에서 junior는 정의되지 않은 상태라서 초기 렌더링이 실패하기 때문에 아무것도 출력되지 않는다.

v-for에서 ref 사용하기

동일한 ref를 가진 컴포넌트들이 존재하는 경우에는 배열로 결과를 다루게 된다.

이전 예제를 여러 자식들을 위한 예로 다시 작성할 수 있다. 다음은 자식 컴포넌트를 약간 수정한 것이다.

```
Vue.component('child', {
 template: "<p>Child {{num}}: {{mouth}}</p>",
 props: ['num'],
 data () {
  return {
   mouth: 'I didn't eat that cookie',
   stomach: `Yummy that cookie was ${this.num} times more delicious.`
  }
 }
})
```

HTML에 10명의 자식을 그려줄 것이며 그중에서도 특별히 네 번째 자식의 위장에 관심이 있다.

```
<div id="app">
 <child v-for="i in 10" ref="junior" :num="i" :key="i"></child>
 <p>Truth for child 4: {{child4Stomach}}</p>
</div>
```

child4Stomach 변수는 뷰 인스턴스에서 다음과 같이 초기화된다.

```
new Vue({
 el: '#app',
 data: {
  child4Stomach: 'unknown'
 },
 mounted () {
  this.child4Stomach = this.$refs.junior[3].stomach
 }
})
```

배열은 0부터 시작하므로 숫자 3을 사용하는데 실제로는 배열의 네 번째 요소다.

다음과 같은 결과가 나타난다.

Child 1: I didn't eat that cookie

Child 2: I didn't eat that cookie

Child 3: I didn't eat that cookie

Child 4: I didn't eat that cookie

Child 5: I didn't eat that cookie

Child 6: I didn't eat that cookie

Child 7: I didn't eat that cookie

Child 8: I didn't eat that cookie

Child 9: I didn't eat that cookie

Child 10: I didn't eat that cookie

Truth for child 4: Yummy that cookie was 4 times more delicious.

▌ 컴포넌트에서 다른 컴포넌트 사용하기

이번에는 컴포지션에 대해 이야기하려고 한다. 컴포지션은 작고 독립적인 조각들로 크고 복잡한 시스템을 만들 수 있는 소프트웨어 엔지니어링의 기본 원칙이다. 이 개념은 대중지지는 않지만 레고를 갖고 노는 것과 유사하다.

준비하기

컴포지션에 대해 알아보기 전에 먼저 컴포넌트를 작성할 수 있어야 한다. 재교육이 필요하면 '컴포넌트 생성 및 등록하기' 레시피로 이동하자. 이 레시피에서는 props를 사용하기 때문에 'props를 사용해 컴포넌트에 데이터 전달하기' 레시피를 완료하자.

구동 방법

예제에서는 식당 메뉴를 만들 것이다. 전체 코스를 위한 컴포넌트를 만들고, 개별 요리를 위한 더 작은 컴포넌트들도 포함할 것이다.

먼저 상향식으로 모든 요리에 대한 컴포넌트를 작성한다.

```
Vue.component('dish', {
  template: `
   <p class="dish">
    {{ham}} &lt;- Delicious!
   </p>
  `,
  props: ['ham']
})
```

< 는 HTML 요소로서 "보다 작음$^{less than}$"을 의미한다. 〈 기호로 출력될 것이다.

코스 컴포넌트는 내부에 요리 컴포넌트가 존재하며, 모든 메뉴가 비슷한 레이아웃을 갖도록 pop에 대한 유효성 검사를 추가한다.

```
Vue.component('course', {
 template: `
```

```
    <section class="course">
     <dish v-for="ham in menu" :ham="ham" :key="ham"></dish>
    </section>
   `,
  props: {
   menu: {
    type: Array,
    required: true,
    validator (foodArray) {
     return foodArray.every(food =>
      typeof food === 'string') &&
      foodArray.length === 4
    }
   }
  }
})
```

예제의 검증기는 음식의 종류가 문자열이고, 배열의 길이가 4인지 확인한다.

일반적으로 서비스 또는 API에 쿼리해 메뉴를 받을 것이다. 그러는 대신 이번 레시피의 목적을 위해 뷰 인스턴스에 직접 2개의 메뉴를 저장한다.

```
new Vue({
 el: '#app',
 data: {
  menu1: ['🍎','🍏','🍐','🍎'],
  menu2: ['🍔','🥪','🥖','🍪']
 }
})
```

HTML에는 방금 작성한 메뉴의 두 가지 코스를 위치시킨다.

```
<div id="app">
 <course :menu="menu1"></course>
 <course :menu="menu2"></course>
```

```
</div>
```

시각적으로 두 메뉴를 구분해주기 위해 CSS에 스타일을 추가한다.

```
.course {
  border: 1px solid black;
  margin: 10px;
  padding: 10px;
}
```

고급 레스토랑 메뉴는 아니지만 고객이 뷰가 상속 대신 사용하는 컴포지션의 가치를 알아주기 바란다.

동작 원리

컴포지션을 사용할 때 명심해야 할 공식 문서의 간단한 경험 법칙을 소개한다.

 부모 템플릿의 모든 내용은 부모 컴포넌트의 범위 내에서 컴파일된다. 자식 템플릿의 모든 내용이 자식 컴포넌트의 범위에서 컴파일된다.

즉, 템플릿에서 사용하는 변수, 특히 porp에 주의를 기울여야 한다.

코스 컴포넌트를 좀 더 자세히 살펴보자. Array 타입의 menu라는 prop를 선언했으며 다음과 같이 사용했다.

```
<div id="app">
 <course :menu="menu1"></course>
 <course :menu="menu2"></course>
</div>
```

여기서는 뷰 루트 인스턴스 템플릿을 작성한다. 사실, menu1과 menu2는 정확히 그곳에 선언돼 있으므로 문제 없이 사용할 수 있었다.

우리가 다음과 같은 컴포넌를 갖고 있다고 가정해보자.

```
Vue.component('advertising', {
 template: '<div>Buy our stuff!!!</div>',
 data () {
  return {
   show: false
  }
 }
}
```

show 변수가 true일 때만 표시하기를 원한다. 뷰 인스턴스의 템플릿에 다음과 같은 것을
작성할 수 있다.

```
<advertising v-if="show"></advertising>
```

show는 뷰 인스턴스의 범위가 아니라 advertising 컴포넌트의 범위에 있기 때문에 작동
하지 않는나.

예제 레시피에는 다음과 같은 계층 구조가 존재한다.

1. menu1 및 menu2 변수가 포함된 뷰 인스턴스
2. menu 변수를 사용하는 Course 컴포넌트
3. 메뉴에서 햄 하나를 받는 Dish컴포넌트

따라서 실제 데이터는 뷰 인스턴스 한 곳에만 위치한다. 일반적으로 뷰 인스턴스 외부에
존재할 수도 있는데, 예를 들어 API를 통해 반환받을 수도 있다. 이것은 한 곳에서만 새로
운 데이터를 제공받기 때문에 바람직하다. 예제에서는 props를 통해 데이터를 전달했으
며, 이를 통해 반응형 변수가 컴파일되는 장소를 명확히 할 수 있다.

▍ 컴포넌트에서 믹스인 사용하기

뷰와 자바스크립트에서는 일반적으로 다른 프로그래밍 언어와 같이 상속을 지원하지 않
는다. 그럼에도 불구하고 뷰는 더 많은 컴포넌트에 동일한 기능을 재활용할 수 있는 방법
을 제공한다. 이 레시피에서는 컴포넌트들에 초능력을 부여하지만 그 능력은 딱 한 번만
작성된다.

준비하기

이 레시피는 고급 기능을 다룬다. 뷰가 작동하는 방식을 이해하는 데 매우 유용한 몇 가지 트릭들을 사용하며 일부 상황에서는 솔루션으로 유용하게 사용할 수 있다. 어찌됐든 이번 레시피는 뷰에 대한 경험이 없다면 추천하지 않는다.

구동 방법

먼저, 2개의 평범한 컴포넌트를 생성한다. 첫 번째 컴포넌트는 이모티콘을 사용해 남자를 표현하자.

```
Vue.component('man', {
 template: '<p>👨man</p>'
})
```

매우 간단하다. 다음은 고양이 컴포넌트를 생성하자.

```
Vue.component('cat', {
 template: '<p>🐱cat</p>'
})
```

그 후에 다음과 같이 뷰 인스턴스를 생성한다.

```
new Vue({
 el: '#app'
})
```

모든 컴포넌트를 다음과 같이 HTML에 배치하자.

```
<div id="app">
 <man></man>
```

```
  <cat></cat>
</div>
```

페이지를 실행하면 이모티콘 2개가 보인다.

이 두 가지 컴포넌트에 초능력을 부여할 것인데 두 가지 모두 수정하고 싶지 않다. 그러기 위해선 아주 강력한 기능인 믹스인을 정의해야 한다. 다음 코드를 컴포넌트와 뷰 인스턴스 생성에 앞서 위치시켜 사용할 수 있도록 한다.

```
var superPowersMixin = {
 data () {
  return {
   superPowers: false
  }
 },
 methods: {
  superMe () {
   this.$el.classList.add("super")
   this.superPowers = true
  }
 },
 created () {
  this.$options.template =
  `<div><h3 v-show="superPowers">super</h3>` +
  this.$options.template +
  `<button @click="superMe" v-if="!superPowers">
   Super!
  </button></div>`
```

```
    }
}
```

CSS에 super 클래스를 정의한다.

```
.super {
 filter: hue-rotate(120deg);
}
```

이제 두 컴포넌트들에 mixin을 추가한다.

```
Vue.component('man', {
 template: '<p>👨 man</p>',
 mixins: [superPowersMixin]
})
Vue.component('cat', {
 template: '<p>😼 cat</p>',
 mixins: [superPowersMixin]
})
```

애플리케이션을 실행하고 버튼을 클릭해 컴포넌트에 초능력을 부여해보자.

구동 원리

믹스인은 컴포넌트에 높은 유연성을 부여하며 다른 컴포넌트들의 기능을 재사용할 수 있는 방법이다.

기본 메커니즘은 컴포넌트의 옵션을 모방한 객체를 정의하는 것이다. 그런 다음, 실제 컴포넌트 내부의 mixins 옵션의 배열에 해당 객체를 위치시킨다. 뷰는 구성 요소를 만들 때 믹스인을 찾고 정의한 컴포넌트의 옵션을 혼합시킨다.

이번 레시피에서는 템플릿을 수정해 컴포넌트의 <div> 태그를 캡슐화하는 생성 시점의 후크를 생성한다. 이것은 생성 시에 버튼을 추가한다. 그리고 혼합된 상태 변수인 superPowers를 변경하고 CSS 클래스 super를 추가하는 superMe 메서드를 추가한다.

믹스인 순서

뷰는 다양한 옵션을 혼합하기 위해 다양한 전략을 사용한다.

일반적으로 객체를 포함하는 옵션은 하나의 큰 객체로 병합된다. 예를 들어, 세 가지 메서드를 포함하는 컴포넌트가 하나 있고 믹스인에서 하나를 추가한다면 최종 컴포넌트는 네 가지 메서드 모두를 갖게 된다. 동일한 이름을 가진 메서드(또는 계산된 속성, 컴포넌트, 지시자와 같은 것들)가 존재할 경우, 해당 믹스인의 키는 무시될 것이다.

후크 함수는 병합되지 않지만 믹스인과 컴포넌트의 함수 모두 실행되는데 믹스인의 것이 더 높은 우선순위를 가진다.

추가 정보

이 레시피는 컴포넌트의 서브 클래싱에 대해 이야기하며 마무리하고 싶다. 내가 아는 바로는 현재 컴포넌트 서브 클래싱이 공식적으로 지원되지 않는다. 이것이 물론 컴포넌트 서브 클래싱이 불가능하다는 것을 의미하지는 않는다.

자세하게 설명하지는 않겠지만, 사용하기 위한 일반적인 방향을 제시해보겠다.

기본 컴포넌트가 될 접객원 컴포넌트를 작성해보자.

```
var Greeter = {
 template: `
 <p>
  {{message}}
  <button @click="greet">greet</button>
 </p>`,
 data () {
  return {
   message: '...'
  }
 },
 methods: {
  greet () {
   this.message = 'hello'
  }
 }
}
```

```
}
```

단지 greet 버튼을 누르면 hello가 될 단순한 문자열이 존재한다.

예제에서 실제로 기본 컴포넌트나 믹스인을 작성했는가?

서브 클래싱에는 양면성이 존재한다. 우리는 Greeter를 컴포넌트와 믹스인 모두로 사용할 수 있는데 그 이유는 대부분이 두 가지 모두 같은 것으로 구성돼 있기 때문이다.

이것을 믹스인의 서브 컴포넌트에 위치시키자.

```
var SuperGreeter = {
 mixins: [Greeter],
 template: `
 <p>
  {{message}}
  <button @click="superGreet">supergreet</button>
 </p>`,
 methods: {
  superGreet () {
   this.message = 'SUPER HELLO!'
  }
 }
}
```

이것을 메인 뷰 인스턴스에 컴포넌트로 선언한다.

```
new Vue({
 el: '#app',
 components: { Greeter, SuperGreeter }
})
```

최종적으로 두 가지 모두 HTML에 추가할 수 있다.

```
<div id="app">
 <greeter></greeter>
 <super-greeter></super-greeter>
</div>
```

이제 템플릿을 덮어쓰고 메서드를 추가한 하위 컴포넌트와 일반 컴포넌트가 존재한다.

greet 메서드는 서브 클래스에도 존재하며, 단지 사용되지 않을 뿐이다. 당신이 직접 다형성을 위한 다른 방법을 찾아낼 수 있을까? 이것은 나조차도 궁금한 문제다.

▌슬롯을 사용해 콘텐츠 배치하기

때로는 엘리먼트나 다른 컴포넌트를 배치할 수 있는 컴포넌트가 필요할 수도 있다. 일반적인 모달 대화 상자 컴포넌트를 작성하고 그 사용자가 모달 대화 상자의 텍스트를 변경할 수 있도록 할 수 있다. 또는 컴포넌트에 일반 레이아웃을 사용하고 후에 다른 엘리먼트로 채우기를 원할 수도 있다. 슬롯은 한 컴포넌트가 고정된 구조를 가지며 특정 컴포넌트의 내용을 부모에게 위임하는 방법이다.

준비하기

범위에 대한 중요한 개념을 설명하고 있기 때문에 '컴포넌트 생성 및 등록하기' 레시피를 완료하고 진행하기를 권고한다.

동일한 내용을 다루지만 반복은 당신에게 도움이 된다(repetita iuvant).[6]

---

6 라틴어 속담으로, '반복은 도움이 된다'는 뜻―옮긴이

구동 방법

고양이들의 사기를 높이기 위해 러시아 고양이 마피아는 이달의 최고 직원을 웹 페이지에 올리기로 결정하고 이를 위해 뷰 컴포넌트를 작성하기로 결정했다.

그들은 다음 컴포넌트를 작성하기 위해 당신을 개발자로 고용했다.

```
Vue.component('framed', {
 template: `<div class="frame">
       <h3>Russian cat mafia
         employee of the month</h3>
       <slot>Nothing framed.</slot>
       </div>`
})
```

slot 태그는 상위 템플릿에서 더 많은 콘텐츠를 추가할 자리 위치를 나타낸다. 물론 CSS를 추가해 컴포넌트를 보다 멋지게 꾸밀 수도 있다.

```
.frame {
 border: 5px dashed dodgerblue;
 width: 300px;
}
h3 {
 font-family: sans-serif;
 text-align: center;
 padding: 2px 0;
 width: 100%;
}
```

HTML은 다음과 같다.

```
<div id="app">
 <framed>
```

```
  <cat :name="catName"></cat>
 </framed>
</div>
```

⟨framed⟩ 컴포넌트 내에 다른 컴포넌트를 삽입하는 방법에 유의하자. 프레임에 삽입될
cat 컴포넌트는 다음과 같다.

```
Vue.component('cat', {
 template: `<div>
      <figure>
       <img src="http://lorempixel.com/220/220/cats/"/>
       <figcaption>{{name}}</figcaption>
      </figure>
     </div>`,
 props: ['name']
})
```

즉, 페이지가 요청될 때마다 임의의 고양이 이미지를 로드하고 그 너비는 220px, 높이는
220px가 된다.

CSS의 h3 규칙에 figcaption을 추가할 수도 있다.

```
h3, figcaption {
 font-family: sans-serif;
 text-align: center;
 padding: 2px 0;
 width: 100%;
}
```

뷰 인스턴스는 다음과 같다.

```
new Vue({
 el: '#app',
```

```
data: {
 names: ['Murzik', 'Pushok', 'Barsik', 'Vaska', 'Matroskin']
},
computed: {
 catName () {
  return this.names[Math.floor(Math.random() *
   this.names.length)]
 }
 }
})
```

예제에서는 무작위 (러시아어) 고양이 이름을 생성해 템플릿의 cat 구성 요소에 전달한다.

앱을 실행해보면 누가 이달의 새로운 직원인지 알 수 있을것이다.

동작 원리

일반적으로 컴포넌트가 생성되고 나서 간단한 태그로 template에 삽입된다. 어떤 경우에는 props나 기타 속성을 넣지만 내부에는 어떤 것도 넣지 않는다. 슬롯을 사용할 때는 부모의 템플릿에 위치한 당신의 컴포넌트에 정보를 채워 넣는다. 일반적으로 다음과 같이 사용한다.

```
<div id="app">
 <framed></framed>
</div>
```

그러나 framed 컴포넌트가 그 내부에 슬롯을 갖고 있고 그 내부에 다음과 같이 HTML을
채워 넣는다.

```
<div id="app">
 <framed>
  <cat :name="catName"></cat>
 </framed>
</div>
```

최종 렌더링은 slot을 대신해 cat 컴포넌트를 보유한 framed 컴포넌트가 된다.

실제로 framed 컴포넌트에 아무것도 지정하지 않으면 기본 콘텐츠가 표시될 것이다. 기
본 콘텐츠는 컴포넌트 내부의 slot 태그에 정의돼 있다.

```
<div class="frame">
 <h3>Russian cat mafia
   employee of the month</h3>
 <slot>Nothing framed.</slot>
</div>
```

아래 화면이 framed 컴포넌트 내부에 아무것도 지정하지 않았을 때의 화면이다.

또한 고양이 컴포넌트가 framed 컴포넌트의 자식이지만 메인 뷰 인스턴스의 변수를 prop 으로 사용할 수 있다. 그 이유는 뷰 인스턴스의 템플릿에 선언돼 동일한 범위 내에 존재 하기 때문이다. 직접적인 자식 컴포넌트가 아니어도 상관없다.

추가 정보

실제로 두 가지 흥미로운 슬롯의 모드가 존재한다. 지명[Named] 슬롯은 2개 이상의 슬롯이 있고 콘텐츠를 배치하는 방법을 추가로 사용자 정의하려는 경우에 사용하고 부모에서 자식 변수를 참조하려고 하는 경우에는 범위를 갖는[Scoped] 슬롯을 사용한다.

지명 슬롯

2개 이상의 슬롯을 사용하면 각 슬롯에 이름을 지정할 수 있다.

이를 위해 "Scratchy co" 조직도를 작성해보자.

주컴포넌트에는 slot 영역이 두 군데 존재한다.

```
Vue.component('organogram', {
  template: `<div class="organogram">
        <h3>Scratchy co.</h3>
        <div class="boss">
         <h3>Boss</h3>
         <slot name="boss">No boss</slot>
        </div>
        <div class="employee">
         <h3>Employee</h3>
         <slot name="employee">No employee</slot>
        </div>
      </div>`
})
```

슬롯은 사장[boss], 두 번째 슬롯은 직원[employee]인 것을 확인할 수 있다.

조직도를 꾸며주기 위해 다음과 같은 CSS를 사용한다.

```
.organogram {
 border: 5px dashed dodgerblue;
 width: 300px;
}
.boss {
 border: 5px double mediumvioletred;
}
.employee {
 border: 2px outset lightgrey;
}
figcaption, h3 {
 font-family: sans-serif;
 text-align: center;
 padding: 2px 0;
 width: 100%;
}
```

다음 HTML은 여러 가지 슬롯으로 구성돼 있다.

```
<div id="app">
 <organogram>
  <div slot="boss">
   <figure>
    <img src="http://lorempixel.com/210/210/cats/1"/>
    <figcaption>Sylvester</figcaption>
   </figure>
  </div>
  <cat slot="employee" :name="catName"></cat>
 </organogram>
</div>
```

고양이 컴포넌트는 변경되지 않았기 때문에 레시피에서 사용된 것을 그대로 써도 좋다.

필요한 변경사항은 slot 속성을 추가하는 것뿐이다. 이 속성은 사장의 <div> 태그에도 적용된다.

애플리케이션을 실행해 조직도를 확인하자.

범위를 갖는 슬롯

뷰 2.1에는 슬롯의 내용과 부모 컴포넌트 사이에 데이터를 전달할 수 있는 새로운 기능이 추가됐다.

이는 많은 슬롯이 존재하고 각각의 슬롯이 다른 스타일링을 필요로 할 때나 채워져야 하는 슬롯의 개수를 미리 모르는 경우에 유용하다.

먼저 cat 컴포넌트를 여러 번 사용할 것이므로 코드를 약간 수정해 새로운 객체가 생성될 때마다 새로운 고양이 이미지를 가질 수 있도록 하자.

```
Vue.component('cat', {
 template: `
  <div>
   <figure>
   <img :src="'http://lorempixel.com/220/220/cats/?' + name"/>
    <figcaption>{{name}}</figcaption>
   </figure>
  </div>
  `,
 props: ['name']
})
```

예제에서는 링크의 끝에 고양이의 이름을 추가했다. 이렇게 해서 매번 임의의 고양이를 선택하기 때문에 이미지도 무작위로 선택된다. 이렇게 하지 않으면 링크가 동일하기 때문에 웹 브라우저는 캐시에서 가져온 이미지를 사용한다.

또한 상위 2등까지의 고양이를 표시하도록 조직도를 수정하자.

```
Vue.component('organogram', {
 template: `
  <div class="organogram">
   <h3>Scratchy co.</h3>
   <div class="boss">
   <h3>Boss</h3>
   <slot type="boss">No boss</slot>
  </div>
  <div class="employee" v-for="rank in 2">
   <h3>Employee</h3>
   <slot
    type="employee"
    :rank="rank"
   >
    No employee
   </slot>
  </div>
```

```
    </div>`
})
```

rank 변수를 slot에 전달한다. 이것들은 뷰 인스턴스의 새로운 HTML 템플릿에 의해 사용된다.

```
<div id="app">
 <organogram>
  <template scope="props">
   <div v-if="props.type === 'boss'">
    <figure>
     <img src="http://lorempixel.com/210/210/cats/1"/>
     <figcaption>Sylvester</figcaption>
    </figure>
   </div>
   <div v-else-if="props.type === 'employee'"
       :class="'r' + props.rank">
    <cat :name="catName()"></cat>
   </div>
  </template>
 </organogram>
</div>
```

organogram 컴포넌트에서는 모든 것을 template 태그로 감싸고 있다. 해당 태그의 scope 속성에는 자식 컴포넌트의 슬롯에서 전달한 모든 변수를 수집하기 위한 객체를 명시한다.

이렇게 하면 props.type을 사용해 슬롯 타입을 참조할 수 있다. 이전 단락에서 지명 slot에 대해 name 속성을 사용한 것처럼 type 변수를 사용하고 있다.

타입이 직원employee인 경우 등수에도 관심이 있다. 그런 다음, 숫자인 등수를 문자 r로 연결하고 이것을 클래스로 추가한다.

의미를 부여하기 위해 r1 및 r2 클래스를 CSS에 추가해보자.

```
.r1 {
```

```
    font-size: 1.5em;
    color: red;
}
.r2 {
    font-size: 1.2em;
    color: blue;
}
```

앱을 구동하면 다음과 같은 화면을 볼 수 있다.

▌ 웹팩을 통한 단일 파일 컴포넌트 생성하기

뷰는 책임을 분할하는 방법을 바꿨기 때문에 게임 체인저였다. 그렇게 하는 것이 뷰가 처음이 아니었지만 뷰는 이 개념을 더 확장시켰다. 이전에는 HTML, CSS 및 자바스크립트를 위한 파일이 하나씩 존재했는데 3개의 파일이 모두 컴포넌트(구성 요소)와 관련 있다는 것을 잘 알지 못했다. 그러나 뷰는 컴포넌트를 가로 방향이 아닌 세로 방향으로 분리시켰다. 뷰에서는 웹팩과 같은 도구를 사용해 컴포넌트를 단일 파일로 잘 분리시킨다. 이 레시피에서는 그 방법을 배울 것이다.

준비하기

이 레시피에서는 컴포넌트 등록 방법(컴포넌트 생성 및 등록)을 이미 알고 있다고 가정한다. 또한 npm과 vue-cli(개발 환경 선택하기 레시피)를 사용할 것이다.

구동 방법

당신의 터미널에 vue-cli가 이미 설치돼 있다고 가정한다.

```
mkdir my-component
cd my-component
vue init webpack-simple
```

이 명령어는 몇 가지 질문을 할 것이다. 원하는 대로 응답할 수 있다. 마지막에 다음과 같은 내용이 표시될 것이다.

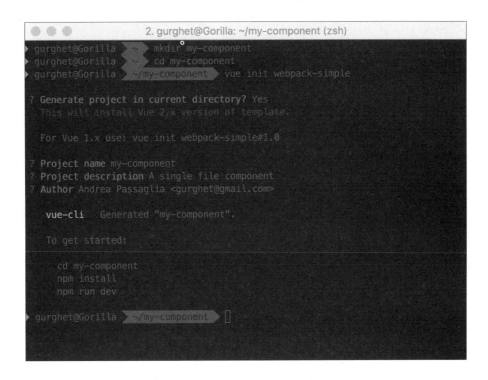

의존성들을 설치하고 다음 명령어로 개발 서버를 구동시킨다.

```
npm install
npm run dev
```

그러면 자동으로 다음 시작 페이지와 함께 웹 브라우저가 열린다.

이제 원본 파일에 변경을 가하면 웹 브라우저에 실시간으로 반영된다.

선호하는 텍스트 편집기로 my-component / src / App.vue의 파일을 열고 템플릿 영역 내 가장 바깥쪽 `<div>` 태그 안의 모든 것을 삭제하자.

파일을 저장하면 바로 빈 페이지가 보일 것이다.

또한 export default object 내부의 모든 내용과 스타일을 삭제한다. 파일은 다음과 같이 변경된다.

```
<template>
 <div id="app">
 </div>
</template>
```

246

```
<script>
export default {}
</script>

<style>
</style>
```

이것은 단일 파일 컴포넌트를 작성하기 위한 빈 캔버스다. 핫 리로드 기능 덕분에 웹 브라우저에서 수행한 작업 결과를 바로 확인할 수 있다.

테스트를 위해 샘플 컴포넌트를 작성해보자. 템플릿에 다음 스크립트를 작성하자.

```
<div id="app">
 <p>I have a secret message:</p>
 <p v-if="show" class="secret">{{message}}</p>
 <button v-else @click="show = true">Show Message</button>
</div>
```

스크립트 영역에 다음과 같이 작성한다.

```
export default {
 data ( ) {
  return {
   show: false,
   message: 'much secret. many reactive. wow!'
  }
 }
}
```

재미를 위해 스타일을 추가해보자.

```
.secret {
 background-color: thistle;
```

```
}
```

코드를 작성하면서 파일을 저장하면 실시간으로 변경되는 것을 볼 수 있다. 아무것도 보이지 않는다면 에러가 발생하지 않았는지 콘솔 창을 확인하고 페이지를 리로드해보자.

마지막으로 App.vue를 MyComponent.vue로 이름을 변경하자. 그러면 웹 브라우저에서 더 이상 컴포넌트를 확인할 수 없다. 이는 main.js 파일이 App 컴포넌트를 참조하고 있기 때문이다.

main.js 파일을 열고 모든 App의 참조를 MyComponent로 변경하자. 파일은 다음과 같이 보일 것이다.

```
import Vue from 'vue'
import MyComponent from './MyComponent.vue'

new Vue({
  el: '#app',
  render: h => h(MyComponent)
})
```

이것은 루트 뷰 인스턴스다. 하나의 컴포넌트 대신 2개를 원한다면 렌더 함수를 다음과 같이 변경할 수 있다.

```
render: h => h('div', {}, [h(MyComponent), h(MyComponent)])
```

동작 원리

이번 장을 따라 해 완성할 수 있었지만 도중에 명확하지 않은 점이 있었다면 웹팩이나 npm 같은 도구에 익숙하지 않기 때문일 것이다. 특히 웹팩에 대해 자세히 알아보려면

8장, '정리+ 자동화+ 배포= 웹팩'을 참조하자.

방금 작성한 컴포넌트에서 어떻게 데이터가 index.html로 이동하는지 상세히 알아두면 유용할 것이다.

main.js가 컴포넌트를 어떻게 호출하는지 이미 살펴봤다. index.html은 다음과 같다.

```html
<!DOCTYPE html>
<html lang="en">
 <head>
  <meta charset="utf-8">
  <title>my-component</title>
 </head>
 <body>
  <div id="app"></div>
  <script src="/dist/build.js"></script>
 </body>
</html>
```

그래서 main.js가 아니라 build.js에 대한 참조를 볼 수 있다. 그러면 어떻게 동작할까? 소스 코드에서 build.js 파일을 찾을 수 없다.

webpack.config.js를 열면 build.js가 output 속성에 지정돼 있는 것에 유의하자. 이것은 우리가 웹팩(npm run dev로 실행)을 시작할 때 웹팩의 진입점인 main.js에서 해당 파일을 빌드한다는 것을 의미한다.

추가 정보

단일 파일 컴포넌트를 작성해봤다. 그러나 이것은 여행의 시작에 불과하다. 또한 다른 프로젝트에서도 사용할 수 있도록 컴포넌트를 패키지화해야 한다. 이 작업은 8장, '정리+ 자동화 + 배포 = 웹팩'의 '컴포넌트를 대중에 공개하기' 레시피에서 경험할 수 있다.

비동기적으로 컴포넌트 로딩하기

앱이 이미 실행 중일 때 컴포넌트를 로드해야 하는 경우가 있다. 너무 많은 컴포넌트가 존재해 모두 로드하기가 번거롭거나 일부 컴포넌트의 모양이 미리 알려지지 않았기 때문일 수 있다. 뷰를 사용하면 실제로 렌더링해야 하는 경우에만 컴포넌트를 로드할 수 있다. 다음 번에 컴포넌트를 렌더링해야 할 경우 캐시에서 반환된다.

준비하기

뷰에서 AJAX 요청을 하는 법을 이미 알고 있는 경우에만 컴포넌트를 비동기로 불러오기를 원할 것이다. 그러나 이 레시피에서는 해당 내용을 건너뛸 것이므로 즉시 따라 해도 좋다.

구동 방법

큰 규모의 화병 전자 상거래 사이트를 갖고 있다고 가정해보자. 모든 꽃병은 하나의 컴포넌트로 표현되지만, 한 번에 모든 꽃병을 사용자에게 제공할 수는 없다. 데이터의 크기가 커지기 때문이다. 예제에서는 인터넷을 통해 컴포넌트를 로드한다.

하나의 변경사항으로 간단한 setTimeout으로 AJAX 호출을 시뮬레이션한다. 가장 선호하는 온라인 에디터인 JSFiddle로 돌아가보자.

```
Vue.component('XuandePeriodVase', (resolve, reject) => {
  setTimeout(() => {
    if ((new Date()).getDay() !== 6) {
      resolve({
        template: '<div>🏺Buy for only 4000000</div>',
        mounted () {
          this.$parent.$emit('loaded')
        }
      })
    } else {
```

```
      reject("Today is Sunday, Internet is closed!")
    }
  }, 1000)
})
```

예제의 뷰 인스턴스는 컴포넌트의 로딩(시뮬레이션 된)을 표시하기 위한 변수만 갖고 있다.

```
new Vue({
  el: '#app',
  data: {
    loading: true
  },
  created () {
    this.$on('loaded', () => {
      this.loading = false
    })
  }
})
```

꽃병 컴포넌트와 함께 작은 loading 메시지를 입력하면 완성이다.

```
<div id="app">
  <span v-if="loading">loading...</span>
  <xuande-period-vase></xuande-period-vase>
</div>
```

페이지를 로드하면 1초 후에 실제 AJAX 호출을 발생시키는 컴포넌트가 표시되는 것을 볼 수 있다. 만약 일요일이면 콘솔에 미안하다는 메시지가 표시된다. 이는 네트워크 문제로 인해 컴포넌트를 로드할 수 없는 경우를 나타낸다.

동작 원리

비동기 컴포넌트를 위한 문법은 다음과 같다.

```
Vue.component('comp-name', (resolve, reject) => { ... })
```

두 번째 인자로 객체를 넘기는 대신 인자가 2개인 함수를 넘기고 있다. 첫 번째 인자는 컴포넌트가 (좀 더 정확히 말하면 컴포넌트의 속성을 갖고 있는 객체) 사용 가능할 때 호출되는 함수다. 두 번째는 문자열을 인자로 받는 또 다른 함수다. 뷰가 프로덕션 모드로 동작하지 않을 때 해당 문자열이 콘솔에 출력될 것이다. 실제 타임아웃이나 연결 오류와 같이 컴포넌트가 동작하지 않는 다양한 이유들이 존재한다.

```
if (response.status > 400) { reject('4XX error received') }
setTimeout(() => { reject('connection timeout') }, 5000)
```

예제 코드의 또 다른 특징은 컴포넌트가 로드되는 기간이 수백 밀리초 미만이 걸린다고 하더라도 사용자 경험을 향상시키기 위한 정중한 안내 메시지 또는 이미지를 원한다는 것이다.

이를 위해 컴포넌트가 마운트될 때 loaded 메시지를 전달한다.

```
mounted () {
 this.$parent.$emit('loaded')
}
```

부모 컴포넌트가 누구이든 메시지를 받고 반응할 수 있다(반응하지 않을 수도 있음). 우리의 경우에는 메시지를 수신 후에 로딩 메시지 창을 더 이상 표시하지 않는다.

```
created () {
```

```
this.$on('loaded', () => {
  this.loading = false
})
}
```

재귀로 컴포넌트 생성하기

프로그래밍에 조금이라도 경험을 갖고 있다면, 처음 시작할 때 다루는 내용 중 하나는 반복과 재귀다. 뷰는 두 가지 모두 지원하는데 애플리케이션에서 트리 형태의 그래픽이나 메뉴가 존재한다면 이를 뷰가 처리할 수 있다. 이 레시피에서는 재귀적인 방법을 사용해 동물의 분류를 작성해본다.

준비하기

이 레시피에서는 몇 가지 props를 사용하기 때문에 시작하기에 앞서 'props를 사용해 컴포넌트에 데이터 전달하기' 레시피를 완료하자.

구동 방법

먼저 다음과 같이 비어 있는 뷰 인스턴스를 작성한다.

```
new Vue ({
  el: '#app'
})
```

작업을 진행하기 위한 약간의 준비물로 분류하기 위한 수많은 동물들이 필요하다. 뷰 인스턴스의 data 영역에 코드의 일부를 복사할 수도 있지만, 영감을 주기 위해 책 전체를 통틀어 가장 긴 목록을 다음과 같이 복사한다.

```
data: {
 living: {
  animals: {
   invertebrates: {
    crab: null,
    bee: null,
    ant: null
   },
   vertebrates: {
    fish: {
     shark: null
    },
    mammals: {
     rabbit: null,
     rat: null
    }
   }
  },
  plants: {
   flowering: {
    maize: null,
    paddy: null
   },
   'non-flowering': {
    algae: {
     seaweed: null,
     spirogyra: null
    },
    fungi: {
     yeast: null,
     mushroom: null
    },
    moss: null,
    fern: null
   }
  }
```

```
  }
}
```

예제에서는 모든 동물을 렌더링하기를 원하는데 null을 만나면 트리의 순회를 중단한다.

뷰 인스턴스 위에 새로운 컴포넌트를 선언하고 이름을 taxon(분류군, 분류명)으로 지정한다.

```
Vue.component('taxon', {})
```

컴포넌트의 옵션 객체의 템플릿에 다음과 같이 작성한다.

```
template: `
 <li>
  <div @click="toggle">
   {{taxon}}
   <span v-if="hasChildren">[{{open ? '-' : '+'}}]</span>
  </div>
  <ul v-show="open">
   <taxon
    v-for="(child, taxon) in tree"
    :tree="child"
    :taxon="taxon"
    :key="taxon"
    >
   </taxon>
  </ul>
 </li>
```

이 템플릿은 내부 엘리먼트를 확장시켜주는 + 기호를 포함하는 리스트다. tree와 taxon 변수는 props로 넘겨진다. 다음 코드에 다음과 같이 선언한다.

```
props: {
 tree: Object,
 taxon: String
}
```

Open 변수는 컴포넌트의 data에 내부적으로 유지된다.

```
data ( ) {
 return {
  open: false
 }
}
```

계산된 속성인 hasChildren을 선언해 템플릿 작성을 돕는다.

```
computed: {
 hasChildren ( ) {
  return this.tree !== null
 }
}
```

최종적으로 toggle 메서드는 open 값을 이전 값에서 반전시킨다.

```
methods: {
 toggle ( ) {
  this.open = !this.open
 }
}
```

해당 트리의 루트는 다음 HTML만으로 표현된다.

```
<div id="app">
 <ul>
  <taxon :tree="living" taxon="living"></taxon>
 </ul>
</div>
```

다음 CSS 규칙을 추가하면 더하기 기호 위로 마우스를 가져갔을 때 커서를 포인터 모양으로 변경할 수 있다.

```
span {
 cursor: pointer;
}
```

앱을 실행하면 당신의 손으로 만든 완전한 생명의 트리를 볼 수 있다.

동작 원리

애플리케이션의 구조는 재귀적이다. `<li>` 엘리먼트인 `taxon` 컴포넌트를 생성했다. 이 엘리먼트는 차례대로 또 다른 `<ul>`, 정렬되지 않은 리스트를 포함하는데, 리스트의 항목은 동물의 분류명을 나타낸다.

첫 번째 리스트의 항목은 목록에 존재해야 하므로 트리의 루트를 수동으로 작성했다.

```
<div id="app">
 <ul>
  <taxon :tree="living" taxon="living"></taxon>
 </ul>
</div>
```

렌더링된 HTML은 다음과 같다.

```
▼<div id="app">
  ▼<ul> == $0
    ▼<li>
      ▼<div>
          "living"
          <span>[-]</span>
        </div>
      ▼<ul>
        ▼<li>
          ▼<div>
              "animals"
              <span>[-]</span>
            </div>
          ▼<ul>
            ▶<li>…</li>
            ▶<li>…</li>
            </ul>
          </li>
        ▶<li>…</li>
        </ul>
      </li>
    </ul>
  </div>
```

뷰 개발자 도구를 통해 보면 다음과 같은 구조를 볼 수 있다.

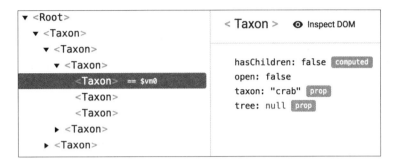

재귀 컴포넌트와 지역 등록

이전 레시피에서는 컴포넌트를 전역적global으로 등록했는데 이런 경우에 컴포넌트명은 디폴트명을 사용하게 된다. 지역 범위로 컴포넌트를 등록했다면 애플리케이션이 작동하지 않을 것이다. 컴포넌트를 지역 범위로 등록하는 경우, 다음 코드에 강조된 부분과 같이 이름을 수동으로 제공해야 한다.

```
var taxon = {
 name: 'taxon',
 template: `
 <li>
 ...
```

그후에 컴포넌트를 정상적으로 등록할 수 있다.

```
new Vue({
 el: '#app',
 components: { taxon },
 ...
```

재귀 컴포넌트에 이름을 지정하는 것을 잊었다면 뷰는 다음과 같이 경고를 출력한다.

```
vue.js:2658 [Vue warn]: Unknown custom element: <taxon> - did you register the
component correctly? For recursive components, make sure to provide the "name"
option.
(found in component <taxon>)
```

스택 오버플로 방지

이번 레시피에서는 v-for를 사용해 분류군이 존재하지 않으면 taxon 컴포넌트가 렌더링
되지 않도록 했다. 일반적으로 v-if 또는 v-for를 사용해 재귀 호출이 언젠가는 끝날 수
있도록 해야 한다. 그러나 재미를 위해 적어도 한 번쯤은 뷰의 스택을 폭발시켜봐야 한다.

다음 컴포넌트를 작성하자.

```
Vue.component('matrioska', {
 template: '<p>Hello<matrioska></matrioska></p>'
})
```

그리고 뷰 인스턴스를 위한 HTML을 작성한다.

```
<div id="app">
 <matrioska></matrioska>
</div>
```

그러면 뷰로부터 원하던 응답을 확인할 수 있다.

```
vue.js:2269 Uncaught RangeError: Maximum call stack size exceeded
```

▌재사용 가능한 컴포넌트 체크리스트

다른 사람들이 사용할 수 있도록 컴포넌트를 작성하는 경우, 높은 응집력과 같은 특정 원칙을 필요로 한다. 이 레시피에서는 장난감 컴포넌트를 작성해 재사용성의 몇 가지 원리를 설명한다.

준비하기

이 레시피에서는 컴포넌트를 작성하기 위한 훌륭한 엔지니어링 기술들을 정리한다. 특정 기술은 필요하지 않지만 컴포넌트에 대해 이미 알고 있는 것으로 가정한다.

구동 방법

일반적인 대화 상자를 작성한다. 먼저 빈 컴포넌트를 작성하자.

```
Vue.component('dialog-box', {})
```

템플릿에는 아이콘 슬롯, 메시지 슬롯, 취소 버튼(선택 사항)이 포함된다.

```
template: `
<div>
 <div class="icon">
  <slot name="icon"></slot>
 </div>
 <slot name="message"></slot>
 <div class="buttons">
  <button v-if="cancellable"
      @click="cancel()">
   Cancel
  </button>
  <button @click="ok()">
```

```
    OK
  </button>
 </div>
</div>`
```

이렇게 하면 모든 사용자가 원하는 컨텐트로 대화 상자를 커스터마이징하고 Cancel 버튼을 실제로 그려줄 것인지 여부도 정할 수 있다.

props는 cancellable 그리고 command다. 후자는 대화 상자를 식별하기 위해 사용자에게 보여줄 문자열이다.

```
props: {
 command: String,
 cancellable: Boolean
}
```

cancel 및 ok 메서드에는 지정된 함수가 없는데 컴포넌트를 재사용할 수 있게 하려면 사용자가 수행할 작업을 결정할 수 있도록 해야 한다. 대신 일반적인 이벤트를 전달한다.

```
methods: {
 cancel () {
  this.$emit('cancel', this.command)
 },
 ok () {
  this.$emit('ok', this.command)
 }
}
```

이제 중요한 부분이다. 컴포넌트가 어떻게 이 컴포넌트를 사용해야 할까? 우리가 작성한 컴포넌트를 사용하는 뷰 인스턴스의 HTML은 다음과 같다.

```
<div id="app">
 <dialog-box
  command="confirmation"
  :cancellable="true"
  @cancel="msg = 'cancelled'"
  @ok="msg = 'confirmed'">
   <span slot="icon">⚠</span>
   <span slot="message">Do you confirm?</span>
 </dialog-box>
 <p>Output: {{msg}}</p>
</div>
```

또한 뷰 인스턴스의 자바스크립트에서 선언한 변수인 msg의 내용을 출력하기 위한 머스태치 구문을 배치한다.

```
new Vue({
 el: '#app',
 data: {
  msg: 'undefined'
 }
})
```

애플리케이션을 실행하고 대화 창의 형태를 확인하자.

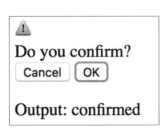

동작 원리

재사용을 위한 컴포넌트를 작성하거나 다른 컴포넌트를 재사용하기를 원하는 경우 공통적으로 작동하는 부분을 갖게 된다. 예를 들어, 대화 상자는 사용자 정의가 가능하므로 다른 메시지를 사용해 프로그램의 다른 부분에서 다른 메시지로 이용할 수 있다. 슬롯을 사용해 사용자가 무엇을 넣을 것인지 (심지어 컴포넌트까지) 자유롭게 구성했다. 대신 취소 버튼은 props에 의해 제어되므로 매번 전체 버튼을 슬롯에 전달할 필요 없이 true 또는 false만 전달한다.

또 다른 우려는 컴포넌트가 외부와 대화할 필요가 있다는 점이다. 확인 창의 경우 사용자가 확인 또는 취소를 클릭했는지 여부를 메인 프로그램에 알려줄 필요가 있는데 이벤트를 통해 이뤄지는 것이 최선이다. 부모 템플릿에서 HTML에서 직접 cancel 또는 ok 이벤트가 수신될 때 어떻게 작동해야 하는지 지정했다. 이런 방법으로 데이터를 전달하면 이벤트를 다른 컴포넌트로 전달하거나 Vuex 저장소의 변이로 전환 가능하기 때문에 매우 유용하다.

지금까지 이야기한 내용을 요약하기 위해 공식 문서를 인용할 것이므로 불명확한 점이 있을 때 체크리스트로 사용하자.

- **Props**: 외부 환경에서 데이터를 컴포넌트로 전달할 수 있다.
- **이벤트**: 컴포넌트가 외부 환경에 부수 효과[Side effect]를 유발할 수 있다.
- **슬롯**: 외부 환경에서 추가 콘텐츠로 컴포넌트를 작성할 수 있다.

05

인터넷으로 통신하는 뷰

이번 장에서는 다음 레시피들을 다룬다.

- 액시오스를 사용해 기초적인 AJAX 요청 전송하기
- 사용자 데이터를 전송 전에 검증하기
- 양식을 생성하고 서버에 데이터 전송하기
- 요청 중에 발생한 에러에서 복구하기
- REST 클라이언트(그리고 서버!)를 생성하기
- 무한 스크롤링 구현하기
- 요청에 전처리Preprocessing 수행하기
- XSS 공격을 방지하기

▌ 소개

대부분의 웹 애플리케이션은 그 자체로만 작동하지 않는다. 웹 애플리케이션을 흥미롭게 만드는 세계와 소통할 수 있게 해준다는 점인데 이는 실제로 몇년 전에는 존재하지 않았던 혁신적인 것이다.

뷰는 자체적으로 AJAX 요청 또는 웹 소켓WebSockets을 시작하기 위한 메커니즘이나 라이브러리를 제공하지 않는다. 따라서 이 장에서는 뷰에 내장된 메커니즘과 라이브러리를 동시에 사용해 외부 서비스에 연결하는 방법을 알아본다.

외부 라이브러리의 도움을 받아 기본적인 AJAX 요청을 작성하는 것으로 시작한다. 그런 다음, 양식으로 데이터를 주고받는 일반적인 패턴을 알아본다. 마지막으로 실제 애플리케이션과 RESTful 클라이언트를 작성하는 방법을 알아본다.

▌ 액시오스를 사용해 기초적인 AJAX 요청 전송하기

액시오스Axios는 뷰에서 HTTP 요청이 필요할 때 권장되는 라이브러리다. 이것은 매우 간단하지만 기본적인 요청을 수행하기 위한 내장 기능들을 갖고 있다. 다양한 HTTP 메서드들을 전송하기 위한 REST 패턴을 구현하고 있으며 호출 시에 발생하는 동시성(동시에 여러 개의 요청을 생성하는 것) 문제들도 다루고 있다. 다음 링크에서 더 제시한 정보를 찾을 수 있다.

https://github.com/mzabriskie/axios

준비하기

이 레시피에서는 뷰에 대한 특별한 지식이 필요하지 않다. 액시오스는 자바스크립트 프라미스Promise를 사용한다. 프라미스에 대해 들어본 적이 없다면 다음 링크에서 기본 정보를 찾을 수 있다.

https://developers.google.com/web/fundamentals/getting-started/primers/promises

구동 방법

웹 페이지를 방문할 때마다 명언을 출력해주는 간단한 애플리케이션을 작성할 것이다.

가장 먼저 해야 할 일은 애플리케이션에 액시오스를 설치하는 것이다. npm을 사용하는 경우, 다음 명령을 통해 설치할 수 있다.

```
npm install axios
```

단일 페이지에 작업하는 경우 CDN(https://unpkg.com/axios/dist/axios.js)에서 다음 파일을 가져올 수 있다.

 안타깝게도 이 서비스는 HTTP에서 실행되기 때문에 HTTPS를 사용하는 JSFiddle에서는 작동하지 않는데 웹 브라우저가 에러 메시지를 출력할 것이다. 이 레시피는 로컬 HTML 파일을 통해 실행할 수 있다.

HTML은 다음과 같다.

```
<div id="app">
  <h2>Advice of the day</h2>
  <p>{{advice}}</p>
</div>
```

뷰 인스턴스는 다음과 같다.

```
new Vue({
  el: '#app',
  data: {
    advice: 'loading...'
  },
  created () {
    axios.get('http://api.adviceslip.com/advice')
      .then(response => {
        this.advice = response.data.slip.advice
      })
      .catch(error => {
        this.advice = 'There was an error: ' + error.message
      })
  }
})
```

앱을 열면 깔끔하게 명언이 표시돼 있다.

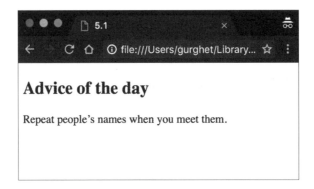

동작 원리

애플리케이션이 시작되면 created 후크가 작동하고 액시오스 코드를 실행시킨다. 첫 번째 줄은 API 엔드포인트에 GET 요청을 수행한다.

```
axios.get('http://api.adviceslip.com/advice')
```

이것은 프라미스를 반환한다. 어떤 프라미스에 대해서든 then 메서드를 사용해 요청이 성공적으로 반환됐을 경우에 행동을 지정할 수 있다.

```
.then(response => {
  this.advice = response.data.slip.advice
})
```

Response 객체는 요청에 대한 응답을 포함하고 있다. 가능한 응답 객체는 다음과 같다.

```
{
  "data": {
    "slip": {
      "advice": "Repeat people's name when you meet them.",
      "slip_id": "132"
    }
  },
  "status": 200,
  "statusText": "OK",
  "headers": {
    "content-type": "text/html; charset=UTF-8",
    "cache-control": "max-age=0, no-cache"
  },
  "config": {
    "transformRequest": {},
    "transformResponse": {},
    "timeout": 0,
    "xsrfCookieName": "XSRF-TOKEN",
    "xsrfHeaderName": "X-XSRF-TOKEN",
    "maxContentLength": -1,
    "headers": {
      "Accept": "application/json, text/plain, */*"
    },
```

```
    "method": "get",
    "url": "http://api.adviceslip.com/advice"
  },
  "request": {}
}
```

상호작용하려는 속성에 접근해야 하는데 이 경우에는 문자열인 `response.data.slip.advice`가 필요하다. 인스턴스의 state 변수에 해당 값을 복사했다.

마지막 부분은 요청 도중이나 첫 번째 분기 내의 코드에서 이상이 생겼을 경우 처리한다.

```
.catch(error => {
  this.advice = 'There was an error: ' + error.message
})
```

오류를 유발하는 가장 손쉬운 방법은 JSFiddle에서 앱을 실행하는 것이다. 웹 브라우저가 JSFiddle의 안전한 연결을(HTTPS) 감지하고 API가 안전하지 않은(HTTP) 요청을 사용하기 때문에 에러를 출력하고 연결을 차단한다. 다음과 같은 텍스트가 표시된다.

```
There was an error: Network Error
```

이것은 실험해볼 수 있는 여러 가지 에러 중 한 가지다. 엔드포인트의 주소를 존재하지 않는 곳으로 수정했다고 가정해보자.

```
axios.get('http://api.adviceslip.com/non-existent-page')
```

이 경우에는 404 에러를 만나게 된다.

흥미롭게도, 요청이 성공하고 실행되는 첫 번째 분기에서 오류가 있어도 오류를 처리하는 분기로 이동한다.

then 분기문을 다음과 같이 변경하자.

```
.then(response => {
  this.advice = undefined.hello
})
```

모두 알다시피 자바스크립트는 undefined 객체에서 hello 속성을 읽어올 수 없다.

```
There was an error: Cannot read property 'hello' of undefined
```

앞서 언급한 그대로다.

▌ 사용자 데이터를 전송 전에 검증하기

일반적으로 사용자는 양식을 싫어한다. 그 마음을 돌리기 위해 할 수 있는 일이 많지 않지만, 양식을 채우는 방법에 대한 지침을 제공함으로써 사용자의 좌절감을 덜어줄 수 있다. 이 레시피에서는 양식을 만들고 HTML 표준을 활용해 사용자에게 작성 방법에 대한 훌륭한 지침을 제공할 것이다.

준비하기

이 레시피는 사전 지식이 필요하지 않다. 양식을 생성하는 데 AJAX 호출을 모킹해 유효성 확인에만 집중한다.

구동 방법

아주 간단한 양식을 작성한다. 사용자 이름과 이메일을 위한 필드와 정보 제출을 위한 버튼으로 구성된다.

다음과 같은 HTML을 작성하자.

```
<div id="app">
  <form @submit.prevent="vueSubmit">
    <div>
      <label>Name</label>
      <input type="text" required>
    </div>
    <div>
      <label>Email</label>
      <input type="email" required>
    </div>
    <div>
      <label>Submit</label>
      <button type="submit">Submit</button>
    </div>
  </form>
</div>
```

뷰 인스턴스는 다음과 같이 간단하다.

```
new Vue({
  el: '#app',
  methods: {
    vueSubmit() {
      console.info('fake AJAX request')
    }
  }
})
```

앱을 실행하고 아무것도 입력하지 않거나 잘못된 이메일을 입력하고 버튼을 클릭해보자. 그러면 웹 브라우저가 도움을 주는 것을 볼 수 있다.

그리고 부정확한 이메일 주소를 입력하면 다음과 같은 화면을 볼 수 있다.

동작 원리

내부적으로 패턴 매칭을 사용해 입력하는 내용이 특정 규칙을 준수하는지 여부를 확인하는 기본적인 HTML5의 검증 API를 사용하고 있다.

다음 줄에 required 속성에 주목하자.

```
<input type="text" required>
```

이렇게 해서 양식이 제출될 때 해당 필드가 값으로 채워져 있음을 보장한다. 동시에 다른 input 엘리먼트에 type = "email"을 사용하면 값이 이메일 양식과 일치하는지 검증한다.

이 검증 API는 매우 풍부하다. 자세한 내용은 다음 링크를 참조하자.

```
https://developer.mozilla.org/en-US/docs/Web/Guide/HTML/Forms/Data_form_validation
```

많은 경우, 이 API를 활용하기 위해선 네이티브 유효성 검사 메커니즘을 동작시켜야만 한다. 즉, Submit 버튼의 기본 동작을 막을 수 없다.

```
<button type = "submit"@ click.prevent = "vueSubmit"> Submit</ button>
```

이렇게 하면 양식이 네이티브 유효성 검사가 실행되지 않은 채로 항상 제출된다. 반면 다음 코드를 실행했을 경우,

```
<button type = "submit"@ click = "vueSubmit"> Submit </ button>
```

양식의 유효성이 검사되지만 Submit 버튼의 기본 동작을 막지 않았기 때문에 양식이 다른 페이지로 전송돼 단일 페이지 애플리케이션의 사용자 경험이 깨져버린다.

그것을 막기 위한 트릭은 폼 레벨에서 제출을 차단하는 것이다.

```
<form @submit.prevent="vueSubmit">
```

이렇게 해서 네이티브 검증을 수행함과 동시에 우리가 선호하는 브라우징 경험을 유지할 수 있다.

▌ 양식을 생성하고 서버에 데이터 전송하기

HTML 양식은 사용자와 상호작용하기 위한 표준이다. 사용자의 데이터를 수집해 사이트에 등록하거나 로그인, 한 단계 더 복잡한 상호작용을 수행할 수 있다. 이 레시피에서는 뷰의 첫 번째 양식을 작성해보자.

준비하기

이번 레시피는 쉬운 편이며 당신이 이미 AJAX에 대해서 이미 알고 있고 뷰에 관련 지식을 적용해본다고 가정한다.

구동 방법

우리는 블로그를 갖고 있고 새로운 포스트를 작성하려고 한다. 이를 위해서는 양식이 필요하다. 이를 위한 HTML의 레이아웃은 다음과 같다.

```html
<div id="app">
  <h3>Write a new post</h3>
  <form>
    <div>
      <label>Title of your post:</label>
      <input type="text" v-model="title">
    </div>
    <div>
      <label>Write your thoughts for the day</label>
      <textarea v-model="body"></textarea>
    </div>
    <div>
      <button @click.prevent="submit">Submit</button>
    </div>
  </form>
</div>
```

제목을 위한 입력 필드 그리고 글 본문을 위한 필드가 존재한다.

예제의 뷰 인스턴스에는 사용자 id를 포함한 다음과 같은 내용들이 애플리케이션의 상태로써 구성된다.

```
new Vue({
```

```
  el: '#app',
  data: {
    userId: 1,
    title: '',
    body: ''
  }
})
```

이제는 Submit 버튼이 클릭됐을 때 서버로 데이터를 전송하기 위한 메서드가 필요하다. 우리는 서버를 갖고 있지 않기 때문에 Typicode의 유용한 서비스를 사용한다. 기본적으로 그것은 가짜 REST 서버다. 서버를 향해 요청을 보내면 실제로는 아무 일도 일어나지 않지만 진짜 같은 데이터를 반환한다.

다음에 해당 메서드가 나온다.

```
methods: {
  submit () {
    const xhr = new XMLHttpRequest()
    xhr.open('post', 'https://jsonplaceholder.typicode.com/posts')
    xhr.setRequestHeader('Content-Type',
                         'application/json;charset=UTF-8')
    xhr.onreadystatechange = () => {
    const DONE = 4
    const CREATED = 201
    if (xhr.readyState === DONE) {
      if (xhr.status === CREATED) {
          this.response = xhr.response
        } else {
          this.response = 'Error: ' + xhr.status
        }
      }
    }
    xhr.send(JSON.stringify({
      title: this.title,
      body: this.body,
      userId: this.userId
```

```
    }))
  }
}
```

실제 서버의 응답을 보기 위해 상태 변수에 response를 포함시킨다.

```
data: {
  userId: 1,
  title: '',
  body: '',
  response: '...'
}
```

HTML의 양식에 이어서 다음 코드를 추가한다.

```
<h3>Response from the server</h3>
<pre>{{response}}</pre>
```

앱을 구동하면 서버와 상호작용할 수 있어야 한다.

글을 작성하면 서버는 글의 ID와 함께 해당 글을 그대로 반환한다.

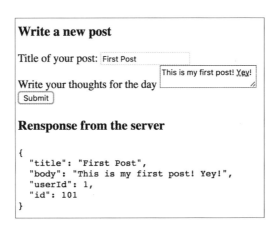

동작 원리

대부분의 마법은 submit 메서드에서 일어난다. 첫 번째 줄에서 XMLHttpRequest 객체를 생성하는데, 그 객체는 AJAX 요청을 생성하기 위한 네이티브 자바스크립트 메커니즘이다.

```
const xhr = new XMLHttpRequest()
```

그리고 open과 setRequestHeader 메서드를 사용해 새로운 연결을 구성한다. POST 요청을 보내려 하기 때문에 JSON을 동시에 보낸다.

```
xhr.open('post', 'http://jsonplaceholder.typicode.com/posts')
xhr.setRequestHeader('Content-Type', 'application/json;charset=UTF-8')
```

RESTful 인터페이스를 통해 상호작용하기 때문에 POST 메서드는 이 요청이 서버가 데이터를 변경하길(특히 새로운 게시물을 생성) 기대한다는 뜻이다. 그래서 같은 요청을 여러 번 실행해도 매번 다른 결과를 갖게 된다(즉, 매번 새로운 post ID를 생성하게 된다).

이것이 좀 더 흔하고 서버의 데이터를 변경하지 않는(아마도 로그를 제외하고는) GET 요청과 다른 점인데, 매번 같은 결과를 반환한다(요청 사이에 서버의 데이터가 변경되지 않았다고 가정했을 때).

REST에 대한 좀 더 자세한 내용은 'REST 클라이언트(그리고 서버!)를 생성하기' 레시피를 참고하기 바란다.

다음 줄은 모두 응답에 관한 것이다.

```
xhr.onreadystatechange = () => {
  const DONE = 4
  const CREATED = 201
  if (xhr.readyState === DONE) {
    if (xhr.status === CREATED) {
```

```
        this.response = xhr.response
    } else {
        this.response = 'Error: ' + xhr.status
    }
  }
}
```

이것은 객체에서 어떤 종류의 변화가 발생할 때마다 동작한 핸들러를 설치한다. readyState가 DONE으로 변경되면 서버로부터의 응답이 존재함을 의미한다. 다음으로 상태 코드를 확인하는데 새로운 자원(새 게시물)이 생성됐음을 알리는 201이어야 한다. 요청이 성공했다면 응답으로 반환받은 변수를 머스태치 표현식을 사용해 빠르게 확인해볼 수 있다. 그렇지 않으면 동일한 변수에 에러를 메시지를 입력한다.

이벤트 핸들러를 설정한 후에 마지막으로 할 일은 새로운 게시물 데이터와 함께 요청을 전송하는 것이다.

```
xhr.send(JSON.stringify({
  title: this.title,
  body: this.body,
  userId: this.userId
}))
```

추가 정보

문제를 해결하기 위한 또 다른 방법은 액시오스를 사용해 AJAX 요청을 보내는 것이다. 액시오스가 무엇인지 알아볼 필요가 있다면 액시오스를 사용해 기초적인 AJAX 요청 전송 레시피를 참고하기 바란다.

submit 메서드의 코드는 다음과 같다(액시오스를 의존성으로 추가해야 함).

```
submit () {
  axios.post('http://jsonplaceholder.typicode.com/posts', {
    title: this.title,
    body: this.body,
    userId: this.userId
  }).then(response => {
    this.response = JSON.stringify(response,null,'  ')
  }).catch(error => {
    this.response = 'Error: ' + error.response.status
  })
}
```

이 코드는 예제와 똑같이 동작하지만 네이티브 웹 브라우저 객체를 사용한 것보다 한층 더 표현력이 좋으며 간결하다.

▌요청 중에 발생한 에러에서 복구하기

컴퓨터의 관점에서 보면 외부 서비스에 대한 요청은 시간이 오래 걸린다. 인간의 관점에서 보면 목성에 위성을 보내고 위성이 지구로 돌아오기를 기다리는 것과 같다. 100% 여행이 성공적일지 또는 시간이 얼마나 걸릴지 알 수 없다. 네트워크는 신뢰할 수 없으며 요청이 성공적으로 완료되지 않을 경우에 대비하는 것이 좋다.

준비하기

이 레시피는 다소 복잡하지만 고급 개념은 다루지 않는다. 그렇지만 뷰를 익숙하게 다룰 수 있어야 한다.

이번 레피시를 위해 액시오스를 사용한다. 어떤 것을 해야 할지 감이 오지 않는다면 '액시오스를 사용해 기초적인 AJAX 요청 전송하기' 레시피를 먼저 끝내도록 하자.

구동 방법

에베레스트 산에서 피자를 주문하는 웹 사이트를 개발할 것이다. 이 영역은 인터넷 환경이 좋지 않기로 유명한 곳이기 때문에 주문을 포기하기 전에 적절히 재시도해야 할 것이다.

HTML은 다음과 같다.

```
<div id="app">
  <h3>Everest pizza delivery</h3>
  <button @click="order"
          :disabled="inProgress">Order pizza!</button>
  <span class="spinner" v-show="inProgress">🍕</span>
  <h4>Pizza wanted</h4>
  <p>{{requests}}</p>
  <h4>Pizzas ordered</h4>
  <span v-for="pizza in responses">
    {{pizza.id}}:{{pizza.req}}
  </span>
</div>
```

주문을 위한 버튼이 존재하는데 해당 버튼은 주문이 진행 중인 동안에는 비활성화돼 있다. 진행 중인 주문 목록(동시에 하나의 주문만 포함)과 이미 주문한 피자 목록이 존재한다.

대기하는 고객들을 기분 좋게 하기 위해 피자를 회전시킬 수 있다. 작은 피자를 회전시키려면 다음 CSS를 추가하자.

```
@keyframes spin {
  100% {transform:rotate(360deg);}
}
.spinner {
  width: 1em;
  height: 1em;
  padding-bottom: 12px;
  display: inline-block;
  animation: spin 2s linear infinite;
```

```
}
```

뷰 인스턴스는 몇 가지 정보를 기록하고 추적한다. 다음 코드를 작성해 인스턴스를 생성하자.

```
new Vue({
  el: '#app',
  data: {
    inProgress: false,
    requests: new Object(null),
    responses: new Object(null),
    counter: 0,
    impatientAxios: undefined
  }
})
```

요청과 응답에 자바스크립트 Set 객체를 사용하려고 한다. 안타깝게도 Set는 뷰에서 반응형으로 동작하지 않는다. 지금 사용할 수 있는 가장 유사한 것은 객체인데 코드에서는 빈 객체로 요청과 응답값을 초기화하고 있다.

impatientAxios 변수는 생성 시에 값이 정해진다. 일반적으로 액시오는 웹 브라우저가 응답을 기다리는 동안 대기한다. 우리는 참을성이 부족하기 때문에 액시오스가 3초 후에 연결을 끊도록 설정한다.

```
created () {
  this.impatientAxios = axios.create({
    timeout: 3000
  })
}
```

마지막으로 구현할 것은 order 메서드다. 실제 요청을 할 웹 서버가 없기 때문에 모든 요청에 200 OK로 응답하는 http://httpstat.us/200 엔드포인트를 사용한다.

```
methods: {
  order (event, oldRequest) {
    let request = undefined
    if (oldRequest) {
      request = oldRequest
    } else {
      request = { req: '🍕', id: this.counter++}
    }
    this.inProgress = true
    this.requests[request.id] = request
    this.impatientAxios.get('http://httpstat.us/200')
      .then(response => {
        this.inProgress = false
        this.responses[request.id] = this.requests[request.id]
        delete this.requests[request.id]
      })
      .catch(e => {
        this.inProgress = false
        console.error(e.message)
        console.error(this.requests.s)
        setTimeout(this.order(event, request), 1000)
      })
  }
}
```

프로그램을 의도한 대로 실행하기 위해 크롬으로 이동해 Cmd + Opt +I (윈도우에서는 F12)를 입력해 개발자 콘솔을 열자.

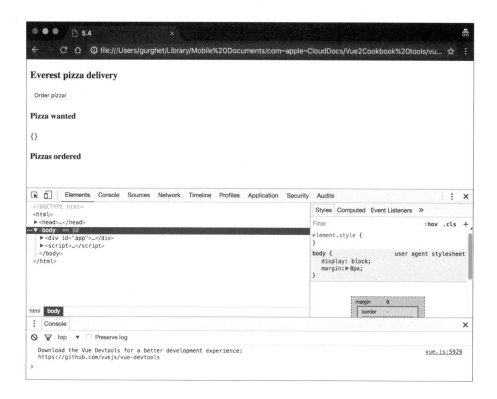

네트워트 탭의 No Throttling 드롭다운 메뉴로 이동하자.

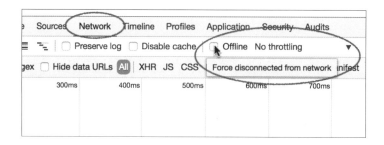

드롭다운을 클릭해 메뉴를 열자.

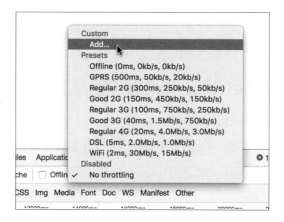

다음 스크린샷과 같이 Everest라는 커스텀 설정을 생성하고 다운로드 및 업로드를 1kb / s로, 1,000밀리초의 지연 시간^{Latency}을 설정하자.

해당 스로틀링 타입을 선택해 피자를 몇 개 주문해볼 수 있다.

액시오스의 지속성 덕택에 운이 좋다면 피자 몇 가지를 주문할 수 있을 것이다.

주문에 실패하거나 모든 피자 주문이 성공적으로 이뤄졌다면 스로틀링 변수들을 수정해보자. 이런 과정들은 실제로 임의적이며 장치에 매우 종속적이다.

구동 원리

신뢰할 수 없는 연결을 다루는 방법은 여러 가지가 있으며, 액시오스와 통합돼 재시도 전략들을 제공하는 많은 라이브러리들이 존재한다. 여기에서는 하나의 기본 전략만 살펴봤지만 Patience JS와 같은 라이브러리는 좀 더 고급 기능을 갖고 있으며 사용하기 쉽다.

REST 클라이언트(그리고 서버!)를 생성하기

이 레시피에서는 REST에 대해 배우고 클라이언트를 작성하는 방법에 대해 알아본다. REST 클라이언트를 구현하려면 관련 인터페이스를 제공하는 서버가 필요한데 그것 또한 구현해본다. 잠깐! 뷰에 관한 책의 레시피에서 알려주는 REST 서버는 부록일까? 따라해보면 실망하지 않을것이다.

준비하기

이 레시피는 클라이언트 서버 아키텍처에 익숙해야 하며 적어도 REST 인터페이스에 대해 들어보거나 읽어봤어야 하는데 이 점에서 고급 과정이라고 할 수 있다. 또한 커맨드 라인에 친숙해야 하며 npm이 설치돼 있어야 한다. 개발 환경 선택하기 레시피에서 모든 내용을 찾을 수 있다.

액시오스도 설치해야 한다. 자세한 내용은 이 장의 첫 번째 레시피를 참고하자.

구동 방법

불과 몇 년 전에는 REST 서버를 구축하는 데 며칠에서 몇 주까지 걸릴 수 있었다. Feather.js를 사용하면 빠른 서버 구축이 가능하다(잘하면 고통 없이). 커맨드 라인을 열고 다음 명령을 사용해 설치해보자.

```
npm install -g feathers-cli
```

그럼 다음, 서버를 실행할 폴더를 생성한 후에 내부로 이동해 Feathers를 실행한다.

```
mkdir my-server
cd my-server
feathers generate app
```

모든 질문에 기본값으로 응답하자. 절차가 완료되면 다음 커맨드를 입력해 새로운 리소스를 생성한다.

```
feathers generate service
```

리소스의 이름을 묻는 질문이 나타나는데 messages로 응답하고 나머지는 모두 기본값을 사용한다.

feathres-cli 를 exit 명령어로 종료시키고 다음 커맨드로 새로운 서버를 시작하자.

```
npm start
```

몇 주 후에 REST 서버가 시작되고 포트 3030으로 요청을 기다리게 된다. 솔직히 이 과정이 힘들다고 말할 수 있을까?

앞의 명령어들은 Feathres 버전 2.0.0을 기준으로 한다. 다른 버전을 사용할 가능성도 충분히 존재하지만 이후 버전을 사용하더라도 마찬가지로 쉬운 과정일 것이다. 다음 링크에서 설치 가이드를 참고하자.
https://feathersjs.com/

다음으로, 서버와 원활하게 통신하는 뷰 애플리케이션을 작성할 것이다. 이제 로컬 환경에서 HTTP서버가 실행 중이므로 HTTP를 안전하지 않은 것으로 간주하고 HTTPS에서만 작동하는 SFiddle을 사용할 수 없다. 앞에서 설명한 다른 방법을 사용하거나 codepen.io과 같은 HTTP 기반의 서비스를 사용할 수도 있다.

스티커 메시지를 관리하는 앱을 작성하는데, 이를 통해 메시지를 추가, 편집, 삭제할 수 있기를 원한다.

HTML을 다음과 같이 입력한다.

```html
<div id="app">
  <h3>Sticky messages</h3>
  <ol>
    <li v-for="message in messages">
      <button @click="deleteItem(message._id)">Delete</button>
      <button @click="edit(message._id, message.text)">
        edit
      </button>
      <input v-model="message.text">
    </li>
  </ol>
  <input v-model="toAdd">
  <button @click="add">add</button>
</div>
```

뷰 인스턴스는 기록된 메시지 목록 그리고 목록에 추가될 임시 메시지를 상태로 가진다.

```javascript
new Vue({
  el: '#app',
  data: {
    messages: [],
    toAdd: ''
  },
})
```

가장 먼저 할 일은 서버에 메시지 목록을 요청하는 것이다. created 후크를 다음과 같이 작성한다.

```
created () {
  axios.get('http://localhost:3030/messages/')
    .then(response => {
      this.messages = response.data.data
    })
},
```

새로운 메시지를 생성하기 위한 메서드를 작성하자. 이 메서드는 add 버튼의 클릭 이벤트
에 바인딩되고 입력 창의 값을 서버로 전송한다.

```
methods: {
  add () {
    axios.post('http://localhost:3030/messages/', {
      text: this.toAdd
    })
      .then(response => {
        if (response.status === 201) {
          this.messages.push(response.data)
          this.toAdd = ''
        }
      })
  }
}
```

마찬가지로 수정과 삭제 메서드도 추가한다.

```
deleteItem (id) {
  console.log('delete')
  axios.delete('http://localhost:3030/messages/' + id)
    .then(response => {
      if (response.status < 400) {
        this.messages.splice(
```

```
          this.messages.findIndex(e => e.id === id), 1)
      }
    })
},
edit (id, text) {
  axios.put('http://localhost:3030/messages/' + id, {
    text
  })
    .then(response => {
      if (response.status < 400) {
        console.info(response.status)
      }
    })
}
```

애플리케이션을 실행하면 스티커 메시지들을 관리할 수 있다.

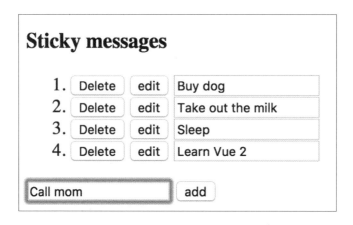

서버와 실제로 통신하고 있음을 확인하고 싶다면 페이지를 새로 고치거나 웹 브라우저를
닫았다가 다시 열어보자. 그래도 메시지는 그대로 남아 있을 것이다.

동작 원리

REST는 REpresentational State Transfer를 의미하며 일부 자원의 상태 표현을 전송한

다. 실제로 우리는 메시지의 상태 표현을 전달하기 위해 일련의 동사를 사용하고 있다.

HTTP 프로토콜을 사용해 다음과 같은 동사를 처리할 수 있다.

동사 (Verbs)	속성	설명
GET	멱등, 안전	리소스의 표현을 반환하기 위해 사용한다.
POST		새로운 리소스를 업로드하기 위해 사용한다
PUT	멱등	기존의 리소스를 업로드하기 위해 사용한다(수정하기 위한 용도).
DELETE	멱등	리소스를 삭제하기 위해 사용한다.

멱등성Idempotent은 동일한 동사를 두 번 사용해도 리소스에는 아무런 변화가 없음을 의미하고, 안전하다는 의미는 리소스에 아무런 변경도 일어나지 않음을 의미한다.

예제에서는 GET 동사를 생성하는 동안 처음에만 사용한다. 다른 작업의 결과로 목록이 변경되는 것을 보는 이유는 단지 프론트엔드에서 서버의 작업 결과를 미러링하기 때문이다.

POST 동사는 목록에 새 메시지를 추가하는 데 사용된다. 스티커 메시지의 텍스트가 같은 경우에도 추가 버튼을 누르면 ID가 다른 새 메시지가 만들어지기 때문에 멱등이 아니다.

편집 버튼을 누르면 PUT이 호출되고 삭제 버튼을 누르면 예상하던 대로 DELETE 동사가 호출된다.

액시오스는 API 메서드 이름에 동사를 사용해 이를 매우 명확하게 만들어준다.

▍ 무한 스크롤링 구현하기

무한 스크롤은 뷰와 AJAX로 가능한 것들의 좋은 예다. 또한 꽤나 잘 알려져 있으며 어떤 종류의 콘텐츠들에 대해서는 상호작용을 향상시킬 수 있다. 무한 스크롤과 함께 작동하는 임의의 단어 생성기를 작성한다.

준비하기

예제에서 액시오스를 사용한다. 설치 방법과 기본 기능들에 알기 위해 '액시오스를 사용해 기초적인 AJAX 요청 전송하기' 레시피를 살펴보자. 그 외에는 특별한 지식을 요구하지 않는다.

구동 방법

앱을 위해 http://www.setgetgo.com/randomword/get.php에서 임의의 단어를 요청할 것이다. 해당 주소를 웹 브라우저에 입력하면 매번 임의의 단어가 표시된다.

전체 페이지는 무한한 단어 목록으로만 구성된다. 다음 HTML을 작성하자.

```
<div id="app">
  <p v-for="word in words">{{word}}</p>
</div>
```

단어의 목록을 사용자가 스크롤을 내릴 때마다 커져야 한다. 그래서 사용자가 페이지 하단에 도착했을 때 이를 파악하고 새로운 단어를 가져오는 두 가지 동작이 필요하다.

사용자가 페이지 하단에 도달했음을 알기 위해 뷰 인스턴스에 메서드를 추가하자.

```
new Vue({
  el: '#app',
  methods: {
    bottomVisible () {
      const visibleHeight = document.documentElement.clientHeight
      const pageHeight = document.documentElement.scrollHeight
      const scrolled = window.scrollY
      const reachedBottom = visibleHeight + scrolled >= pageHeight
      return reachedBottom || pageHeight < visibleHeight
    }
  }
```

```
})
```

페이지가 맨 아래까지 스크롤되거나 페이지의 크기가 웹 브라우저보다 작으면 true를 반환한다.

그런 다음, 이 함수의 결과를 bottom 상태 변수에 바인드하고 사용자가 페이지를 스크롤할 때마다 변수를 업데이트하는 메커니즘을 추가한다. created 후크에서 이것을 수행할 수 있다.

```
created ( ) {
  window.addEventListener('scroll', ( ) => {
    this.bottom = this.bottomVisible( )
  })
}
```

상태는 bottom 변수와 임의의 단어 목록으로 구성된다.

```
data: {
  bottom: false,
  words: []
}
```

이제 배열에 단어를 추가하는 방법이 필요하다. 기존 메서드에 다음 메서드를 추가하자.

```
addWord ( ) {
  axios.get('http://www.setgetgo.com/randomword/get.php')
    .then(response => {
      this.words.push(response.data)
      if (this.bottomVisible( )) {
        this.addWord( )
      }
    })
```

```
}
```

이 메서드는 전체 웹 브라우저를 채울 만큼 페이지에 충분한 단어가 있을 때까지 재귀적으로 호출된다.

이 메서드는 맨 아래에 도달할 때마다 호출돼야 하기 때문에 bottom 변수를 살펴보고 그 값이 참이라면 메서드가 실행된다. 뷰 인스턴스에 data 바로 뒤에 다음 옵션을 추가하자.

```
watch: {
  bottom (bottom) {
    if (bottom) {
      this.addWord()
    }
  }
}
```

또한 앱을 시작하기 위해 created 후크에서 addWord 메서드를 호출할 수 있다.

```
created () {
  window.addEventListener('scroll', () => {
    this.bottom = this.bottomVisible()
  })
  this.addWord()
}
```

애플리케이션을 실행하면 임의의 단어들이 무제한으로 제공되는데 새로운 패스워드를 생성해야 할 때 유용하게 쓸 수 있을 것이다.

동작 원리

이번 레시피에서는 watch 옵션을 사용했는데 다음과 같은 문법을 가진다.

```
watch: {
  'name of sate variable' (newValue, oldValue) {
    ...
  }
}
```

이는 반응형 변수가 변경된 후의 결과에 관심이 없을 때 사용되는데 계산된 속성과 대응한다. 실제로, 우리는 그것을 다른 메서드를 호출하기 위해 사용한다. 우리가 계산 결과에 관심이 있었다면 계산된 속성을 사용했을 것이다.

▌ 요청에 전처리 수행하기

이 레시피는 인터셉터를 사용해 요청이 외부에 나가기 전에 그것을 수정할 수 있는 방법을 알려준다. 이는 서버에 전송하는 모든 요청에 인증 토큰을 포함시키거나 API 수행 방식을 변경하기 위한 단일 지점이 필요한 경우와 같은 경우에 유용하게 사용할 수 있다.

준비하기

이 레시피는 액시오스(액시오스를 사용해 기초적인 AJAX 요청 전송 레시피)를 사용한다. 그 외에도 시연 용도로 작은 양식을 작성하기 때문에 사용자 데이터를 전송 전에 검증 레시피를 완료하고 진행하는 것이 도움이 될 것이다.

구동 방법

이 방법에서는 가상의 댓글 시스템에서 작동하는 욕설 필터를 작성한다. 네티즌 사이에 논쟁을 불러일으킬 수 있는 기사가 당신 웹 사이트에 있다고 가정해보자.

```
<div id="app">
  <h3>Who's better: Socrates or Plato?</h3>
  <p>Technically, without Plato we wouldn't have<br>
  much to go on when it comes to information about<br>
  Socrates. Plato ftw!</p>
```

위의 글 다음에 코멘트 박스를 배치한다.

```
<form>
    <label>Write your comment:</label>
    <textarea v-model="message"></textarea>
    <button @click.prevent="submit">Send!</button>
  </form>
  <p>Server got: {{response}}</p>
</div>
```

서버에서 얻은 응답을 디버깅 용도로 출력하기 위해 양식 뒤에 한 줄을 추가했다.

뷰 인스턴스에서는 서버에 댓글을 보내기 위한 모든 관련 코드를 작성한다. 예제에서는 다른 링크에서 실제 서버처럼 동작하는 가짜 REST 인터페이스를 사용한다.

http://jsonplaceholder.typicode.com/comments

다음은 제출 버튼을 눌렀을 때 트리거되는 submit 메서드다.

```
methods: {
  submit () {
    axios.post('http://jsonplaceholder.typicode.com/comments',
    {
      body: this.message
    }).then(response => {
      this.response = response.data
    })
  }
}
```

뷰 인스턴스의 상태는 두 가지 변수만을 가진다.

```
data: {
  message: '',
  response: '...'
}
```

평소와 같이 애플리케이션의 `<div>` 태그에 마운팅한다.

```
new Vue({
  el: '#app',
...
```

인스턴스가 마운트되면 액시오스에 필터를 설치하려고 한다. 이를 위해 뷰의 mounted 후
크를 사용한다.

```
mounted () {
  axios.interceptors.request.use(config => {
    const body = config.data.body.replace(/punk/i, '***')
    config.data.body = body
    return config
  })
}
```

애플리케이션을 실행하고 악플을 작성하면 어떤 일이 일어나는지 확인해보자.

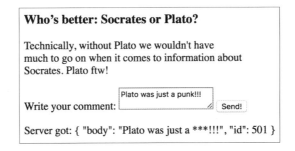

동작 원리

마운트된 후크에서는 우리가 잘 알고 있는 인터셉터를 설치한다. 특히 외부에 요청이 전송되기 전에 그것을 조작하고 처리할 수 있는 리퀘스트 인터셉터다.

```
axios.interceptors.request.use(config => {
  const body = config.data.body.replace(/punk/i, '***')
  config.data.body = body
  return config
})
```

config 객체에서 많은 것들을 수정할 수 있다. 이곳에는 HTTP 헤더와 URL 매개변수가 들어 있고 액시오스 설정 변수들도 포함돼 있다. 액시오스의 공식 문서에서 최신 목록을 확인할 수 있다.

예제에서는 POST 요청으로 전송된 데이터를 검사해 금지 단어가 포함돼 있는지 확인한다. 이 경우 별표로 대체된다. 최종적으로 현재 요청에 대해 새로운 config 객체가 반환된다.

▌ XSS 공격을 방지하기

보안에 대해 고려하지 않은 상태에서 애플리케이션을 작성하면 필연적으로 취약점들이 발생할 수 있는데, 특히 웹에서 앱이 실행되는 경우에는 더욱 그렇다. XSS(크로스 사이트 스크립팅, Cross Site Scripting)는 요즘 가장 보편적인 보안 관련 문제 중 하나다. 보안 전문가가 아니더라도 XSS가 뷰 애플리케이션에서 작동하는 방식과 이를 방지하는 방법을 알고 있어야 한다.

준비하기

이번 레시피는 액시오스 이외에는 다른 사전 지식을 필요하지 않다. 액시오스의 설치 방법과 더 자세한 내용은 '액시오스를 사용해 기초적인 AJAX 요청 전송하기' 레시피에서 찾을 수 있다.

구동 방법

맨 처음에 해야 할 일은 백엔드 서버에서 CSRF 토큰을 제공하는 방법을 찾는 것이다(자세한 내용은 다음 단락에서 설명한다). 서버가 웹 브라우저에 XSRF-TOKEN이라는 이름으로 쿠키를 저장한다고 가정한다.

> document.cookie = 'XSRF-TOKEN = abc123' 명령으로 쿠키를 설정해 서버 응답을 시뮬레이션할 수 있다(개발자 콘솔에서).

액시오스는 이러한 쿠키를 자동으로 읽고 다음 요청에 같이 전송한다.

다음과 같이 액시오스 GET 요청을 수행한다고 가정해보자.

```
methods: {
  sendAllMoney () {
    axios.get('/sendTo/'+this.accountNo)
  }
}
```

액시오스가 해당 쿠키를 선택하고 요청에 X-XSRF-TOKEN이라는 새 헤더를 추가한다. 크롬의의 개발자 도구의 네트워크 탭에서 요청의 이름을 클릭하면 이러한 헤더를 볼 수 있다.

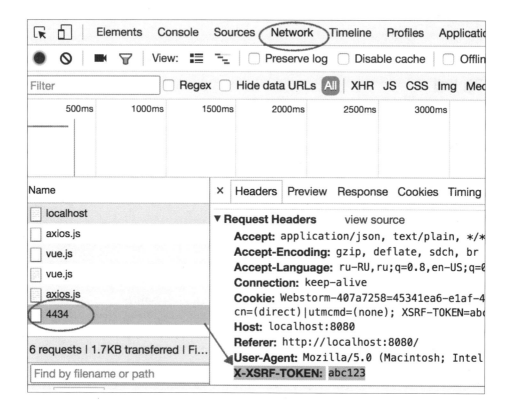

동작 원리

XSS 공격을 방지하려면 사용자 입력이 앱에 코드로 나타날 수 없도록 해야 한다. 즉, v-html 속성('원본 HTML 출력' 레시피) 사용에 대해 매우 신중하게 접근해야 한다.

불행히도 페이지 외부에서 일어나는 일을 제어할 수는 없다. 사용자 중 한 명이 애플리케이션의 작업에 해당하는 링크가 포함된 가짜 이메일을 받고 내용의 링크를 클릭하면 해당 작업이 트리거된다.

구체적인 예를 들어보자. 당신은 금융 앱인 *VueBank*를 개발했고 앱 사용자는 다음과 같은 가짜 이메일을 받는다.

Hello user!
Click here to read the latest news.

보시다시피 메일은 애플리케이션과 관련이 없으며 메일의 하이퍼 링크는 메일 자체의 HTML에 숨어 있다. 실제로는 http://vuebank.com?give_all_my_money_to_account=754839534 주소를 가리킨다.

사용자가 VueBank에 로그인돼 있다면, 링크가 즉시 작동할 수도 있다. 그러면 우리 계좌에 좋지 않은 일이 일어나게 된다.

이러한 종류의 공격을 방지하려면 백엔드에 CSRF^{Cross Site Request Forgery} 토큰을 생성시켜야 한다. 우리는 토큰을 가져와 요청을 따라 보내 사용자로부터의 요청임을 증명한다. 앞의 링크는 다음과 같이 변경된다.

---

http://vuebank.com?give_all_my_money_to_account=754839534&csrf=s83Rnj.

토큰은 매번 무작위로 생성되기 때문에 공격자가 서버가 웹 페이지에 부여한 토큰을 알아내지 못하고 결과적으로 메일의 링크를 동작하도록 위조할 수 없다.

뷰 에서는 액시오스를 사용해 토큰을 전송한다. 보통은 토큰을 URL 링크의 일부로 보내지 않고 요청 헤더에 보낸다. 사실, 액시오스가 알아서 이런 작업들을 처리하며 자동으로 다음 요청에 토큰을 삽입한다.

axios.defaults.xsrfCookieName 변수를 설정해 액시오스가 선택할 쿠키의 이름을 변경할 수 있으며 axios.defaults.xsrfHeaderName 변수에서 작동하는 토큰을 반환할 헤더의 이름을 편집할 수 있다.

06

단일 페이지 애플리케이션

이 장에서는 다음 레시피들을 다룬다.

- vue-router를 사용해 SPA 만들기
- 라우트 전환 전에 데이터 가져오기
- 이름을 가진 동적 라우트 사용하기
- 페이지에 router-view 하나 이상 배치하기
- 계층적으로 라우트 구성하기
- 라우트 별칭 사용하기
- 라우트 사이에 전환 추가하기
- 라우트 오류 관리하기
- 로딩 페이지에 프로그레스 바 추가하기

- 다른 라우트로 리다이렉션하기
- 뒤로 가기 버튼이 눌렸을 때 스크롤 위치 저장하기

소개

최근 많은 수의 애플리케이션은 단일 페이지 애플리케이션Single Page Application, SPA 모델을 기반으로 한다. 사용자 관점에서 볼 때 이것은 전체 웹 사이트가 하나의 페이지만을 갖는 애플리케이션과 유사하게 보여짐을 의미한다.

제대로 개발됐다면 전체 웹 사이트가 하나의 페이지기 때문에 새로운 페이지를 로드할 필요가 없고, 이것이 사용자의 대기 시간을 줄여줘 사용자 경험을 향상시킬 수 있는 장점이 있다. 페이스북, 미디엄, 구글 및 기타 여러 웹 사이트도 이런 방식을 사용한다.

URL은 더 이상 HTML 페이지를 가리키지 않지만 애플리케이션의 특정 상태(다른 페이지처럼 보임)로 연결된다. 좀 더 구체적인 예를 들면 애플리케이션이 `index.html` 페이지 내부에 존재한다고 가정했을 때 특정 인물에 대한 정보를 요청하는 사용자는 `index.html`로 리다이렉팅된다.

그리고 이어지는 페이지에서는 URL의 접미사를 해석해 이를 라우트로 해석하고, 이것은 차례로 약력 정보가 있는 페이지와 같은 컴포넌트를 생성할 것이다.

vue-router를 사용해 SPA 만들기

뷰JS는 핵심 플러그인 중 하나인 vue-router를 통해 SPA 패턴을 구현한다. vue-router의 모든 경로 URL은 컴포넌트에 해당한다. 사용자가 특정 URL로 이동할 때의 작동 방식을 컴포넌트의 측면에서 vue-router에게 알려준다. 즉, 이 새로운 시스템의 모든 컴포넌트는 SPA 이전 시스템에서 페이지에 해당한다.

준비하기

이 레시피에서는 vue-router를 설치할 것이기 때문에 뷰 컴포넌트에 대한 지식만 있으면 된다.

vue-router를 설치하려면 다음 링크의 가이드를 따라 하자.

https://router.vuejs.org/en/installation.html

JSFiddle을 사용하는 경우 https://unpkg.com/vue-router/dist/vue-router.js와 같은 링크를 추가할 수 있다.

구동 방법

레스토랑을 위한 최신의 웹 사이트를 준비하고 있으며 SPA 패턴을 적용한다.

웹 사이트는 홈페이지, 레스토랑 메뉴^{Menu}, 바 메뉴^{Bar}, 세 가지의 페이지로 구성된다.

전체 HTML은 다음과 같다.

```
<div id="app">
 <h1>Choppy's Restaurant</h1>
 <ul>
  <li>Home</li>
  <li>Menu</li>
  <li>Bar</li>
 </ul>
 <router-view></router-view>
</div>
```

<router-view> 컴포넌트는 vue-router의 진입점인데 컴포넌트가 페이지로 표시되는 곳이다.

〈li〉 엘리먼트는 링크가 될 것이다. 현재는 리스트 엘리먼트일 뿐이다. 그것들을 링크로 변환하기 위해 두 가지 다른 구문을 사용할 수 있다. 다음 줄과 같이 첫 번째 링크를 감싸 도록 하자.

```
<li><router-link to="/">Home</router-link></li>
```

다른 것도 다음과 같이 감싸준다.

```
<li><router-link to="/menu">Menu</router-link></li>
```

바의 메뉴는 또 다른 접근 방법을 사용해볼 수 있다.

```
<li>
 <router-link
  tag="li" to="/bar"
   :event="['mousedown', 'touchstart']"
  >
  <a>Bar</a>
 </router-link>
</li>
```

좀 더 장황하지만 명확한 이 구문을 사용하면 사용자 지정 이벤트를 특정 라우팅에 바인 딩할 수 있다.

뷰가 vue-router 플러그인을 사용하도록 자바스크립트 영역에 다음을 작성하자.

```
Vue.use(VueRouter)
```

앞서 소개한 세 가지 페이지는 자바스크립트 영역에 추가된 다음 3개의 더미 컴포넌트로 그려진다.

```
const Home = { template: '<div>Welcome to Choppy's</div>' }
const Menu = { template: '<div>Today we have cookies</div>' }
const Bar = { template: '<div>We serve cocktails</div>' }
```

마지막으로 라우터를 생성하는데, 코드는 다음과 같다.

```
const router = new VueRouter({})
```

이 라우터는 많은 일을 하지 않는다. 라우트(URL에 해당)와 관련 컴포넌트를 추가해야
한다.

```
const router = new VueRouter({
 routes: [
  { path: '/', component: Home },
  { path: '/menu', component: Menu },
  { path: '/bar', component: Bar }
 ]
})
```

애플리케이션이 거의 다 완성됐다. 간단한 vue 인스턴스만 선언하면 된다.

```
new Vue({
 router,
 el: '#app'
})
```

이것으로 애플리케이션이 작동할 것이다. 구동하기 앞서 다음 CSS 규칙을 추가해 반응성
을 더해주자.

```
a.router-link-active, li.router-link-active>a {
 background-color: gainsboro;
```

```
}
```

앱을 열고 바의 링크를 클릭하자. 그럼 다음과 같은 화면을 볼 수 있을 것이다.

Choppy's Restaurant

- <u>Home</u>
- <u>Menu</u>
- <u>Bar</u>

We serve cocktails

동작 원리

프로그램은 먼저 vue-router를 플러그인으로 등록한다. vue-router는 라우트(URL의 일부)를 등록하고 각 라우트에 컴포넌트를 연결한다.

애플리케이션을 첫 번째로 방문하면 웹 브라우저의 URL(iframe 내부에 있기 때문에 JSFiddle 내부에서 변경된 것을 볼 수 없음)은 index.html/#/로 끝나는 것을 볼 수 있다. 해시 기호 뒤의 모든 것이 vue-router의 라우트다. 이 경우 슬래시(/)만이 해당하며 첫 번째 홈 라우트와 일치한다.

링크를 클릭하면 해당 라우트와 연관된 컴포넌트에 따라 `<router-view>`의 내용이 변경된다.

추가 정보

눈치 빠른 독자는 잠재적인 버그를 발견했을 것이다. 이는 애플리케이션을 실행하기 전에 몇 가지 CSS 스타일을 추가했기 때문이다. 즉, router-link-active 클래스는 페이지가 실제로 가리키는 링크에 해당될 때마다 <router-link> 컴포넌트에 자동으로 주입된다.

메뉴 와 바 메뉴를 클릭하면 배경색은 변경되지만 아직도 홈 링크에 선택된 것처럼 보인다. 이것은 <router-link> 컴포넌트가 선택자와 정확히 일치하지 않기 때문이다. 즉, /bar 및 /menu에도 슬래시가 포함됐으므로 항상 일치한다.

빠르게 이것을 수정하기 위해 첫 번째 <router-link>에 exact 속성을 추가한다.

```
<li><router-link to="/" exact>Home</router-link></li>
```

이제 Home 링크는 라우트가 홈페이지 링크와 정확히 일치할 때만 강조될 것이다.

한 가지 더 주목해야 할 것은 규칙 그 자체다.

```
a.router-link-active, li.router-link-active>a {
  background-color: gainsboro;
}
```

왜 두 가지 다른 선택자를 정의하고 있을까? 당신이 라우터 링크를 작성하는 방법에 따라 적용되는 규칙이 다르다.

```
<li><router-link to="/" exact>Home</router-link></li>
```

앞의 코드는 다음과 같은 DOM으로 해석된다.

```
<li><a href="#/" class="router-link-active">Home</a></li>
```

반면, 다음 컴포넌트는

```
<router-link tag="li" to="/" exact>Home</router-link>
```

이와 같이 해석된다.

```
<li class="router-link-active">Home</li>
```

첫 번째 경우에 클래스가 어떻게 자식 앵커 엘리먼트에 적용되는지 주목하자. 두 번째 경우에는 부모 엘리먼트에 적용된다.

라우트 전환 전에 데이터 가져오기

이전 버전의 뷰에는 라우트를 변경하기 전에 인터넷에서 데이터를 가져오는 전용 메서드가 존재했다. 뷰 2를 사용하면 라우트를 전환하기에 앞서 이런 작업들을 포함한 다른 작업들까지 다룰 수 있는 좀 더 일반적인 메서드가 제공된다.

준비하기

이 레시피를 완료하려면 vue-router의 기본 사항과 AJAX 요청 수행 방법을 이미 알고 있어야 한다(자세한 내용은 이전 장 참조).

구동 방법

홈페이지와 자기 소개 페이지의 두 페이지로 구성된 간단한 웹 포트폴리오를 작성한다.

이 레시피에서는 액시오스를 의존성으로 추가해야 한다.

기본 레이아웃은 다음 HTML 코드를 보면 확실히 알 수 있다.

```
<div id="app">
 <h1>My Portfolio</h1>
 <ul>
  <li><router-link to="/" exact>Home</router-link></li>
  <li><router-link to="/aboutme">About Me</router-link></li>
 </ul>
 <router-view></router-view>
</div>
```

자바스크립트에는 **AboutMe** 컴포넌트 작성을 시작한다.

```
const AboutMe = {
 template: `<div>Name:{{name}}<br>Phone:{{phone}}</div>`
}
```

이름과 전화번호만 표시된다. 다음과 같이 컴포넌트의 데이터 옵션에 두 변수를 선언하자.

```
data () {
 return {
  name: undefined,
  phone: undefined
 }
}
```

vue-router는 실제로 화면에 컴포넌트를 로드하기 전에 *beforeRouteEnter*라는 객체에서 옵션을 찾는데 이것을 사용해 서버에서 이름과 전화번호를 불러온다. 예제에서 사용하는 서버는 다음과 같이 무언가를 표시할 목적으로 가공된 데이터를 제공한다.

```
beforeRouteEnter (to, from, next) {
 axios.post('https://schematic-ipsum.herokuapp.com/', {
  "type": "object",
  "properties": {
```

```
    "name": {
     "type": "string",
     "ipsum": "name"
    },
    "phone": {
     type": "string",
     "format": "phone"
    }
  }
}).then(response => {
 next(vm => {
  vm.name = response.data.name
  vm.phone = response.data.phone
 })
})
}
```

홈페이지를 위한 또 다른 컴포넌트는 자리를 잡아두기 위한 정도로만 작성해둔다.

```
const Home = { template: '<div>This is my home page</div>' }
```

다음은 라우터와 그 경로들을 등록해야 한다.

```
Vue.use(VueRouter)
const router = new VueRouter({
 routes: [
  { path: '/', component: Home },
  { path: '/aboutme', component: AboutMe },
 ]
})
```

물론 다음과 같은 뷰의 루트 인스턴스 또한 등록해야 한다.

```
new Vue({
```

```
  router,
  el: '#app'
})
```

애플리케이션을 실행하고 About Me 링크를 클릭하면 다음 화면을 볼 수 있다.

My Portfolio

- Home
- About Me

This is my home page

링크를 클릭해도 새로운 페이지가 리로딩되지 않는 것을 알 수 있는데 그러나 여전히 자기 소개를 출력하기 전까지 조금 시간이 걸린다. 이것은 데이터를 인터넷을 통해 가져오기 때문이다.

동작 원리

beforeRouteEnter 후크는 세 가지 매개변수를 입력으로 받는다.

- to: 사용자가 요청한 경로를 나타내는 Route 객체
- from: 현재 경로를 나타내는 Route 객체고, 오류가 발생했을 때 머물게 될 라우트
- next: 라우트 전환이 준비됐을 때 사용할 수 있는 함수다. 이 함수를 false 값으로 호출하면 라우트가 변경되지 않으며 이는 오류가 발생했을 때 유용하다.

예제에서는 함수가 실행될 때 액시오스를 사용해 이름과 전화번호 문자열을 제공하는 웹 서비스를 호출했다.

후크의 내부에서 this에 접근할 수 없다는 것을 알아야 한다. 컴포넌트가 실제로 인스턴스화되기 전에 해당 후크가 실행되므로 this를 참조할 수 없다.

서버가 응답했을 때 then 함수 내부에서 서버로부터 반환된 이름과 전화번호를 할당하려고 하지만, 앞서 말했듯이 this에 접근할 수 없는데 next 함수는 컴포넌트에 대한 참조를 인수로 가진다. 변수를 수신된 값으로 설정하기 위해 이것을 사용한다.

```
...
}).then(response => {
 next(vm => {
  vm.name = response.data.name
  vm.phone = response.data.phone
 })
})
```

▌ 이름을 가진 동적 라우트 사용하기

모든 라우트를 수동으로 등록하는 일은 많은 시간이 필요할 수 있으며 사전에 경로를 모른다면 등록이 불가능하다.

vue-router는 인자들과 함께 경로를 등록하게 해 데이터베이스에 존재하는 모든 객체들에 대한 링크들을 가질 수 있게 한다. 그리고 사용자가 라우트를 선택할 수 있는 경우 너무 많은 라우트들이 존재하기 때문에 특정 패턴을 따른다면 라우트를 일일이 등록해주기 힘든 경우에도 처리할 수 있다.

준비하기

이번 레시피를 위해서는 vue-router에 관한 기본적인 이해('vue-router를 사용해 SPA 만들기' 레시피 참조)를 제외하고는 추가 지식은 필요하지 않다.

구동 방법

열 가지의 서로 다른 음식을 제공하는 온라인 레스토랑을 열 것이다. 모든 음식들에 대해 라우트를 생성한다.

웹 사이트의 HTML 레이아웃은 다음과 같다.

```
<div id="app">
 <h1>Online Restaurant</h1>
 <ul>
  <li>
   <router-link :to="{ name: 'home' }" exact>
    Home
   </router-link>
  </li>
  <li v-for="i in 10">
   <router-link :to="{ name: 'menu', params: { id: i } }">
    Menu {{i}}
   </router-link>
  </li>
  </ul>
 <router-view class="view"></router-view>
</div>
```

이것은 11개의 링크를 생성하는데, 하나는 홈페이지를 위한 것이고 나머지는 음식들을 위한 것이다.

자바스크립트 영역에서 VueRouter를 등록한 후의 코드는 다음과 같다.

```
Vue.use(VueRouter)
```

컴포넌트 2개를 생성하는데 그중 하나는 홈페이지의 위치를 잡아주는 역할을 할 것이다.

```
const Home = { template: `
 <div>
  Welcome to Online Restaurant
 </div>
` }
```

다른 라우트는 Menu 컴포넌트와 연결된다.

```
const Menu = { template: `
 <div>
  You just ordered
  <img :src="'http://lorempixel.com/200/200/food/' + $route.params.id">
 </div>
` }
```

이 컴포넌트에서 전역 $route를 사용해 전역 라우터 객체를 참조하는데 URL에서 id 변수를 취한다. Lorempixel.com은 단순한 이미지를 제공하는 웹 사이트다. 모든 id마다 서로 다른 이미지에 접속하고 있다.

마지막으로 다음 코드로 라우터 자체를 생성한다.

```
const router = new VueRouter({
 routes: [
  { path: '/', name:'home', component: Home },
  { path: '/menu/:id', name: 'menu', component: Menu },
 ]
})
```

메뉴를 위한 경로는 /:id를 포함하고 있는 것을 알 수 있는데 이것은 URL에 나타나는 ID

인자의 플레이스 홀더다.

마지막으로 루트 뷰 인스턴스를 생성한다.

```
new Vue({
  router,
  el: '#app'
})
```

애플리케이션을 실행하면 모든 음식 메뉴들을 볼 수 있을 것이다. 그 중에 아무것이나 클릭해도 서로 다른 메뉴들이 제공돼야 한다.

동작 원리

예제에는 서로 다른 음식들의 라우트를 생성하는 데 중요한 역할을 하는 부분이 두 군데 존재한다.

첫째, 다음 코드에 보이는 것처럼 콜론(:) 문법으로 제네릭 라우트를 등록하고 이름을 붙였다.

```
{ path: '/menu/:id', name: 'menu', component: Menu }
```

만약 /menu/82와 같은 URL이 존재한다면 Menu 컴포넌트는 $route.params.id 변수가 82로 설정된 상태로 표시된다. 그래서 다음과 같이 변경될 것이다.

```
<img :src="'http://lorempixel.com/200/200/food/' + $route.params.id">
```

이전 예제는 렌더링된 DOM에서 다음과 같이 보이게 된다.

```
<img src="'http://lorempixel.com/200/200/food/82">
```

실제 이미지와 같은 메뉴가 존재하지 않는 것에는 신경 쓰지 말자.

이 라우트에도 이름을 부여한 것에 유의하자. 반드시 필요한 것은 아니지만 그로 인해 다음에 나오는 두 번째 중요 부분을 작성할 수 있었다.

```
<router-link :to="{ name: 'menu', params: { id: i } }">
 Menu {{i}}
</router-link>
```

문자열을 작성하는 대신 객체를 prop로 전달해 인자를 특정할 수도 있었다. 예제의 경우, 매개변수는 v-for로 감싸 전달된다. 예를 들면, v-for의 네 번째 반복문의 결과는 다음과 같다.

```
<router-link :to="{ name: 'menu', params: { id: 4} }">
 Menu 4
</router-link>
```

렌더링된 DOM은 다음과 같다.

```
<a href="#/menu/4" class="">Menu 4</a>
```

▐ 페이지에 router-view 하나 이상 배치하기

한 페이지에 <router-view> 컴포넌트를 여러 개 보유하면 좀 더 복잡한 레이아웃을 구성하는 것도 가능하다. 예를 들어 사이드 바와 메인 뷰를 가질 수 있는데 이것이 이번 레시피에서 다루는 내용이다.

준비하기

이 레시피는 어려운 개념을 포함하지 않는다. 그러나 vue-router의 설치 방법과 사용법에 익숙해지기를 권한다. 이번 장의 첫 번째 레시피로 이동해 자세한 정보를 얻도록 하자.

구동 방법

이번 레시피에서는 목적지에 도착하기 위해 많은 코드를 필요로 한다. 그래도 작동 원리는 간단하니 겁먹지 말자.

중고 물품 거래 사이트를 작성할 것이다. 이 사이트는 메인 뷰와 사이드 바로 구성되는데 이것들은 router-views의 모음으로 구성된다. 사이드 바는 우리가 쇼핑하고 있는 상품들을 알 수 있도록 해주는 것 이외에는 다른 기능이 없다.

전체 HTML 코드는 꽤나 짧은데, 그 이유는 제목과 router-view 컴포넌트 2개만을 포함하기 때문이다.

```
<div id="app">
 <h1>Second-Hand Hardware</h1>
  <router-view name="list"></router-view>
  <router-view></router-view>
</div>
```

예제에서는 list는 이름을 갖는 라우트다. 두 번째는 이름을 갖고 있지 않기 때문에 뷰가 이름을 default로 부여한다.

자바스크립트 영역에 vue-router를 등록한다.

```
Vue.use(VueRouter)
```

그리고 라우트들을 등록한다.

```
const router = new VueRouter({
 routes: [
  { path: '/',
   components: {
    default: Parts,
    list: List
   }
  },
  { path: '/computer',
   components: {
```

320

```
      default: ComputerDetail,
      list: List
    }
  }
 ]
})
```

라우터의 컴포넌트는 더 이상 단일 객체가 아니라 2개의 컴포넌트들을 포함하고 있는데 하나는 list이고, 다른 것은 default다.

설명한 대로 list 컴포넌트를 작성하고 router 코드 이전에 위치시킨다.

```
const List = { template: `
 <div>
  <h2>Shopping List</h2>
   <ul>
    <li>Computer</li>
   </ul>
 </div>
` }
```

이 코드는 사야 할 제품의 목록으로 컴퓨터를 보여줄 것이다.

Parts 컴포넌트는 다음과 같이 작성하고 router 코드보다 앞에 위치시킨다.

```
const Parts = { template: `
 <div>
  <h2>Computer Parts</h2>
  <ul>
   <li><router-link to="/computer">Computer</router-link></li>
   <li>CD-ROM</li>
  </ul>
 </div>
` }
```

이 컴포넌트는 판매 중인 컴퓨터의 상세 정보에 대한 링크를 포함하고 있다. 다음 컴포넌트는 상세 페이지에 바인딩한 대로 router 코드보다 앞에 작성하자.

```
const ComputerDetail = { template: `
 <div>
  <h2>Computer Detail</h2>
  <p>Pentium 120Mhz, CDs sold separately</p>
 </div>
` }
```

물론 뷰 인스턴스를 추가하는 것도 잊지 말자.

```
new Vue({
 router,
 el: '#app'
})
```

앱을 실행하면 2개의 라우터 뷰가 위아래로 분리돼 보여진다. 양 옆으로 나눠 보여주고 싶다면 CSS 스타일을 추가하자.

Second Hand Hardware

Shopping List

- Computer

Computer Parts

- Computer
- CD-ROM

동작 원리

<router-view> 컴포넌트를 페이지에 추가할 때는 라우트 등록 시에 참조하기 위해 이름을 지정해야 함을 잊지 말자.

```
<router-view name="view1"></router-view>
<router-view name="view2"></router-view>
<router-view></router-view>
```

이름을 지정하지 않으면 라우트는 default로 참조될 것이다.

```
routes: [
 { path: '/',
  components: {
   default: DefaultComponent,
   view1: Component1,
   view2: Component2
  }
 }
]
```

이와 같은 방법으로 컴포넌트는 그에 상응하는 router-view 엘리먼트에 표시될 것이다.

 이름이 지정된 뷰에 한 가지 이상의 컴포넌트를 지정하지 않는다면 해당 이름의 router-view는 텅빈 상태가 된다.

▌계층적으로 라우트 구성하기

많은 경우에 웹 사이트의 표시되는 조직도는 복잡해질 수 있다. 계층적인 조직이 존재하는 몇몇 경우에는 vue-router가 중첩된 라우트들 사이를 질서 있게 이동할 수 있도록 도와준다.

최적의 상황은 URL 구성된 방식과 컴포넌트의 중첩 방식이 정확히 일치하는 경우다.

준비하기

이번 레시피에서는 컴포넌트와 뷰의 다른 일반적인 기능들을 사용할 것이다. 동적인 라우트도 사용하게 된다. '이름을 가진 동적 라우트 사용하기' 레시피로 이동해 좀 더 자세히 알아보자.

구동 방법

이번에는 가상 세계를 위한 온라인 회계 사이트를 작성할 것이다. 사이트는 스타크와 라니터, 두 명의 사용자를 갖는데 각각의 사용자가 얼마나 많은 금과 병사들을 소유하고 있는지 보여줄 것이다.

웹 사이트의 HTML 레이아웃은 다음과 같다.

```
<div id="app">
 <h1>Kindoms Encyclopedia</h1>
 <router-link to="/user/Stark/">Stark</router-link>
 <router-link to="/user/Lannister/">Lannister</router-link>
 <router-view></router-view>
</div>
```

위 HTML에는 각각 스타크와 라니스터 가문을 위한 2개의 링크와 router-view 컴포넌트가 존재한다.

VueRouter를 플러그인에 추가한다.

```
Vue.use(VueRouter)
```

그리고 라우트들을 등록한다.

```
const router = new VueRouter({
 routes: [
  { path: '/user/:id', component: User,
   children: [
    {
     path: 'soldiers',
     component: Soldiers
    },
    {
     path: 'gold',
     component: Gold
    }
   ]
  }
 ]
})
```

위 코드에서는 동적인 라우트인 /user/:id를 등록하는데 User 컴포넌트 내부에는 또 다른 router-view 컴포넌트가 존재해 금과 병사들을 위해 중첩된 경로들을 갖게 될 것이다.

언급됐던 세 가지 컴포넌트들을 다음과 같이 작성하고 router보다 이전에 위치시킨다.

```
const User = { template: `
 <div class="user">
  <h1>Kindoms Encyclopedia</h1>
  User {{$route.params.id}}
  <router-link to="gold">Gold</router-link>
  <router-link to="soldiers">Soldiers</router-link>
  <router-view></router-view>
 </div>
```

```
`}
```

기대했던 대로 User 컴포넌트의 내부에 또 다른 **router-view** 진입점이 존재하는데 중첩된 라우트 컴포넌트들을 포함하고 있다.

그리고 Soldiers와 Gold 컴포넌트를 작성하는데 언제나처럼 router 코드 이전에 위치시킨다.

```
const Soldiers = { template: `
 <div class="soldiers">
  <span v-for="soldier in $root[$route.params.id].soldiers">
🗡️
  </span>
 </div>
`}
const Gold = { template: `
  div class="gold">
  <span v-for="coin in $root[$route.params.id].gold">
💰
  </span>
 </div>
`}
```

이 컴포넌트들은 뷰 루트 인스턴스 내부의 data 옵션에 제공되는 gold, soldiers 변수의 크기만큼 이모티콘을 출력할 것이다.

다음은 뷰 루트 인스턴스의 코드다.

```
new Vue({
 router,
 el: '#app',
 data: {
  Stark: {
   soldiers: 100,
```

```
  gold: 50
 },
 Lannister: {
  soldiers: 50,
  gold: 100
 }
 }
})
```

애플리케이션을 구동하면 두 사용자의 소유한 금과 병사의 시각적인 표현을 볼 수 있을 것이다.

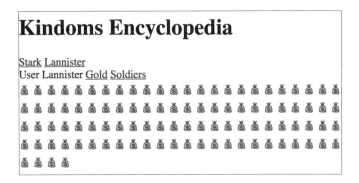

동작 원리

다음 다이어그램을 보면 중첩된 라우트가 어떻게 작동하는지 좀 더 잘 이해할 수 있을 것이다.

예제에서는 두 단계만이 존재한다. 가장 상위인 첫 번째 단계는 /user/:id 라우트와 일치하는 커다란 사각형으로 표현되고 있으며, 동일한 ID를 갖는 모든 가능한 매칭들은 동일한 레벨에 위치한다는 것을 나타낸다.

반면, 내부의 사각형은 중첩된 라우트와 중첩된 컴포넌트를 나타낸다. 그것은 각각 gold 라우트와 Gold 컴포넌트에 대응된다.

중첩된 라우트가 중첩된 컴포넌트에 대응될 때는 이 방법이 잘 동작할 것이다. 고려해야 하는 경우의 수가 두 가지 더 존재한다.

중첩된 컴포넌트는 존재하지만 중첩된 라우트는 없다면 슬래시(/) 기호를 사용해 중첩된 라우트를 앞에 붙일 수 있다. 슬래시는 최상위 라우트로 동작할 것이다.

예를 들어 다음과 같이 코드를 변경했다고 가정해보자.

```
const router = new VueRouter({
 routes: [
  { path: '/user/:id', component: User,
   children: [
    {
     path: 'soldiers',
     component: Soldiers
    },
    {
     path: '/gold',
     component: Gold
    }
   ]
  }
 ]
})
```

/gold 라우트와 같이 사용하면 /user/Lannister/gold 대신 /gold로 이동했을 때 Gold 컴포넌트가 출력된다(사용자가 특정되지 않았기 때문에 에러가 발생하고 빈 페이지가 보일 것이다).

또 다른 반대의 경우는 중첩된 라우트는 존재하지만 동일한 단계에 컴포넌트가 존재하지 않을 때다. 이런 경우에는 라우트를 등록하기 위해 일반적인 문법을 사용한다.

▌라우트 별칭 사용하기

때로는 동일한 페이지를 가리키는 여러 개의 URL이 필요하다. 페이지의 이름이 변경됐거나 사이트 내의 다른 영역에서 다른 방법으로 참조됐기 때문일 것이다.

특히 페이지의 이름이 변경됐을 때 여러 설정에 걸쳐 존재하는 기존 이름들도 그대로 작동하는 것도 중요하다. 그렇지 않다면 링크가 깨지거나 웹 사이트의 특정 부분에서 접근할 수 없는 페이지가 생길 수도 있다. 이번 레시피에는 정확히 그러한 현상들을 방지할 것이다.

준비하기

이번 레시피에서는 vue-router에 대한 약간의 지식만 필요로 한다(설치 방법과 기본 연산들)

vue-router에 대한 정보는 vue-router를 사용해 SPA 만들기 레시피에서 찾을 수 있다.

구동 방법

패션 웹 사이트를 운영하고 있다고 가정해보자. 드레스에 이름을 짓는 직원인 리사는 두 가지 의류에 대해 각각 새로운 링크를 생성한다.

```
<router-link to="/green-dress-01/">Valentino</router-link>
<router-link to="/green-purse-A2/">Prada</router-link>
```

개발자는 상응하는 라우트를 vue-router에 생성한다.

```
const router = new VueRouter({
 routes: [
  {
   path: '/green-dress-01',
   component: Valentino01
  },
  {
   path: '/green-purse-A2',
   component: PradaA2
  }
 ]
})
```

그 뒤에 두 제품이 녹색이 아니라 빨간색이라는 것이 밝혀졌다. 리사는 색맹이기 때문에 죄가 없다.

이제 당신이 상품 목록의 링크를 변경해야 하는 책임을 맡게 됐다. 첫 번째로 할 일은 링크 자체를 수정하는 것이다. 당신이 수정하고 난 후의 HTML 레이아웃은 다음과 같다.

```
<div id="app">
 <h1>Clothes Shop</h1>
 <router-link to="/red-dress-01/">Valentino</router-link>
 <router-link to="/red-purse-A2/">Prada</router-link>
 <router-view></router-view>
</div>
```

VueRouter 플러그인을 Vue에 추가한다.

그리고 새로운 routes를 별칭과 함께 등록해준다.

```
const router = new VueRouter({
 routes: [
  {
   path: '/red-dress-01',
```

```
    component: Valentino01,
    alias: '/green-dress-01'
   },
   {
    path: '/red-purse-A2',
    component: PradaA2,
    alias: '/green-purse-A2'
   }
  ]
})
```

코드에서 언급된 컴포넌트는 다음과 같다.

```
const Valentino01 = { template: '<div class="emoji"> 💃 </div>' }
const PradaA2 = { template: '<div class="emoji"> 👜 </div>' }
```

앱을 실행하기 전에 Vue 인스턴스를 생성하는 것을 잊지 말자.

```
new Vue({
 router,
 el: '#app'
})
```

이모티콘을 이미지처럼 보이기 위해 CSS 규칙을 추가한다.

```
.emoji {
 font-size: 3em;
}
```

동작 원리

모든 링크들을 다 수정해도 페이지에 연결돼 있는 다른 주체들을 제어할 수는 없다. 구글과 같은 검색 엔진에게 예전 링크를 삭제하고 새로운 것을 사용해 달라고 요청할 수 있는 방법이 존재하지 않는다.

이것은 우리가 별칭alias을 사용하지 않으면 깨진 링크 또는 404 페이지로 인해 광고에 좋지 않은 영향을 미친다는 뜻이다. 어떤 경우에는 돈을 지불하고 있는 광고 회사로부터의 링크가 존재하지 않는 페이지로 연결될 수도 있다.

▌ 라우트 사이에 전환 추가하기

우리는 이미 3장, '전환과 애니메이션'에서 전환에 대해 자세히 알아봤다. 이곳에서는 라우트가 변경될 때 엘리먼트나 컴포넌트를 변경하는 대신 전환을 사용할 것이다. 동일한 통찰이 여기에도 적용된다.

준비하기

이번 레시피를 진행하기 전에 3장, '전환과 애니메이션'의 레시피 몇 가지를 끝내고 오기를 강력하게 권유한다. 이번 레시피는 지금까지 배운 개념들의 혼합물이 될 것이다.

구동 방법

이번 레시피에서는 유령을 위한 식당의 웹 사이트를 개발한다. 일반적인 식당의 웹 사이트와 크게 다를 것은 없지만, 페이지가 바로 보여지는 대신 페이드인으로 나타나야 한다.

다음과 같이 HTML 레이아웃을 작성한다.

```
<div id="app">
 <h1>Ghost's Restaurant</h1>
 <ul>
  <li><router-link to="/">Home</router-link></li>
  <li><router-link to="/menu">Menu</router-link></li>
 </ul>
 <transition mode="out-in">
 <router-view></router-view>
 </transition>
</div>
```

주요 화면이 표시되는 router-view는 transition 태그로 감싸 있는 것에 유의하자. out-in 모드는 다른 컴포넌트가 나타나기 전에 해당 컴포넌트의 사라짐이 완료되는 애니메이션을 의미한다. 해당 옵션이 존재하지 않았다면 사라지는 2개의 컴포넌트가 잠시 동안 겹쳐 있었을 것이다. 좀 더 자세한 내용은 전환에서 진입enter 단계 이전에 엘리먼트를 진출leave시키기 레시피를 참조하자.

두 가지 페이지/컴포넌트를 생성하자.

```
const Home = { template: '<div>Welcome to Ghost's</div>' }
const Menu = { template: '<div>Today: invisible cookies</div>' }
```

이제 라우트들을 등록하자.

```
Vue.use(VueRouter)
const router = new VueRouter({
 routes: [
  { path: '/', component: Home },
  { path: '/menu', component: Menu }
 ]
})
```

애플리케이션 실행 전에 Vue 객체를 생성한다.

```
new Vue({
 router,
 el: '#app'
})
```

전환을 작동시키기 위해 몇 가지 CSS 규칙들을 추가하자.

```
.v-enter-active, .v-leave-active {
 transition: opacity .5s;
}
.v-enter, .v-leave-active {
 opacity: 0
}
```

애플리케이션을 실행해보자. 페이지 전환 시에 작동하는 페이드 전환을 성공적으로 추가했다.

동작 원리

전체 <router-view>를 transition 태그로 감싸면 모든 컴포넌트가 동일한 전환을 수행한다.

모든 컴포넌트들에 대해서도 다른 전환을 수행하고 싶을 때 각각의 컴포넌트들을 원하는 전환 내부에 위치시키는 방법도 존재한다.

다음과 같이 컴포넌트를 변경해야 한다.

```
const Home = { template: `
 <transition name="spooky">
  <div>Welcome to Ghost's</div>
 </transition>
` }
const Menu = { template: `
 <transition name="delicious">
  <div>Today: insisible cookies!</div>
 </transition>
` }
```

▌ 라우트 오류 관리하기

존재하지 않거나 동작하지 않는 페이지로 사용자를 이동시키는 것은 이치에 맞지 않는다. 전통적으로 그런 일이 있을 경우에는 에러 페이지를 표시해준다. SPA 환경에서는 좀더 잘 대처할 수 있고, 사용자가 해당 페이지로 이동하는 것을 방지하고 페이지를 사용할 수 없다는 작은 양해의 메시지를 출력해줄 수 있다. 이렇게 하면 이전 페이지로 돌아올 필요 없이 기존 페이지에서 다른 행동을 취할 수 있기 때문에 사용자 경험을 크게 증가시킬 수 있다.

준비하기

이번 레시피를 따라하기 전에 '라우트 전환 전에 데이터를 가져오기' 레시피를 완료해야만 한다. 이번에 작성하는 내용들은 해당 레시피의 결과물을 기반으로 작업하기 때문에 독자가 이미 해당 코드를 모두 작성한 상태라고 가정한다.

구동 방법

앞에서 언급한 대로 '라우트 전환 전에 데이터를 가져오기' 레시피의 코드에 에러 처리 코드를 추가한다. /aboutme 페이지로 이동하면 인터넷에서 정보를 가져와 로딩한다. 우리는 해당 정보가 접근 가능하지 않을 때 페이지 이동을 막고 싶다.

이번 레시피를 위해 이전 레시피에서 한 것과 같이 액시오스를 라이브러리로 추가한다.

그리고 다음 코드에 강조된 것처럼 HTML 레이아웃을 보강한다.

```
<div id="app">
 <h1>My Portfolio</h1>
 <ul>
  <li><router-link to="/" exact>Home</router-link></li>
  <li><router-link to="/aboutme">About Me</router-link></li>
 </ul>
 <router-view></router-view>
 <div class="toast" v-show="showError">
  There was an error
 </div>
</div>
```

이것은 에러가 발생했을 때 표시될 토스트 메시지다. 다음 CSS 규칙을 사용해 스타일을 추가하자.

```
div.toast {
 width: 15em;
 height: 1em;
 position: fixed;
 bottom: 1em;
 background-color: red;
```

```
  color: white;
  padding: 1em;
  text-align: center;
}
```

다음으로 할 일은 showError 값을 참으로 설정해주는 전역적인 방법을 추가하는 것이다. 자바스크립트 영역의 코드 최상단에 vm 변수를 선언한다.

```
let vm
```

그리고 그것에 뷰의 루트 인스턴스를 추가한다.

```
vm = new Vue({
 router,
 el: '#app',
 data: {
  showError: false
 }
})
```

data 옵션에 showError 변수도 추가했다.

마지막으로는 자기 소개 페이지를 표시하기 이전 데이터를 반환받을 때 발생하는 에러를 처리하는 코드를 작성하는 것이다.

다음 강조된 코드를 beforeRouteEnter 후크에 추가한다.

```
beforeRouteEnter (to, from, next) {
 axios.post('http://example.com/', {
  "type": "object",
  "properties": {
   "name": {
```

```
    "type": "string",
    "ipsum": "name"
  },
  "phone": {
    "type": "string",
    "format": "phone"
  }
 }
}).then(response => {
next(vm => {
 vm.name = response.data.name
 vm.phone = response.data.phone
})
}).catch(error => {
 vm.showError = true
 next(false)
})
}
```

---

next(false) 명령은 사용자를 해당 페이지에 그대로 머물러 있도록 만든다. 그리고 API의 엔드포인트를 POST 명령에 대해 에러 코드를 반환하는 example.com으로 변경했다.

동작 원리

액시오스는 example.com으로부터 에러를 반환받고 post가 호출될 때 생성된 프라미스의 거부reject를 호출하게 되는데, 이는 차례로 catch 구문에 넘겨진 함수를 호출한다.

해당 시점에는 vm 변수가 루트 뷰 인스턴스를 가리키고 있는 점을 알아둘 필요가 있다. 이것은 뷰 인스턴스가 초기화되고 vm에 할당된 후에 코드가 실행되기 때문이다.

▌ 로딩 페이지에 프로그레스 바 추가하기

SPA의 사용자는 새로운 페이지가 로드되기를 기다리지 않아도 되지만, 여전히 데이터가 로드되는 것은 기다려야 한다. '라우트 전환 전에 데이터를 가져오기' 레시피에서 /aboutme 페이지로 이동하는 버튼을 클릭하고 다소 오랫동안 기다려야 했다. 그 어디에도 데이터가 로딩 중이라는 단서는 존재하지 않았고 데이터 로딩이 끝나면 갑자기 페이지가 나타났다. 사용자에게 페이지가 로딩 중이라는 피드백을 제공해준다면 더욱 좋지 않을까?

준비하기

이번 레시피를 따라하기 라우트 전환 전에 데이터를 가져오기 레시피를 완료해야만 한다. 이번에 작성하는 내용들은 해당 레시피의 결과물을 기반으로 작업하기 때문에 독자가 이미 해당 코드를 모두 작성한 상태라고 가정한다.

구동 방법

앞에서 언급한 대로 라우트 전환 전에 데이터를 가져오기 레시피의 코드를 모두 작성한 상태라고 가정한다.

이번 레시피에서는 스크린 위에 로딩 바를 표시해주는 작은 유틸리티 라이브러리인

NProgress를 사용한다.

다음 두줄을 페이지의 윗부분 또는 JSFiddle의 의존성 목록에 추각한다(npm을 위한 패키지도 존재한다).

```html
<link rel="stylesheet" href="https://cdn.bootcss.com/nprogress/X/nprogress.css">
<script src="https://cdn.bootcss.com/nprogress/X/nprogress.js"></script>
```

위에서 X는 NProgress의 버전명이다. 이 글을 작성할 시점에는 0.2.0를 사용했지만 온라인에서 더 찾아볼 수도 있다.

이 작업을 완료하고 난 후에는 프로그레스 바의 동작 방식을 정의한다.

첫 번째로 우리는 링크를 클릭하자마자 프로그레스 바를 보여주고 싶다. 이를 위해 클릭 이벤트의 이벤트 리스너를 추가할 수 있다. 하지만 이와 같은 접근 방식은 만약 링크가 100개 존재한다면 좋지 않은 디자인이 된다.

좀 더 유지보수가 쉽고 깨끗한 방법은 라우터를 위한 새로운 후크를 생성하고 프로그레스 바의 등장을 라우트의 변경과 연결하는 것이다. 이렇게 하면 애플리케이션 전체적으로 동일한 사용자 경험을 제공할 수 있다는 이점도 존재한다.

```js
router.beforeEach((to, from, next) => {
 NProgress.start()
 next()
})
```

이와 유사하게 로딩이 성공적으로 완료됐을 때 로딩 바를 사라지게 하고 싶다. 이것은 해당 작업을 콜백에서 처리해야 함을 의미한다.

```js
beforeRouteEnter (to, from, next) {
 axios.post('http://schematic-ipsum.herokuapp.com/', {
```

```
  "type": "object",
  "properties": {
   "name": {
    "type": "string",
    "ipsum": "name"
   },
   "phone": {
    "type": "string",
    "format": "phone"
   }
  }
}).then(response => {
 NProgress.done()
 next(vm => {
  vm.name = response.data.name
  vm.phone = response.data.phone
 })
 })
}
```

이제 애플리케이션을 실행해보면 프로그레스 바가 작동하는 것을 볼 수 있다.

동작 원리

이번 레시피에서는 외부 라이브러리들을 쉽게 설치할 수 있다면, 그것들을 활용하는 일이
전혀 어렵지 않음을 보여주고 있다.

NProgress 컴포넌트는 간단하고 유용하기 때문에 참고용으로 API들을 여기에 알려준다.

- NProgress.start( ): 프로그레스 바 보여주기
- NProgress.set(0.4): 프로그레스 바 퍼센티지 설정하기
- NProgress.inc( ): 프로그레스 바 조금 증가시키기
- NProgress.done( ): 프로그레스 바 완료시키기

앞의 함수 중에 두 가지를 사용해봤다.

예방 차원에서 개별 컴포넌트에서 호출되는 done( ) 함수에 의존하지 말 것을 권유한다. then 함수에서 프로그레스 바를 호출하고 있지만, 다음 개발자가 그것을 잊는다면 어떻게 될까? 어찌됐든 우리는 라우트의 전환이 일어나기 전에 프로그레스 바를 시작하고 있다.

라우터에 새로운 후크를 추가하는 것이 나을 것이다.

```
router.afterEach((to, from) => {
 NProgress.done()
})
```

done 함수는 멱등성을 지니기 때문에 원하는 만큼 여러번 호출해도 애플리케이션의 동작을 변경시키지 않고 미래에 다른 개발자가 프로그레스 바를 닫는 것을 잊어도 경로 변경이 완료되면 자동으로 닫히도록 할 수 있다.

▌ 다른 라우트로 리다이렉션하기

사용자를 리다이렉션하는 기능은 많은 곳에 필요하다. 사용자가 특정 페이지에 액세스하기 전에 로그인을 요구하거나 이동된 페이지를 대신해 사용자가 새 링크로 이동할 수 있도록 한다. 이 레시피에서는 웹 사이트를 신속하게 수정해 사용자를 새로운 홈페이지로 리다이렉션한다.

준비하기

이번 레시피는 vue-router에 대한 기본 지식만 있으면 된다. 만약 'vue-router를 사용해 SPA 만들기' 레시피를 마무리했다면 그걸로 족하다.

구동 방법

우리가 온라인 옷가게를 운영하고 있다고 가정해보자. 다음은 사이트의 HTML 레이아웃이다.

```html
<div id="app">
  <h1>Clothes for Humans</h1>
  <ul>
    <li><router-link to="/">Home</router-link></li>
    <li><router-link to="/clothes">Clothes</router-link></li>
  </ul>
  <router-view></router-view>
</div>
```

단지 의상들 목록을 포함하는 페이지다.

VueRouter를 등록하자.

```
Vue.use(VueRouter)
```

다음 컴포넌트로 표시되는 세 가지 페이지가 존재한다.

```
const Home = { template: '<div>Welcome to Clothes for Humans</div>' }
const Clothes = { template: '<div>Today we have shoes</div>' }
const Sales = { template: '<div>Up to 50% discounts! Buy!</div>' }
```

이것들은 각각 홈페이지, 의류 목록, 작년에 사용했던 세일 페이지다.

routes를 등록해보자.

```
const router = new VueRouter({
  routes: [
    { path: '/', component: Home }
    { path: '/clothes', component: Clothes },
    { path: '/last-year-sales', component: Sales }
  ]
})
```

마지막으로 루트 Vue 인스턴스를 추가한다.

```
new Vue({
  router,
  el: '#app'
})
```

애플리케이션을 구동하면 문제 없이 잘 동작하는 것을 볼 수 있다.

우리는 내일이 세계 패션계에서 가장 큰 행사라는 블랙 프라이데이라는 사실을 잊어버리고 있었다. 전용 페이지를 다시 작성할 시간은 없지만, 작년 세일 때 사용했던 것이 존재한다. 우리가 할 일은 우리 홈페이지를 방문하는 사용자를 해당 페이지로 리다이렉션하는 것이다.

이를 위해 등록된 routes를 변경해야 한다.

```
const router = new VueRouter({
  routes: [
    { path: '/', component: Home, redirect: '/last-year-sales' },
    { path: '/clothes', component: Clothes },
    { path: '/last-year-sales', component: Sales }
```

```
    ]
})
```

리다이렉트만을 추가함으로써 아무 탈 없이 마칠 수 있었다. 이제 홈페이지를 방문하면 항상 작년 세일 페이지로 이동한다.

동작 원리

라우트 경로가 일치해도 홈 컴포넌트가 로드되지 않는다. 그 대신 /last-year-sales 경로로 리다이렉트된다. 또한 로드되지 않기 때문에 컴포넌트 자체를 모두 생략할 수 있다.

```
{ path: '/', redirect: '/last-year-sales' }
```

추가 정보

vue-router의 리다이렉트는 방금 본 것보다 강력하다. 여기서는 리다이렉션의 더 많은 기능을 사용해 방금 만든 애플리케이션을 보강한다.

404로 리다이렉트

404 페이지로 리다이렉트하기 위해선 모든 경로를 위한 라우트를 마지막에 추가하기만 하면 된다. 그렇게 하면 다른 경로들에 매칭되지 않은 모든 경로들에 적용된다.

```
...
{ path: '/404', component: NotFound },
{ path: '*', redirect: '/404' }
```

이름 있는 리다이렉션

리다이렉션은 이름을 가진 라우트와 결합할 수 있다('이름을 가진 동적 라우트 사용하기' 레시피 참조). 대상을 이름으로 지정할 수 있다.

```
...
{ path: '/clothes', name: 'listing', component: Clothes },
{ path: '/shoes', redirect: { name: 'listing' }}
```

인자가 있는 리다이렉션

리다이렉션을 하면서 인자들을 그대로 유지하는 것도 가능하다.

```
...
{ path: '/de/Schuh/:size', redirect: '/en/shoe/:size' },
{ path: '/en/shoe/:size', component: Shoe }
```

동적 리다이렉션

이것은 궁극적인 리다이렉션이다. 사용자가 액세스하려는 라우트에 접근해 리다이렉션할 위치를 변경할 수 있다(리다이렉션을 취소할 수 없음).

```
...
{ path: '/air', component: Air },
{ path: '/bags', name: 'bags', component: Bags },
{ path: '/super-shirt/:size', component: SuperShirt },
{ path: '/shirt/:size?', component: Shirt},
{ path: '/shirts/:size?',
 redirect: to => {
  const { hash, params, query } = to
  if (query.colour === 'transparent') {
   return { path: '/air', query: null }
```

```
  }
  if (hash === '#prada') {
   return { name: 'bags', hash: '' }
  }
  if (params.size > 10) {
   return '/super-shirt/:size'
  } else {
   return '/shirt/:size?'
  }
 }
}
```

▌ 뒤로 가기 버튼이 눌렸을 때 스크롤 위치 저장하기

vue-router에는 hash와 history, 두 가지 네비게이션 모드가 존재한다. 기본이면서 이전 레시피에 사용된 것은 해시^{hash} 모드다. 전통적으로 웹 사이트를 방문할 때 조금 아래로 스크롤해 다른 페이지로 연결되는 링크를 클릭하면 새 페이지는 위부터 표시된다. 그리고 웹 브라우저의 뒤로 가기 버튼을 클릭하면 이전까지 스크롤한 높이의 페이지가 표시되고 방금 클릭한 링크가 표시된다.

이것은 SPA에서는 사실이 아니며 적어도 자동으로 수행되지 않는다. vue-router 히스토리 모드를 사용하면 이 기능을 시뮬레이션하거나 스크롤링 상황을 세부적으로 제어할 수 있다.

준비하기

이 레시피를 완료하려면 히스토리 모드로 변경해야 한다. 히스토리 모드는 앱이 올바르게 구성된 서버에서 실행될 때만 작동한다. SPA용으로 서버를 구성하는 방법은 이 레시피에서 다루지 않는다(하지만 모든 라우트가 서버 측에서 index.html로 리다이렉트된다).

npm 프로그램을 사용해 작은 서버를 실행한다. npm을 설치해야 한다(npm에 대한 자세한 내용은 '개발 환경 선택하기' 레시피를 참고하자).

구동 방법

먼저 SPA용 소형 서버를 설치해 히스토리 모드가 작동하도록 한다.

가장 선호하는 커맨드 라인에서 애플리케이션을 포함하는 디렉터리 내부로 이동하자. 그리고 다음 명령어를 입력한다.

```
npm install -g history-server
history-server .
```

서버를 실행한 후에는 웹 브라우저에서 http://localhost:8080으로 이동했을 때 디렉터리에 index.html이라는 파일이 존재할 때 해당 파일이 표시되는데, 그렇지 않으면 아무 일도 일어나지 않는다.

index.html이라는 파일을 만들고 개발 환경 선택하기 레시피와 같은 보일러 플레이트 코드를 작성한다. 빈 페이지에 Vue와 vue-router를 의존성으로 추가한다. 예제의 빈 캔버스는 다음과 같이 보일 것이다.

```
<!DOCTYPE html>
<html>
<head>
  <script src="https://unpkg.com/vue/dist/vue.js"></script>
  <script src="https://unpkg.com/vue-router/dist/vue-router.js"></script>
</head>
<body>
  <div id="app">
  </div>
  <script>
    new Vue({
```

```
      router,
      el: '#app'
    })
  </script>
</body>
</html>
```

HTML 레이아웃으로 아래 코드를 보디에 추가한다.

```
<div id="app">
 <h1>News Portal</h1>
  <ul>
   <li><router-link to="/">Home</router-link></li>
   <li><router-link to="/sports">Sports</router-link></li>
   <li><router-link to="/fashion">Fashion</router-link></li>
  </ul>
 <router-view></router-view>
</div>
```

3개의 링크와 진입 지점인 router-view가 존재한다. 스포츠 및 패션 페이지를 위한 2개의 긴 페이지를 생성한다.

```
const Sports = { template: `
 <div>
  <p v-for="i in 30">
   Sample text about sports {{i}}.
  </p>
  <router-link to="/fashion">Go to Fashion</router-link>
  <p v-for="i in 30">
   Sample text about sports {{i + 30}}.
  </p>
 </div>
` }
const Fashion = { template: `
 <div>
```

```
  <p v-for="i in 30">
   Sample text about fashion {{i}}.
  </p>
  <router-link to="/sports">Go to Sports</router-link>
  <p v-for="i in 30">
   Sample text about fashion {{i + 30}}.
  </p>
 </div>
` }
```

홈페이지 컴포넌트를 위한 스텁이 필요하다.

```
const Home = { template: '<div>Welcome to BBCCN</div>' }
```

이 새로운 웹 사이트에 적합한 라우트를 작성한다.

```
Vue.use(VueRouter)
const router = new VueRouter({
 routes: [
  { path: '/', component: Home },
  { path: '/sports', component: Sports },
  { path: '/fashion', component: Fashion }
 ]
})
```

웹 브라우저에서 지정한 주소로 이동하면 웹 사이트가 실제로 표시돼야 한다.

스포츠 페이지로 이동해 링크가 나타날 때까지 아래로 스크롤한 다음 링크를 클릭하자.

방문하는 페이지가 처음부터 표시되지 않는다는 점에 유의하자. 이런 행동은 전통적인 웹 사이트에서는 바람직하지 않으며 발생하지 않는다.

뒤로 가기 버튼을 클릭하고 우리가 페이지를 마지막으로 떠난 곳을 기억하자. 이 위치를 유지하기를 원한다.

이를 위해 라우터 코드를 다음과 같이 수정한다.

```
const router = new VueRouter({
  mode: 'history',
  routes: [
    { path: '/', component: Home },
    { path: '/sports', component: Sports },
    { path: '/fashion', component: Fashion }
  ],
  scrollBehavior (to, from, savedPosition) {
    if (savedPosition) {
      return savedPosition
    } else {
      return { x: 0, y: 0 }
    }
  }
})
```

새로운 모드를 히스토리(링크에 해시가 없음)로 지정하는 라인을 추가했으며, scrollBehavior 함수를 정의해 마지막 위치가 존재할 경우, 해당 위치로 돌아간다. 새 페이지인 경우 왼쪽 상단으로 스크롤해야 한다.

웹 브라우저를 새로 고침하고 홈페이지로 돌아가서 이 작업을 시도할 수 있다.

스포츠 페이지를 열고 페이지 중앙의 링크를 클릭하자. 새 페이지가 처음부터 표시된다.

다시 뒤로 가기 버튼을 클릭하면 savedPosition이 복원된다.

이제 URL이 훨씬 더 멋지게 보인다.

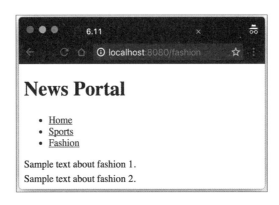

동작 원리

웹 브라우저에서 해시 기호가 포함된 URL을 사용하면 웹 브라우저는 해시 기호 이후의 접미어를 제외한 URL에 대한 요청을 전송한다. 즉, 같은 페이지에서 동일한 페이지지만, 다른 해시 접미사를 갖는 이벤트가 발생했을 때다.

```
http://example.com#/page1 on  http://example.com#/page2
```

이 경우에는 웹 브라우저가 페이지를 다시 로드하지 않는다. 이것이 vue-router가 사용자가 해시를 변경되는 링크를 클릭할 때 페이지가 다시 로드되지 않고 그 내용을 수정할 수 있는 이유다.

모드를 해시에서 히스토리로 변경하면 vue-router는 해시 표기법을 삭제하고 history.pushState() 함수를 활용한다.

이 함수는 다른 가상 페이지를 추가하고 URL을 다른 것으로 변경한다.

```
http://example.com/page1= pushState => http://example.com/page2
```

웹 브라우저는 page2를 찾기 위해 GET 요청을 전송하지 않는다. 사실, 아무것도 하지 않는다.

뒤로 가기 버튼을 클릭하면 웹 브라우저가 URL을 되돌리고 vue-router가 이벤트를 수신한다. 그런 다음, URL (page1)을 읽어 관련 라우트와 매칭시킨다.

간단한 히스토리 서버의 역할은 모든 GET 요청을 index.html 페이지로 리다이렉트하는 것이다. 이것이 http://localhost:8080/fashion으로 직접 이동해도 404 에러가 발생하지 않는 이유다.

07

단위 테스트와 통합 테스트

이번 장에서는 다음 레시피들을 다룬다.

- 재스민을 사용해 뷰 테스트하기
- 워크플로에 카르마 추가하기
- 상태와 메서드 테스트하기
- DOM 테스트하기
- DOM의 비동기 업데이트 테스트하기
- 나이트워치를 사용해 종단 테스트하기
- 나이트워치에서 더블클릭 시뮬레이션하기
- 여러 가지 스타일의 단위 테스트
- 시논JS를 사용해 외부 API 호출 스터빙하기

- 코드 커버리지 측정하기

▌ 소개

테스트는 전문가가 만든 소프트웨어와 아마추어가 만든 소프트웨어를 구분하는 지표다. 업계의 경험과 연구 결과에 따르면, 소프트웨어가 생산되는 동안 많은 비용이 버그를 수정하면서 발생한다. 소프트웨어를 테스트하는 것은 프로덕션 환경에서는 버그를 줄이고 그것들을 훨씬 싼 비용에 수정할 수 있도록 한다.

이번 장에서는 테스트 하네스를 설정하는 방법과 단위 테스트 및 통합 테스트를 작성해 앱 개발 속도를 높이는 동시에 버그 발생을 줄이며 복잡한 소프트웨어를 개발할 수 있도록 한다.

이번 장을 마치고 나면 가장 널리 사용되는 테스트 프레임워크와 전문 용어들에 익숙해질 것이다. 그리고 자신감을 갖고 예상한 대로 작동하는 소프트웨어를 출시할 수 있다.

▌ 재스민을 사용해 뷰 테스트하기

재스민은 사용하기 쉬운 테스트 라이브러리고, 결과를 웹 브라우저에 직접 표시할 수 있다. 이번 레시피에서는 간단한 뷰 애플리케이션을 작성하고 재스민을 사용해 테스트한다.

준비하기

뷰를 사용해 간단한 애플리케이션을 작성할 수 있다고 가정한다. 그렇기 때문에 이번 레시피를 통해 뷰를 배우는 것이 처음이 아니길 바란다.

또한 인터넷에서 4개의 파일을 검색할 수 있어야 한다. 글을 쓰는 시점에 찾은 링크를 사용하지만, 이는 바뀔 수도 있다.

- https://cdnjs.cloudflare.com/ajax/libs/jasmine/2.5.2/jasmine.css
- https://cdnjs.cloudflare.com/ajax/libs/jasmine/2.5.2/jasmine.js
- https://cdnjs.cloudflare.com/ajax/libs/jasmine/2.5.2/jasmine-html.js
- https://cdnjs.cloudflare.com/ajax/libs/jasmine/2.5.2/boot.js

다음 페이지에서 편리하게 링크를 복사할 수 있다.

https://cdnjs.com/libraries/jasmine

파일들은 서로 종속적이므로 추가하는 순서가 중요하다. 특히, boot.js는 jasmine-html.js에 의존하는데, jasmine-html.js은 또 다시 jasmine.js에 의존한다.

구동 방법

재스민은 다양한 모듈로 구성된 라이브러리다. 이를 작동시키려면 관련된 몇 가지 의존성 라이브러리들을 설치해야 한다. 여러분이 JSFiddle을 사용해 따라오고 있다고 가정할 것이다. 그 대신 npm이나 다른 방법을 사용한다면, 원칙적으로 코드가 단순하기 때문에 스스로 변경을 적용할 수 있어야 한다.

앱에 재스민을 설치하려면 네 가지 의존성 라이브러리가 필요하다. 그중 하나는 CSS 스타일링을 위한 것이다.

4개의 파일은 다음과 같다(순서대로).

- jasmine.css
- jasmine.js
- jasmine-html.js(앞서 언급된 자바스크립트 파일들에 의존적임)
- boot.js(앞서 언급된 자바스크립트 파일들에 의존적임)

이 모든 파일들을 CDNJS 또는 다른 CDN 에서 찾을 수 있다.

보이는 순서대로 그것들을 설치하자. 그렇지 않으면 제대로 동작하지 않을 것이다.

모든 파일들이 준비되면 다음 HTML 코드를 작성한다.

```
<div id="app">
  <p>{{greeting}}</p>
</div>
```

다음 코드를 자바스크립트 영역에 추가한다.

```
new Vue({
  el: '#app',
  data: {
    greeting: 'Hello World!'
  }
})
```

이제 애플리케이션을 실행하면 기대하던 대로 Hello World 메시지를 확인할 수 있을 것이다.

우리는 새로운 기능을 추가하거나 해당 코드를 수정하게 될 때 애플리케이션이 메시지를 여전히 잘 출력하는지 100% 보장하고 싶다.

재스민은 이와 같은 목적을 달성하도록 도와준다. 뷰 인스턴스 이후에 다음 자바스크립트 코드를 추가한다.

```
describe('my app', ( ) => {
  it('should say Hello World', ( ) => {
    expect(document.querySelector('p').innerText)
      .toContain('Hello World')
  })
```

```
})
```

JSFiddle에서 코드가 동작하기 위해선 LOAD TYPE을 No wrap – in ⟨body⟩으로 선택해야 한다.

기본값인 onLoad를 유지하게 되면 뷰가 시작되기 이전에 재스민이 로드될 것이다. 이제 애플리케이션을 실행해보자. 페이지의 끝부분에 재스민의 상세 결과가 출력되는데, 앱에 무엇인가 잘못된 게 있는지 알려준다.

모든 것이 원하던 대로 동작한다면 다음과 같이 행복감을 주는 녹색 바를 볼 수 있을 것이다.

동작 원리

방금 뷰 애플리케이션의 첫 번째 단위 테스트를 작성했다.

이미 단위 테스트를 작성하고 있다면 테스트를 작성하기 위해 뷰 특유의 기능을 사용하지 않았기 때문에 모든 것이 명확할 것이다.

어떤 경우든 우리가 작성한 코드를 분석하는 데 조금 시간을 투자해보자. 그 후에 실제 애플리케이션을 작성할 때 비슷한 테스트를 작성해야 하는 경우 고려사항들을 언급하겠다.

작성한 테스트는 문장으로 읽을 수 있는 my app should say Hello World를 출력한다.

그러나 이것은 너무 일반적인 메시지다. 코드를 좀 더 자세히 살펴보자.

```
expect(document.querySelector('p').innerText)
  .toContain('Hello World')
```

영어 문장으로 그대로 읽어 보면 document 내의 <p> 엘리먼트에 Hello World가 들어 있다고 예상하고 있다.

정확히 이야기하면 document.querySelector('p') 코드는 페이지 내의 첫 번째 p 엘리먼트를 선택하고 있다.

innerText는 HTML 엘리먼트의 내부를 들여다보고 내부에 존재하는 읽을 수 있는 텍스트를 반환한다. 그리고는 그것이 Hello World인지 검증한다.

프로덕션 환경에서는 웹 페이지에 직접 테스트를 작성하지 않을 것이다. 개발자가 코드를 변경할 때마다 모든 기능을 수동으로 확인하지 않고 그것들이 올바르게 작동하는지 테스트하는 것이 중요하다. 반면, 사용자는 테스트 결과를 보지 않아도 좋다.

일반적으로 개발자만 접근이 가능한 테스트 전용의 페이지를 가진다.

추가 정보

소프트웨어 업계에는 TDD, 테스트 주도 개발이라 불리는 실천법이 널리 퍼져 있다. 그것은 소프트웨어의 특정 기능을 테스트로 생각하도록 권장한다. 이것들은 차례로 테스트 자체가 동작함으로써 소프트웨어의 기능들의 작동을 보장한다.

이런 맥락에서 TDD를 사용해 새로운 기능을 추가할 것이다. 우리는 Welcome을 표시하는 헤더를 작성할 것이다.

먼저 헬로월드 테스트 이후에 describe 함수를 작성하고 새로운 기능을 위해 테스트를 (실패하는) 작성할 것이다.

```
it('should have an header that says `Welcome`', () => {
  expect(document.querySelector('h1').innerText)
    .toContain('Welcome')
})
```

테스트를 실행하면 실패하는 것을 볼 수 있다.

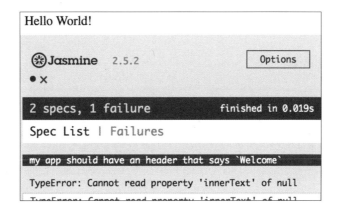

현재로서는 스택 트레이스에 너무 신경 쓰지 말도록 하자. 여기서 중요한 것은 실패하는 테스트가 이름을 갖고 있다는 것이다(다른 테스트는 여전히 작동한다.)

기능 자체를 작성하기 앞서 실패하는 테스트를 작성하는 일은 중요하다. 이유를 이해하기 위해 기능을 구현하기에 앞서 테스트를 먼저 작성하고 해당 테스트를 실행했는데 그것이 성공하는 경우를 상상해보자. 기능을 구현조차 하지 않았음에도 테스트가 성공한다면 테스트가 제대로 동작하지 않는다는 의미일 것이다.

만약 이것이 이해가 안 되고 불가능하다고 생각한다면 다시 한 번 생각해보자. 기능은 제대로 동작하지 않지만 완벽해 보이는 테스트가 어떤 것도 테스트하지 않고 성공하는 경우가 실제로 존재한다.

이 시점에서 기능을 구현할 준비가 됐다. HTML 레이아웃을 다음과 같이 변경한다.

```
<div id="app">
  <h1>Welcome</h1>
  <p>{{greeting}}</p>
</div>
```

페이지를 실행하면 결과는 다음과 유사할 것이다.

█ 워크플로에 카르마 추가하기

카르마는 자바스크립트 테스트 러너다. 이것은 카르마가 당신을 대신해 테스트를 구동해 준다는 뜻이다. 소프트웨어는 자주 빠르게 성장하고 카르마는 모든 단위 테스트를 한 번에 실행할 수 있는 방법을 제공한다. 카르마를 사용하면 테스트 커버리지와 코드 품질을 관리할 수 있는 도구들을 추가할 수도 있다.

이전부터 카르마는 뷰 프로젝트에서 사용됐고 현재는 도구로서 공식 뷰 템플릿에서 제공되고 있다. 뷰를 사용하지 않는다고 해도 카르마를 배워두면 자바스크립트의 도구 목록에 큰 도움이 될 것이다.

준비하기

재스민을 사용해 뷰 테스트하기 레시피를 먼저 끝냈다고 가정할 것이다. 카르마가 테스트 러너이기 때문에 테스트를 먼저 작성해야 할 것이다.

이번 레시피에서는 npm을 사용하기 때문에 먼저 기초 지식과 그 사용법을 개발 환경 선택하기 레시피를 먼저 읽어야 한다.

구동 방법

이번 레시피에서는 커맨드 라인 도구와 npm이 필요하기 때문에 진행하기에 앞서 설치해 두도록 하자.

새로운 폴더를 생성한 후 `package.json`을 생성하고 다음 내용을 입력한다.

```
{
  "name": "my-vue-project",
  "version": "1.0.0"
}
```

폴더에 이 파일만 위치시키면 새로운 npm 프로젝트를 생성할 수 있다. 이 파일은 뒤에서 수정할 것이다.

커맨드 라인 창에서 프로젝트 폴더로 이동해 필요한 의존성 라이브러리들을 설치한다.

```
npm install --save-dev vue karma jasmine karma-jasmine karma-chrome-launcher
```

이 명령어로 뷰와 함께 카르마, 재스민 그리고 카르마의 플러그인 몇 가지를 라이브러리로 프로젝트에 설치할 수 있다.

이제 `package.json` 파일을 살펴보면 방금 변경에 따라 파일이 갱신된 것을 볼 수 있다.

다음 커맨드는 카르마 관련 설정을 포함하는 karma.conf.js 파일을 생성한다.

```
./node_modules/karma/bin/karma init
```

이 명령은 몇 가지 질문을 하는데 소스 코드와 테스트의 위치를 물어보는 질문 외에는 전부 기본값으로 둔다.

소스 코드와 테스트의 위치는 *.js로 대답한다. 이 후에 karma.config.js 파일을 폴더에서 확인할 수 있다. 그것을 열고 질문에 응답해 생성된 설정들을 확인해보자.

카르마가 뷰를 바로 인식할 수는 없기 때문에 카르마에 의존성으로 뷰를 설정하는 작은 변경 작업을 해야 한다. 그렇게 하는 방법은 몇 가지가 존재하는데 가장 빠른 방법은 로드하기 원하는 파일을 직접 추가하는 것이다.

karma.conf.js 파일을 열고 다음을 files 배열에 추가한다.

```
...
    // list of files / patterns to load in the browser
    files: [
      'node_modules/vue/dist/vue.js',
      '*.js'
    ],
...
```

이전에 질문에 대답하면서 해당 라인을 추가할 수도 있었다는 것을 알아두자.

다음 단계는 테스트하기 원하는 애플리케이션을 작성하는 것이다.

폴더에 myApp.js 파일을 생성하고 다음 코드를 작성한다.

```
const myApp = {
  template: `
    <div>
```

```
      <p>{{greetings}}</p>
    </div>
  `,
  data: {
    greetings: 'Hello World'
  }
}
```

myApp에 할당하는 객체는 단순한 뷰 인스턴스다.

다음은 그것을 위한 테스트를 작성한다. 특히 Hello World가 컴포넌트 어딘가에 표시돼 있는지 검증할 것이다.

test.js 파일을 생성하고 다음 코드를 입력한다.

```
describe('my app', () => {
  beforeEach(() => {
    document.body.innerHTML = `
      <div id="app"></div>
    `

    new Vue(myApp)
      .$mount('#app')
  })
  it('should say Hello World', () => {
    expect(document.querySelector('p').innerText)
      .toContain('Hello World')
  })
})
```

beforeEach 블록은 모든 테스트의 (현재는 하나인) 수행 전에 실행되는데 추가적인 기능들을 검증하기에 앞서 뷰 객체의 상태를 초기화한다.

이제 테스트를 실행할 수 있는 단계에 이르렀다. 다음 커맨드 라인을 터미널에서 입력하자.

```
./node_modules/karma/bin/karma start
```

크롬이 시작되는 것을 볼 수 있는데 커맨드 라인으로 돌아가보면 다음과 같은 메시지를
확인할 수 있다.

```
▶ ./node_modules/karma/bin/karma start
29 01 2017 22:13:54.939:WARN [karma]: No captured browser, open http://localhost:9876/
29 01 2017 22:13:54.951:INFO [karma]: Karma v1.4.0 server started at http://0.0.0.0:9876/
29 01 2017 22:13:54.952:INFO [launcher]: Launching browser Chrome with unlimited concurrer
29 01 2017 22:13:54.975:INFO [launcher]: Starting browser Chrome
29 01 2017 22:13:55.968:INFO [Chrome 55.0.2883 (Mac OS X 10.12.2)]: Connected on socket ra
Chrome 55.0.2883 (Mac OS X 10.12.2) INFO: 'You are running Vue in development mode.
Make sure to turn on production mode when deploying for production.
See more tips at https://vuejs.org/guide/deployment.html'

Chrome 55.0.2883 (Mac OS X 10.12.2): Executed 1 of 1 SUCCESS (0.011 secs / 0.018 secs)
```

당신의 테스트가 성공적으로 통과했다는 의미다.

동작 원리

레시피 작성이 끝나면 애플리케이션의 일반적인 구조에 주목해야 한다. myApp.js에 애플
리케이션 자체가 있고 test.js에 테스트가 위치한다. karma.conf.js 및 package.json과
같은 몇몇 구성 파일과 함께 node_modules 디렉터리 내에 라이브러리가 존재한다. 이러한
모든 파일은 함께 작동해 애플리케이션을 테스트하는 것을 가능하게 만든다.

실제 애플리케이션에서는 구성 파일은 일반적으로 더디게 커지는 동안 소스 코드와 테스
트를 위한 파일은 훨씬 빠르게 추가된다.

이 전체 설정에서 애플리케이션 자체를 시작하는 방법이 궁금할 수 있다. HTML이 존재
하지 않은 상태에서 테스트를 수행했고 Hello World 프로그램을 작성해보지도 않았다.

사실, 당신이 맞다. 여기에 구동할 프로그램이 존재하지 않는다. 테스트의 beforeEach 구
문 내부에 HTML 레이아웃을 위한 고정 구문을 작성해야 했다.

```
beforeEach(() => {
  document.body.innerHTML = `
    <div id="app"></div>
  `

  new Vue(window.myApp)
    .$mount('#app')
})
```

앞의 코드에서는 <div> 엘리먼트(나머지 레이아웃은 myApp.js 안에 존재)로만 구성된 HTML
을 페이지에 삽입하고 있다.

그런 다음, myApp.js에 정의된 myApp 변수에 포함된 option 객체를 전달해 새 뷰 인스
턴스를 생성한다. 그리고 방금 삽입한 <div> 요소의 애플리케이션을 효과적으로 구체화
하는 뷰API인 $mount ('#app')를 사용한다.

추가 정보

매번 node_modules 폴더에서 카르마를 호출하는 것은 귀찮은 일이다. 더 편안하게 만드는
두 가지 방법이 존재한다. 전역적으로 카르마를 설치하거나 npm 스크립트에 카르마를 추
가할 수 있는데, 두 가지 모두 해보자.

먼저 카르마를 npm 스크립트에 추가해보자. package.json 파일을 열고 다음 블록을 추
가하자.

```
...
"version": "1.0.0",
  "scripts": {
    "test": "./node_modules/karma/bin/karma start"
  },
"devDependencies": {
...
```

이제 npm run test를 입력하면 카르마가 자동으로 실행된다. 다음으로 할 일은 카르마를 다음 명령어를 통해 전역으로 설치하는 것이다.

```
npm install -g karma
```

이제 karma init 또는 karma start 같은 명령어를 사용할 수 있으며 잘 동작할 것이다. 다음과 같이 package.json을 편집할 수도 있다.

```
...
"version": "1.0.0",
  "scripts": {
    "test": "karma start"
  },
"devDependencies": {
...
```

▌ 상태와 메서드 테스트하기

이번 레시피에서는 뷰 인스턴스의 상태를 직접 테스트하기 위한 단위 테스트를 작성한다. 웹 페이지에서 무언가를 찾는 대신 컴포넌트의 상태를 테스트하는 것의 이점은 HTML 레이아웃에서 무언가가 변경되더라도 상태는 훨씬 늦게 변경되기 때문에 DOM을 업데이트할 때까지 기다릴 필요가 없고 이는 유지해야 하는 테스트의 크기를 줄여준다.

준비하기

이 레시피 이전에 워크플로에 카르마 추가하기 레시피를 완료해야 한다. 테스트 작성 방법을 설명하지만 테스트 환경의 설정에 대해서는 언급하지 않는다.

구동 방법

Hello World! 문구로 맞이해주는 애플리케이션이 있다고 가정해보자. 그러나 Ciao Mondo!와 같이 해당 인사말을 이탈리아어로 번역하는 버튼도 존재한다.

이를 위해 새 폴더에 새 npm 프로젝트를 만들어야 한다. 다음 명령을 사용해 이번 레시피에서 필요한 의존성 라이브러리들을 설치할 수 있다.

```
npm install --save-dev vue karma jasmine karma-jasmine karma-chrome-launcher
```

이전 레시피와 같이 카르마를 설정하려면 다음 명령을 실행하자.

```
./node_modules/karma/bin/karma init
```

질문인 What is the location of your source and test files?만 제외하고 기본 응답을 그대로 두자. 해당 질문에는 다음 두 줄과 같이 응답한다.

- node_modules/vue/dist/vue.js
- *.js

test.js 파일을 만들고 beforeEach를 작성하면 애플리케이션이 시작 상태가 돼 다른 테스트와 독립적으로 테스트를 수행할 수 있다.

```
describe('my app', () => {
  let vm
  beforeEach(() => {
    vm = new Vue({
      template: `
        <div>
          <p>{{greetings}}</p>
          <button @click="toItalian">
```

```
        Translate to Italian
      </button>
    </div>
    `,
    data: {
      greetings: 'Hello World!'
    },
    methods: {
      toItalian () {
        this.greetings = 'Ciao Mondo!'
      }
    }
  }).$mount()
  })
})
```

뷰 인스턴스를 처음 참조할 때 vm 변수를 어떻게 선언하는지 주목하자.

beforeEach 직후(여전히 describe 안에) 다음(지금은 비어 있음) 테스트를 추가하자.

```
it(`should greet in Italian after
toItalian is called`, () => {
})
```

테스트의 첫 번째 단계로 toItalian이 호출된 이후의 상태로 변경시킨다.

```
it(`should greet in Italian after
   toItalian is called`, () => {
  vm.toItalian()
})
```

이제 인사말이 변경됐는지 확인하고 싶다.

370

```
it(`should greet in Italian after
    toItalian is called`, () => {
  vm.toItalian()
  expect(vm.greetings).toContain('Ciao Mondo')
})
```

이제 각 테스트 전에 상태가 다시 설정됐음을 증명하려면 다음을 추가하자.

```
it('should greet in English', () => {
  expect(vm.greetings).toContain('Hello World')
})
```

상태가 실제로 재설정된 경우 영어 인사말이 포함돼야 하며 (./node_modules/karma/bin/ karma start 명령을 사용해) 테스트를 시작하면 (에러가 발생하지 않았다면) 영어 인사말을 확인할 수 있다.

동작 원리

뷰 인스턴스 자체에 대한 참조가 있으므로 테스트에서 직접 메서드 및 상태 변수에 액세스할 수 있다.

테스트 이름의 의미를 파악하는 데 시간을 조금 더 써보자. 첫 번째 제목은 should greet in Italian after toItalian is called(toItalian이 호출되고 나서 이탈리어어로 인사해야 한다)다. 그것은 페이지나 그래픽 요소에 대한 어떤 언급도 하지 않으며 전제 조건에 대한 어떤 가정도 하지 않는다. 버튼이 절대로 클릭되지 않으며 사실상 버튼이 테스트 제목에 언급돼 있지 않다.

만약 테스트명을 should display 'Ciao Mondo' when Translate button is clicked on(번역 버튼이 클릭됐을 때 'Ciao Mondo'를 출력한다)라고 지었다면 우리는 거짓말을 했어야 하는데 실제 테스트에서는 인사말이 출력됐는지 여부도 확인하지 않고 버튼을 클릭하지도 않았기 때문이다.

실제 애플리케이션의 테스트의 이름을 올바르게 지정하는 것은 매우 중요하다. 수천 번의 테스트에서 한 번의 중단이 발생했을 때 가장 먼저 읽어야 할 것은 제목 또는 테스트가 어떤 것을 검사하는지에 관한 것이다. 제목이 잘못된 방향으로 작성된 경우, 헛된 주제에서 벗어난 내용을 좇는데 많은 시간을 할애하게 될 것이다.

DOM 테스트하기

이 레시피에서는 뷰 컴포넌트가 페이지에 나타나지 않는 경우에도 DOM 또는 웹 페이지 자체의 상태를 빠르게 테스트할 수 있는 기술을 배운다.

준비하기

이 레시피에는 이미 테스트와 관련된 설정이 돼 있어야 한다. 그것이 무엇을 의미하는지 모르겠다면 재스민을 사용해 뷰 테스트하기 레시피를 먼저 완료하자.

재스민이 설치돼 있고 테스트를 수행할 수 있다고 가정한다. 기본적으로 필요한 것은 웹 페이지다(JSFiddle도 괜찮다). 다음 네 가지 라이브러리가 설치됐다.

- jasmine.css
- jasmine.js
- jasmine-html.js
- boot.js

JSFiddle을 사용하거나 수동으로 추가하는 경우 지정된 순서대로 추가해야 한다.

재스민을 사용해 뷰 테스트하기 레시피에서 해당 파일들에 대한 링크를 찾자.

구동 방법

Hello World!를 표시하는 컴포넌트를 작성한다고 가정해보자. 인사말이 실제로 표시되는지 테스트하려고 하지만 테스트 중인 웹 페이지는 이미 충분히 복잡해 컴포넌트를 별도로 테스트하려고 한다.

제대로 작동하는지 증명하기 위해 컴포넌트를 실제로 표시할 필요가 없다. 문서 외부에서 컴포넌트를 표시하고 테스트할 수 있다.

테스트 파일 또는 인사말 페이지의 테스트 부분에 인사말에 대한 다음 설정을 추가하자.

```
describe('my app', () => {
  let vm
  beforeEach(() => {
    vm = new Vue({
      template: '<div>{{greetings}}</div>',
      data: {
        greetings: 'Hello World'
      }
    })
  })
})
```

뷰 인스턴스를 문서와 연결되지 않은 컴포넌트로 구체화하기 위해선 $mount( )를 호출해야 한다.

```
beforeEach(() => {
    vm = new Vue({
      template: '<div>{{greetings}}</div>',
      data: {
        greetings: 'Hello World'
      }
    }).$mount()
  })
```

vm에 대한 참조가 있으므로 이제는 문서와 연결되지 않은 곳에 렌더링된 엘리먼트에 액세스해 컴포넌트를 테스트할 수 있다.

```
it('should say Hello World', () => {
  expect(vm.$el.innerText).toContain('Hello World')
})
```

vm.$el 엘리먼트는 우리가 작성한 컴포넌트를 나타내지만 일반 DOM에서는 접근할 수 없다.

동작 원리

초기화 시 뷰 인스턴스는 el 옵션이 있는지 여부를 확인한다. 다른 레시피에서는 일반적으로 el 옵션이 포함돼 있지만, 이번에는 대신해서 template이 존재한다.

```
vm = new Vue({
  template: '<div>{{greetings}}</div>',
  data: {
    greetings: 'Hello World'
  }
}).$mount()
```

뷰 인스턴스에 el 옵션이 있으면 자동으로 해당 엘리먼트에(찾을 수 있는 경우) 마운트된다. 예제의 경우, 뷰 인스턴스는 대신 $ mount 호출을 대기한다. 함수에 어떤 인자도 제공하지 않으므로 컴포넌트가 문서와 연결되지 않은 상태로 렌더링된다.

이 시점에서 DOM을 반환하는 유일한 방법은 $el 속성을 사용하는 것이다. $el 속성은 컴포넌트가 수동 또는 자동으로 마운트됐는지 여부에 관계없이 컴포넌트가 마운트된 후에 항상 존재한다.

이 점을 이용해 우리는 정상적인 컴포넌트처럼 접근해 모든 것이 예상대로 작동하는지 테스트할 때 사용할 수 있다.

DOM의 비동기 업데이트 테스트하기

뷰에서 컴포넌트의 상태가 변경되면 DOM도 그에 따라 변경된다. 그래서 status를 반응형 Reactive라고 부른다. 여기에서 유일한 차이점은 업데이트가 동기로 발생하지 않는다는 것이다. 변경 사항이 실제로 전파될 때까지 추가적인 시간을 기다려야 한다.

준비하기

이 레시피에서는 재스민을 사용해 뷰 테스트하기를 완료하고 기본 테스트 작성 방법을 알고 있다고 가정한다.

구동 방법

우리가 작성한 테스트는 뷰의 업데이트 메커니즘이 어떻게 작동하는지 보여준다. 그후에는 직접 비동기 테스트를 작성할 수 있다.

테스트 스위트의 beforeEach 함수에 다음 뷰 인스턴스를 작성한다.

```
describe('my app', () => {
  let vm
  beforeEach(() => {
    vm = new Vue({
      template: `
        <div>
          <input id="name" v-model="name">
          <p>Hello from
            <span id="output">{{name}}</span>
```

```
        </p>
      </div>
      `,
      data: {
        name: undefined
      }
    }).$mount()
  })
})
```

이렇게 하면 Hello from ... 구문과 텍스트 상자에 쓰여진 내용을 포함할 span 엘리먼트와 텍스트 상자를 포함하는 컴포넌트가 생성된다.

이 컴포넌트를 테스트하기 위해 할 일은 Herman을 텍스트 상자에 (수동이 아니라 프로그래밍 방식으로) 작성한 후 DOM이 업데이트될 때까지 기다리는 것이다. DOM이 업데이트되면 Hello from Herman 구문이 표시되는지 확인한다.

beforeEach 함수 바로 다음에 빈 테스트부터 시작하자.

```
it('should display Hello from Herman after Herman is typed in the text-box', done
=> {
  done()
})
```

앞선 테스트는 이미 통과됐다. 우리는 done 인자를 취해 함수로 호출하고 있다. done()이 호출될 때까지 테스트가 통과하지 않는다.

편의를 위해 <span> 엘리먼트를 변수에 할당한 다음 Herman 문구를 텍스트 상자에 삽입한다.

```
it('should display Hello from Herman after Herman is typed in the text-box', done
=> {
  const outputEl = vm.$el.querySelector('#output')
```

```
  vm.$el.querySelector('#name').value = 'Herman'
  done()
})
```

상태를 수정할 때 DOM이 업데이트될 때까지 기다려야 하지만, 그 반대의 경우는 사실이 아니다.

DOM을 수정할 때 이미 name 변수가 변경됐는지 여부를 확인할 수 있다.

```
it('should display Hello from Herman after Herman is typed in the text-box', done
=> {
  const outputEl = vm.$el.querySelector('#output')
  vm.$el.querySelector('#name').value = 'Herman'
  expect(vm.name = 'Herman')
  done()
})
```

편집하는 동안 테스트를 시작해 작동 여부를 확인하자.

다음으로 틱^{tick}이라는 뷰 컴포넌트의 다음 업데이트 주기에 대한 리스너를 설치한다.

```
it('should display Hello from Herman after Herman is typed in the text-box', done
=> {
  const outputEl = vm.$el.querySelector('#output')
  vm.$el.querySelector('#name').value = 'Herman'
  expect(vm.name = 'Herman')
  vm.$nextTick(() => {
    done()
  })
})
```

$nextTick 블록 안에 있는 모든 것은 DOM이 업데이트된 후에만 실행된다. <span> 엘리먼트의 내용이 변경됐는지 확인한다.

```
it('should display Hello from Herman after Herman is typed in the text-box', done
=> {
  const outputEl = vm.$el.querySelector('#output')
  vm.$el.querySelector('#name').value = 'Herman'
  expect(outputEl.textContent).not.toContain('Herman')
  expect(vm.name = 'Herman')
  vm.$nextTick(() => {
    expect(outputEl.textContent).toContain('Herman')
    done()
  })
})
```

어떻게 DOM이 틱 이전에 변경되지 않은 상태인지 검증하고 있는지도 유의하자.

동작 원리

뷰 공식 문서에서는 다음과 같이 언급하고 있다.

 Vue는 DOM 업데이트를 비동기적으로 수행한다. 데이터 변경이 발견될 때마다 큐를 열고 같은 이벤트 루프에서 발생하는 모든 데이터 변경을 버퍼링한다.

이런 이유로 많은 테스트들은 $nextTick 헬퍼가 필요하다. 그러나 테스트와 동시성을 다루기 위해 더 나은 도구를 만들기 위한 지속적인 작업이 이뤄지고 있기 때문에 이번 레시피에서 설명하고 있는 문제점과 그 해결 방법이 가장 최신이 아닐 수도 있다.[7]

---

7 주기적으로 공식 문서를 참고하자.–옮긴이

▌나이트워치를 사용해 종단 테스트하기

때로는 단위 테스트만으로는 만족스럽지 않다. 독립적으로 개발된 두 가지 기능을 통합해야 할 수도 있다. 각각의 기능이 잘 동작하고 단위 테스트도 통과하지만 이 통합된 기능을 단위 테스트를 사용해 테스트할 수는 없다. 또한 이것은 소프트웨어의 원자 단위를 테스트하는 단위 테스트의 목적에 어긋나기도 한다. 이 경우 통합 테스트 및 e2e(end-to-end: 종단 간 테스트) 테스트를 수행할 수 있다. 나이트워치는 기본적으로 사용자가 웹 사이트에서 클릭하고 타이핑하는 것을 모방하는 소프트웨어다. 이것은 전체 시스템이 작동한다는 궁극적인 검증이므로 우리가 원하는 방식일 것이다.

준비하기

이 고급 레시피로 여행을 시작하기 전에 커맨드 라인과 npm에 대해 잘 알고 있어야 한다. 해당 내용들에 익숙하지 않다면 개발 환경 선택하기 레시피를 확인하자.

구동 방법

이 레시피를 위한 새 폴더를 만들고 그 안에 index.html이라는 파일을 만든다.

이 파일에는 뷰 응용 프로그램이 존재하며, 그것을 테스트할 것이다. 다음을 작성하자.

```
<!DOCTYPE html>
<html>
<head>
  <title>Nightwatch tests</title>
  <script src="https://unpkg.com/vue/dist/vue.js"></script>
</head>
<body>
  <div id="app">
  </div>
  <script>
```

```
    </script>
</body>
</html>
```

보시다시피, 이것은 작은 뷰 애플리케이션에 대한 일반적인 보일러 플레이트 코드일 뿐이다. <div> 안에는 헤더와 버튼을 넣자. 버튼을 클릭하면 Hello Nightwatch라는 텍스트가 표시된다.

```
<div id="app">
  <h2>Welcome to my test page</h2>
  <button @click="show = true">Show</button>
  <p v-show="show">Hello Nightwatch!</p>
</div>
```

이를 위해 스크립트 태그 내부에 다음 코드를 입력하자.

```
<script>
  const vm = new Vue({
    el: '#app',
    data: {
      show: false
    }
  })
</script>
```

애플리케이션이 완성됐다. 이제 레시피의 테스트 부분으로 이동한다.

의존성 라이브러리를 설치하려면 다음 명령을 실행하자.

```
npm install -g selenium-standalone http-server nightwatch
```

이렇게 하면 웹 브라우저 동작을 자동화하는 데 필요한 셀레니움 서버가 설치되며 실제로 나이트워치가 작동하도록 한다. `http-server` 명령은 긴 파일 경로를 기억할 필요 없이 작업 웹 사이트를 제공하는 데 유용하다. 마지막으로, 거의 대부분이 셀레니움의 래퍼 이자 자바스크립트 API인 나이트워치 그 자체를 설치한다.

npm이 모든 도구들을 설치하고 나면 나이트워치 구성을 포함하는 `nightwatch.json`이라는 새 파일을 생성한다.

```json
{
  "src_folders" : ["tests"],
  "test_settings" : {
    "default" : {
      "desiredCapabilities": {
        "browserName": "chrome"
      }
    }
  }
}
```

첫 번째 설정에서는 tests라는 폴더 안에 모든 테스트를 작성한다고 가정한다. 두 번째 설정은 크롬을 테스트를 위한 기본 웹 브라우저로 설정한다.

이제 test폴더와 그 내부에 `test.js` 파일을 생성한다. 파일에서 우리는 앱을 테스트할 것이다. 앱이 실행된 직후에는 `<p>` 태그가 표시되지 않으며 버튼을 클릭했을 때 해당 태그가 표시되는지 검증한다.

빈 테스트는 다음과 같다.

```js
module.exports = {
  'Happy scenario' :client => {}
}
```

여기서 client 는 웹 브라우저를 의미한다(이 경우에는 크롬).

우리는 http://localhost:8080 주소에서 애플리케이션을 서비스하므로 먼저 웹 브라우저가 이 주소로 이동하기를 원한다. 이를 위해 다음 코드를 작성한다.

```
module.exports = {
  'Happy scenario' :client => {
    client
      .url('http://localhost:8080')
  }
}
```

다음으로 페이지가 로드될 때까지 기다린다. 우리는 간접적으로 ID가 app인 `<div>`가 나타날 때까지 기다리는 것으로 이 작업을 수행한다.

```
module.exports = {
  'Happy scenario' :client => {
    client
      .url('http://localhost:8080')
      .waitForElementVisible('#app', 1000)
  }
}
```

두 번째 인수는 테스트가 실패하기 전까지 기다리는 시간밀리초이다.

다음으로 헤더가 올바르게 표시되고 `<p>` 요소가 보이지 않는지 검증하고 싶다.

```
module.exports = {
  'Happy scenario' :client => {
    client
      .url('http://localhost:8080')
      .waitForElementVisible('#app', 1000)
      .assert.containsText('h2', 'Welcome to')
```

```
      .assert.hidden('p')
  }
}
```

그런 다음 버튼을 클릭했을 때 \<p\> 요소가 보이고 Nightwatch를 포함하는지 검증한다.

```
module.exports = {
  'Happy scenario' :client => {
    client
      .url('http://localhost:8080')
      .waitForElementVisible('#app', 1000)
      .assert.containsText('h2', 'Welcome to')
      .assert.hidden('p')
      .click('button')
      .waitForElementVisible('p', 1000)
      .assert.containsText('p', 'Nightwatch')
      .end();
  }
}
```

end() 함수는 더 이상 검사할 것이 없으므로 테스트가 성공한 것으로 선언한다.

이 테스트를 실제로 실행하려면 다음 명령을 실행해야 한다.

selenium-standalone install

그러면 셀레니움이 설치되고 커맨드 라인 창 3개를 연다. 첫 번째로 다음 명령을 사용해 셀레니움 서버를 시작하자.

selenium-standalone start

두 번째 커맨드 라인에서는 index.html이 존재하는 레시피 폴더의 루트로 이동해 httpserver를 구동한다.

```
http-server .
```

이렇게 하면 웹 사이트가 http://localhost:8080에서 서비스된다. 이것은 우리가 테스트에서 쓴 주소와 동일하다. 지금 바로 웹 브라우저를 탐색해 실행 중인지 확인할 수 있다.

마지막으로 세번째 커맨드 라인 창에선 다시 한 번 레시피 폴더로 이동해 다음 명령어를 입력한다.

```
nightwatch
```

모든 것이 잘 동작하면 웹 브라우저가 눈앞에 깜박이면서 애플리케이션이 몇 초 동안 표시되고 난 후에 (컴퓨터 속도에 따라 다름) 콘솔에서 다음과 같은 내용을 볼 수 있다.

```
sting and e2e testing/7.6    7.6   nightwatch

[Test] Test Suite

Running: Happy scenario
  ✓ Element <#app> was visible after 51 milliseconds.
  ✓ Testing if element <h2> contains text: "Welcome to".
  ✓ Testing if element <p> is hidden.
  ✓ Element <p> was visible after 24 milliseconds.
  ✓ Testing if element <p> contains text: "Nightwatch".

OK. 5 assertions passed. (1.777s)
```

동작 원리

이 레시피가 많이 어려워 보이더라도 절망하지 말자. 뷰 템플릿에는 이미 이런 설정들이 모두 내부에 준비돼 있기 때문이다. 당신은 상세한 작동법을 이미 알고 있지만 후에 레시피에서 웹팩을 사용할 때 모든 것들이 이미 설정돼 있기 때문에 e2e 테스트를 실행하는 데 하나의 명령어만 수행한다.

종단 간 종단 테스트의 제목이 다소 일반적인 것에 주목하고 이것은 컨텍스트를 자세히 설명하는 것이 아니라 예상되는 사용자의 액션 흐름을 가리키는 것이다. 일반적으로 e2e 테스트에서는 사용자 스토리를 작성한 후 특정 시나리오를 분기하고 그 시나리오를 따라 각 분기의 이름을 지정하는 것이 낫다.

예를 들어, 서버에서 응답을 기다리고 있는데 응답이 오지 않는 경우 에러를 발생시키고 서버 에러 시나리오를 테스트하는 경우를 생각해볼 수 있다.

▌ 나이트워치에서 더블클릭 시뮬레이션하기

이 레시피는 나이트워치에서 더블클릭을 시뮬레이션하는 데 어려움을 겪고 있는 모든 사람들을 위한 것이다. 처음에는 다들 거치는 과정이기 때문에 동정심을 느낀다. 나이트 워치에는 doubleClick 함수가 있다는 것이 곧 밝혀지지만 적어도 내가 보기에 이것들은 예상대로 작동하지 않는다.

준비하기

이 레시피는 나이트워치를 시작해 특정 문제로 인해 어려움을 겪고 있는 개발자를 위한 것이다. 테스트를 위해 더블클릭을 시뮬레이션하는 방법을 배우고 싶지만 나이트워치를 모른다면? 하나 이전의 레시피로 돌아가자.

나이트워치를 사용한 설정이 제대로 작동하고 테스트를 시작할 수 있다고 가정한다. 또 이전의 레시피에서 모든 명령어를 설치했다고 가정해보자.

구동 방법

index.html 파일에 다음과 같은 뷰 애플리케이션이 존재한다고 가정해보자.

```html
<!DOCTYPE html>
<html>
<head>
  <title>7.6</title>
  <script src="https://unpkg.com/vue/dist/vue.js"></script>
</head>
<body>
  <div id="app">
    <h2>Welcome to my test page</h2>
    <button id="showBtn" @dblclick="show = true">
      Show
    </button>
    <p v-show="show">Hello Nightwatch!</p>
  </div>
</body>
</html>
```

<div> 엘리먼트 다음에 다음 스크립트를 추가한다.

```html
<script>
  const vm = new Vue({
    el: '#app',
    data: {
      show: false
    }
  })
</script>
```

당신의 앱을 http-server로 서비스할 수 있다. 웹 브라우저를 http://localhost:8080로 이동하고 텍스트를 표시하기 위해서 버튼을 더블클릭하자.

이제 이 동작을 테스트하고 싶은데 나이트워치의 API를 살펴보고 doubleClick() 함수를 발견했다.

그리고 이전의 레시피에서 작성한 것과 유사한 테스트를 작성할 수 있다.

```
'Happy scenario' : function (client) {
  client
    .url('http://localhost:8080')
    .waitForElementVisible('#app', 1000)
    .assert.containsText('h2', 'Welcome to')
    .assert.hidden('p')
    .doubleClick('button') // not working
    .waitForElementVisible('p', 1000)
    .assert.containsText('p', 'Nightwatch')
    .end();
}
```

이 테스트는 제대로 동작하지 않는다는 것을 제외하고는 그대로 닮아 있다. 다음과 같이 수정해 제대로 동작하도록 한다.

```
'Happy scenario' : function (client) {
  client
    .url('http://localhost:8080')
    .waitForElementVisible('#app', 1000)
    .assert.containsText('h2', 'Welcome to')
    .assert.hidden('p')
    .moveToElement('tag name', 'button', 0, 0)
    .doubleClick()
    .waitForElementVisible('p', 1000)
    .assert.containsText('p', 'Nightwatch')
    .end();
}
```

더블클릭을 동작시키기 위해선 먼저 해당 엘리먼트로 이동한 후 인자 없이 doubleClick 함수를 호출했을 때만 동작한다.

동작 원리

moveToElement 함수의 인자들은 다음과 같다.

- selector: tag name을 선택자로 사용했다.
- tag/selector: 예제에서는 button 태그를 검색했다. 여기서 다른 선택자를 사용했다면 다른 형식을 사용했을 것이다.
- xoffset: 가상 마우스가 x 좌표에 배치된다. 예제에서는 버튼 가장자리에서도 클릭이 유효했기 때문에 0도 잘 동작했다.
- yoffset: 이전 인자와 유사하지만 y축에 적용된다.

올바른 위치로 이동한 후 이벤트를 발생시킬 수 있는 일련의 명령어들이 존재한다. 예제에서는 doubleClick을 사용했지만 다른 것들도 존재한다.

▌ 여러 가지 스타일의 단위 테스트

우리는 이전 레시피에서 재스민을 발견하고 사용했다. 이번 레시피에서는 단위 테스트를 하는 여러 가지 다른 방법들을 알아보고 비교한다. 뷰 템플릿에는 모카 및 차이가 미리 설치돼 있기 때문에 특히 의미 있다. 차이Chai를 사용하면 세 가지 다른 스타일로 테스트를 작성할 수 있다.

준비하기

이번 레시피는 다른 사전 지식을 필요로 하지 않지만 재스민을 사용해 뷰 테스트하기 레

388

시피를 완료하기를 권한다.

구동 방법

이 레시피를 위해선 모카와 차이, 두 가지 종속성 라이브러리가 필요하다. 구글에서 검색하면 즉시 확인할 수 있다. 모카는 `mocha.js`와 `mocha.css`의 두 가지 파일로 나뉜다. 당신이 멋지게 출력하고 싶다면 그것들을 모두 추가해야 한다.

JSFiddle을 계속 사용하고 있었다면 평소와 같이 진행하자. 그렇지 않다면 의존성으로 뷰가 설치돼 있는지 확인하자.

예제의 HTML 레이아웃은 다음과 같다.

```html
<div id="app">
  <p>{{greeting}}</p>
</div>
<div id="mocha">
</div>
```

mocha 위치가 테스트 결과가 표시될 곳이다.

자바스크립트 영역에서는 다음과 같이 간단한 Vue 애플리케이션을 작성하고 변수에 할당한다.

```javascript
const vm = new Vue({
  el: '#app',
  data: {
    greeting: 'Hello World!'
  }
})
```

테스트를 작성해 `Hello World` 텍스트가 실제로 표시되는지 검증한다.

Vue 애플리케이션이 작성이 끝난 후에 다음 코드를 추가한다.

```
mocha.setup('bdd')
chai.should()
describe('my app', () => {
  it('should say Hello World', () => {
    vm.$el.innerText.should.contain('Hello World')
  })
})
mocha.run()
```

이 코드는 mocha와 chai를 준비하고(describe, it, should 함수를 설치함으로써) 있으며 컴포넌트의 내부 텍스트가 Hello Wrold인지 검증하고 있다. 꽤나 읽기 편하게 작성돼 있지 않은가?

애플리케이션을 구동하면 다음 화면을 확인할 수 있다.

chai를 사용해 동일한 테스트를 작성하는 두 가지 다른 방법이 존재한다. 첫 번째는 다음과 같다.

```
vm.$el.innerText.should.contain('Hello World')
```

두 번째 방법을 사용하기 위해선 const expect = chai.expect 구문을 먼저 추가해야 한다.

```
expect(vm.$el.innerText).to.contain('Hello World')
```

최종적으로 const assert = chai.assert 구문을 다음 코드 이전에 추가한다.

```
assert.include(vm.$el.innerText,
  'Hello World',
  'Component innerText include Hello World')
```

오류가 발생할 때 테스트가 더 많은 정보를 출력하기 위해 추가 인자로 메시지를 추가하는 단언 스타일은 자연스러운 방법이다.

동작 원리

차이는 간단한 기능을 구현하고 있고 일부 조건이 충족되지 않을 때 예외를 던지는 간단한 라이브러리다. 반면, 모카는 특정 코드를 실행하고 예외를 수집해 이를 사용자에게 더 멋진 방법으로 표시해준다.

어떤 스타일을 사용하는지는 주로 취향의 문제이지만, 세 가지 스타일 사이에는 약간의 차이가 존재한다.

- Should는 테스트를 더욱 가독성 있고 연설문처럼 보이게 만든다. 하지만 불행히도 이것은 Object를 확장해 should 함수를 모든 것에 추가한다. 이 문구에 어떻게 반응해야 할지 모른다면 신경 쓰지 않아도 되지만, 이런 접근 방법에 대한 올바른 반응은 소리지르며 도망가는 것이다. Object를 절대 확장하지 말자.
- Assert는 모든 단언에 대해 자세한 설명을 작성하는 것을 의미하며, 일반적으로 각 테스트마다 여러 단언을 사용하는 경우에 유용하다. 개인적으로는 테스트

당 하나의 단언문을 작성하고 테스트의 제목에 집중하는 것이 좋은 사례라고 생각한다.

- Expect는 Object를 확장하지 않으며 가독성이 매우 좋은 동시에 균형 잡혀 있기 때문에 일반적으로 다른 대안들보다 선호된다.

시논JS를 사용해 외부 API 호출 스터빙하기

일반적으로 종단 간 테스트 또는 통합 테스트를 수행하게 되면 백엔드 서버가 실행 중이고 응답 준비를 하고 있다. 나는 이것이 모든 경우에 적합하다고 생각하지 않는다. 당신은 프론트엔드 개발자로서 백엔드 개발자들을 탓할 수 있는 모든 조건들을 갖추고 있다.

준비하기

이번 레시피를 끝내기 위해 특별한 지식이 필요하진 않지만 재스민을 설치한 상태여야 한다. 이것은 재스민을 사용해 뷰 테스트하기 레시피에 자세히 설명돼 있다.

구동 방법

먼저 몇 가지 라이브러리들을 설치해야 한다. 이번 레시피에서는 재스민으로 모든 것을 수행한다. '재스민을 사용해 뷰 테스트하기' 레시피에서 좀 더 자세한 정보를 얻을 수 있다(필요로 하는 네 가지 파일은 순서대로 다음과 같다. jasmine.css, jasmine.js, jasmine-html.js, boot.js)

그리고 진행하기 앞서 시논JS와 액시오스를 설치한다. 각각 js 파일들을 추가하기만 하면 된다.

버튼을 클릭하면 POST 요청을 수행하는 애플리케이션을 작성할 것이다. HTML 영역에는 다음과 같이 작성한다.

```
<div id="app">
  <button @click="retrieve">Retrieve Post</button>
  <p v-if="post">{{post}}</p>
</div>
```

자바스크립트 영역은 다음과 같다.

```
const vm = new Vue({
  el: '#app',
  data: {
    post: undefined
  },
  methods: {
  retrieve () {
    axios
      .get('https://jsonplaceholder.typicode.com/posts/1')
      .then(response => {
        console.log('setting post')
        this.post = response.data.body
      })
    }
  }
})
```

애플리케이션을 실행하면 다음과 같이 작동하는 것을 볼 수 있다.

> **Retrieve Post**
>
> quia et suscipit suscipit recusandae consequuntur expedita et cum
> reprehenderit molestiae ut ut quas totam nostrum rerum est autem sunt
> rem eveniet architecto

이제 애플리케이션을 테스트하려고 하지만 실제로 서버에 연결하고 싶지는 않다. 실제로 연결하게 되면 추가 시간이 걸리고 해당 연결을 신뢰할 수도 없다. 그 대신 서버에서 샘플 응답을 갖고와 그것을 대신 사용한다.

시논JS는 샌드 박스라는 개념을 갖고 있다. 즉, 테스트가 시작될 때마다 액시오스와 같은 일부 종속성을 덮어씌울 수 있다. 각 테스트가 끝나면 샌드 박스를 버리고 모든 것이 정상으로 돌아간다.

시논JS의 비어 있는 테스트는 다음과 같다(뷰 인스턴스 뒤에 추가한다).

```
describe('my app', () => {
  let sandbox
  beforeEach(() => sandbox = sinon.sandbox.create())
  afterEach(() => sandbox.restore())
})
```

우리는 액시오스 get 함수 호출을 스텁으로 대신하고 싶다.

```
describe('my app', () => {
  let sandbox
  beforeEach(() => sandbox = sinon.sandbox.create())
  afterEach(() => sandbox.restore())
  it('should save the returned post body', done => {
    const promise = new Promise(resolve =>
      resolve({ data: { body: 'Hello World' } })
    )
    sandbox.stub(axios, 'get').returns(promise)
    ...
    done()
  })
})
```

위 코드에서는 액시오스를 덮어쓰고 있다. get메서드는 이제 resolved 프라미스를 반환해야 한다.

```
describe('my app', () => {
  let sandbox
  beforeEach(() => sandbox = sinon.sandbox.create())
  afterEach(() => sandbox.restore())
  it('should save the returned post body', done => {
    const promise = new Promise(resolve =>
      resolve({ data: { body: 'Hello World' } })
    )
    sandbox.stub(axios, 'get').returns(promise)
    vm.retrieve()
    promise.then(() => {
      expect(vm.post).toEqual('Hello World')
      done()
    })
  })
})
```

프라미스를 반환하고 있기 때문에 (프라미스를 반환해야만 하는데 retrieve 메서드가 그것의 then 메서드를 호출하기 때문이다) 그것이 완료될 때까지 기다려야 한다.

페이지를 구동해 그것이 제대로 작동하는지 확인할 수 있다.

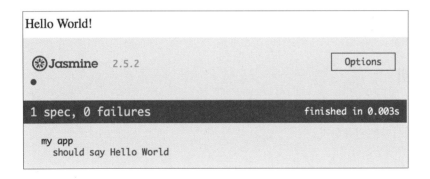

JSFiddle을 사용하고 있다면 Load Type 설정을 No wrap – in <body>으로 설정하자. 그렇지 않으면 뷰는 작동하지 않을 것이다.

동작 원리

이번 레시피에서는 샌드 박스를 사용해 라이브러리 중 하나의 메서드를 스터빙한다. 이렇게 하면 액시오스의 get 메서드가 결코 호출되지 않으며 백엔드가 반환할 응답과 유사한 객체를 대신 받는다.

API 응답을 스터빙하게 되면 백엔드와 그것이 갖는 특성에서 격리될 수 있다. 문제가 생기면 올바르게 작동하는 백엔드에 의존하지 않고 테스트를 실행할 수 있다.

일반적으로 HTTP와 관련 있는 API 호출을 스터빙하는 데 사용할 수 있는 많은 라이브러리와 기법들이 존재한다. 그와 관련해 이번 레시피가 당신에게 도움이 됐기를 바란다.

▌ 코드 커버리지 측정하기

코드 커버리지는 소프트웨어의 품질을 평가하는 데 가장 많이 사용되며 쉽게 이해할 수 있는 지표 중 하나다. 테스트에서 코드의 특정 부분을 실행하면 코드가 커버된다고 한다. 이것은 코드의 특정 부분이 올바르게 작동하고 있으며 버그를 포함할 확률이 적음을 의미한다.

준비하기

코드 커버리지를 측정하기 앞서 카르마를 사용할 것이기 때문에 '워크플로에 카르마 추가하기' 레시피를 완료하자.

구동 방법

새로운 폴더를 생성하고 그 안에 package.json 파일을 생성한다.

해당 파일에 다음 내용을 작성한다.

```
{
  "name": "learning-code-coverage",
  "version": "1.0.0"
}
```

이것으로 npm 프로젝트를 생성한다. 동일한 폴더에 다음 커맨드를 실행해 라이브러리들을 설치한다.

```
npm install vue karma karma jasmine karma-jasmine karma-coverage karma-chrome-launcher --save-dev
```

package.json 파일이 그에 맞춰 변경된다.

karma-coverage 플러그인은 또 다른 라이브러리 이스탄불을 사용해 테스트 커버리지를 측정하고 출력한다.

다음 단계를 좀 더 간단히 하기 위해 카르마를 전역으로 설치할 것이다(이미 그렇게 하지 않았다면). 다음 커맨드를 실행하자.

```
npm install -g karma
```

카르마가 설치되면 폴더에서 다음 명령어를 실행하자. 그러면 카르마 설정 파일을 생성한다.

```
karma init
```

로드할 파일들에 대한 질문을 제외하고는 모든 질문에 기본값으로 응답하자. 로드할 파일들의 경우에는 다음 두 줄을 입력하자.

- node_modules/vue/dist/vue.js
- *.js

그 후에 빈 줄을 남겨두자. 그러면 Vue와 js 확장자로 끝나는 모든 파일이 디렉터리 루트에 로드된다.

카르마가 만든 파일을 연다. `karma.conf.js`라고 해야 하며 다른 파일과 함께 디렉터리에 존재한다.

다음과 같은 부분이 존재해야 한다.

```
preprocessors: {
},
```

preprocessors 객체 내부에는 다음과 같이 coverage를 입력한다.

```
preprocessors: {
  'myApp.js': ['coverage']
},
```

즉, cover 전처리기를 사용해 myApp.js 파일을 전처리하려고 한다. myApp.js 파일에는 테스트할 애플리케이션이 포함된다.

그 직후 reporters 배열에 coverage를 추가하자.

```
reporters: ['progress', 'coverage'],
```

이것은 리포터가 커버리지 측정치를 웹 페이지에 보고서 형태로 출력하게 한다.

설정들이 제대로 동작하기 위해선 frameworks와 files 사이에 다른 속성인 plugins도 설정해야 한다.

```
plugins: [
 'karma-jasmine',
 'karma-coverage',
 'karma-chrome-launcher'
],
```

다음은 테스트하려는 간단한 뷰 애플리케이션을 작성한다.

myApp.js 파일을 생성한다. 우리는 숫자 추측 게임을 만들 것이다.

다음 내용을 파일에 추가한다.

```
const myApp = {
  template: `
    <div>
      <p>
        I am thinking of a number between 1 and 20.
      </p>
      <input v-model="guess">
      <p v-if="guess">{{output}}</p>
    </div>
    `
}
```

사용자가 숫자를 입력하면 출력에 힌트가 표시되거나 숫자가 맞았을 때 승리를 축하하는 텍스트가 표시된다. myApp 객체에 다음 상태를 추가한다.

```
data: {
  number: getRandomInt(1, 20),
  guess: undefined
}
```

파일의 상단에는 다음과 같이 getRandomInt 함수를 추가한다.

```
function getRandomInt(min, max) {
  return Math.floor(Math.random() * (max - min)) + min;
}
```

힌트를 보여주기 위해 계산된 속성도 필요하다.

```
computed: {
  output () {
    if (this.guess < this.number) {
      return 'Higher...'
    }
    if (this.guess > this.number) {
      return 'Lower...'
    }
    return 'That\'s right!'
  }
}
```

애플리케이션이 완성됐다. 기대하던 대로 동작하는지 확인해보자.

루트 폴더에 test.js 파일을 생성하고 다음 테스트를 작성한다.

```
describe('my app', () => {
  let vm
  beforeEach(() => {
    vm = new Vue(myApp).$mount()
    vm.number = 5
  })
  it('should output That\'s right! if guess is 5', () => {
    vm.guess = 5
    expect(vm.output).toBe('That\'s right!')
  })
})
```

```
})
```

테스트를 실행하기 위해 다음 명령어를 사용한다.

```
karma start
```

 karma-coverage 플러그인이 이미 설치돼 있는데도 karma-coverage 플러그인을 설치하라는 메시지와 함께 명령어가 실패한다면 플러그인을 전역으로 설치하거나 ./node-modules/karma/bin/karma start를 사용해 지역 환경에 설치된 카르마를 사용할 수 있다.

웹 브라우저가 열리면 콘솔 창으로 돌아가 테스트가 끝나게 되면 **Ctrl + C**를 입력해 카르마를 중지시킨다.

모든 것이 순조롭게 진행됐다면 내부에 Chrome 폴더를 갖고 있는 새로운 coverage 폴더를 확인할 수 있다. 그 내부에서 index.html 파일도 찾을 수 있는데 해당 파일을 열면 다음과 같은 페이지가 보일 것이다.

시작부터 노란색이 보이는데 무엇인가 잘못됐다는 신호다. 함수는 100%를 테스트했지만 그 함수의 브랜치는 50%밖에 테스트하지 않았다.

myApp.js 파일을 열어 자세히 살펴보면 if 구문의 두 가지 분기를 테스트하지 않았음을
볼 수 있다.

```
18    },
19    computed: {
20      output () {
21 1x     I if (this.guess < this.number) {
22          return 'Higher...'
23        }
24 1x     I if (this.guess > this.number) {
25          return 'Lower...'
26        }
27 1x     return 'That's right!'
28      }
29    }
30  }
```

해당 브랜치에 에러가 존재했다면 모르고 지나갔을 수도 있다. 테스트 파일 내에 다음 두
가지 테스트를 더 추가한다.

```
it('should output Lower... if guess is 6', () => {
  vm.guess = 6
  expect(vm.output).toBe('Lower...')
})
it('should output Higher... if guess is 4', () => {
  vm.guess = 4
  expect(vm.output).toBe('Higher...')
})
```

테스트를 다시 수행하고 보고서를 열어보면 훨씬 녹색으로 변한 것을 확인할 수 있다.

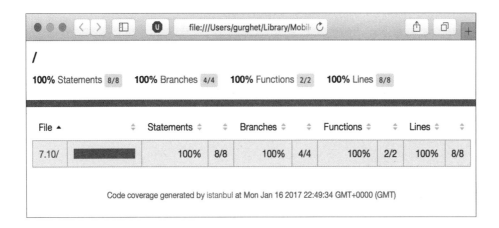

동작 원리

우리는 애플리케이션을 실행해보지도 않았지만 테스트 덕분에 그것이 제대로 동작함을 이미 확신하고 있다.

또한 코드의 100 %를 커버한다는 보고서를 받았다. 세 가지 숫자에 대한 추측 게임을 테스트했지만 가능한 모든 브랜치들을 다뤘다.

소프트웨어에 버그가 없다는 것을 결코 확신할 수는 없다. 그러나 이러한 종류의 도구는 개발자들이 기존 기능들을 망칠 수 있다는 두려움 없이도 개발할 수 있도록 해준다.

08

정리 + 자동화 + 배포 = 웹팩

이번 장에서는 다음 주제들을 다룬다.

- 코드를 깔끔하게 유지하기 위해 컴포넌트에서 로직 추출해내기
- 웹팩으로 컴포넌트 번들링하기
- 웹팩을 사용해 의존성 구성하기
- 웹팩 프로젝트에서 외부 컴포넌트 사용하기
- 핫 리로딩을 통해 지속적인 피드백을 받으며 개발하기
- 바벨을 사용해 ES6에서 컴파일하기
- 개발하는 동안 코드 린터 실행하기
- 하나의 명령어를 사용해 축소된 파일과 개발용 .js 파일을 빌드하기
- 컴포넌트를 외부에 공개하기

npm과 결합된 웹팩은 매우 강력한 도구다. 본질적으로, 그것은 단지 의존성과 함께 일부 파일들을 취해 모든 것을 하나 또는 그 이상의 파일로 묶는 번들 생성기일 뿐이다. 웹팩은 현재 두 번째 버전까지 나왔으며[8], 특히 뷰 개발자들을 위해 많은 기능들을 제공된다.

웹팩을 사용하면 단일 파일로 편리하게 분리된 컴포넌트를 작성하고 명령에 따라 패키징할 수 있다. 이 도구를 사용하면 ES6과 같은 다른 자바스크립트 표준을 사용할 수 있게 되며, 다음 레시피들에서 반복되는 개념인 로더[loader] 덕분에 다른 언어들도 모두 사용할 수 있다.

▌코드를 깔끔하게 유지하기 위해 컴포넌트에서 로직 추출해내기

뷰의 컴포넌트는 때로는 매우 복잡해질 수 있다. 이러한 경우 컴포넌트를 분리하고 추상화를 통해 복잡성을 숨기는 것이 좋다. 이러한 복잡성을 두기에 가장 좋은 장소는 외부 자바스크립트 파일이다. 이렇게 하면 필요할 때에 추출된 로직을 추가적인 컴포넌트로 쉽게 공유할 수 있다는 이점이 있다.

준비하기

이번 레시피는 중급 수준이다. 진행하기 앞서 1 장, '뷰JS시작하기'의 개발 환경 선택 레시피를 완료해야 하며 npm으로 프로젝트를 설정하는 방법을 알고 있어야 한다.

또한 다음 명령을 사용해 vue-cli 패키지가 전역으로 설치돼 있는지 확인하자.

```
npm install -g vue-cli
```

---

8 2017년 8월 현재 세번째 버전이 출시됐다.—옮긴이

구동 방법

이번 레시피에서는 복리 계산기를 만들 것이다. 초기 투자 후에 얼마나 많은 돈을 벌게 될지 알 수 있다.

초기 웹팩 프로젝트 생성하기

다음 명령을 사용해 새 디렉터리와 뷰 프로젝트를 생성한다.

```
vue init webpack
```

질문에 대해 기본값을 선택할 수 있다.

npm install을 실행해 필요한 모든 종속성을 설치하자.

그런 다음, 디렉터리 구조에서 src / App.vue로 이동해 파일 내부의 모든 내용을 삭제한다.

최종 결과는 다음과 같다.

```
<template>
  <div id="app">
  </div>
</template>

<script>
export default {
  name: 'app'
}
</script>

<style>
</style>
```

이미 이 작업을 수행했다면 대신 다음 명령을 통해 다른 템플릿을 사용할 수 있다.

vue init gurghet/webpack

복리 계산기 작성하기

복리 이자 계산기를 작성하려면 초기 자본 또는 원금, 연간 이자율과 투자 기간의 세 가지 필드가 필요하다. 그런 다음, 출력 필드를 추가해 최종 결과를 표시한다. 다음은 해당 HTML 코드다.

```
<div id="app">
  <div>
    <label>principal capital</label>
    <input v-model.number="principal">
  </div>
  <div>
    <label>Yearly interestRate</label>
    <input v-model.number="interestRate">
  </div>
  <div>
    <label>Investment length (timeYears)</label>
    <input v-model.number="timeYears">
  </div>
  <div>
    You will gain:
    <output>{{final}}</output>
  </div>
</div>
```

.number 수식어를 넣었는데 그렇지 않으면 입력한 숫자가 자바스크립트에 의해 문자열로 변환된다.

자바스크립트 영역에서 다음 코드를 작성해 세 가지 모델 변수를 선언하자.

```
export default {
  name: 'app',
  data () {
    return {
      principal: 0,
      interestRate: 0,
      timeYears: 0
    }
  }
}
```

복리 이자를 계산하기 위해 다음 수학 공식을 사용한다.

최종 자본 = (1 + *연간 이자율*) ^ *예치년수*

자바스크립트로는 다음과 같이 표현된다.

```
P * Math.pow((1 + r), t)
```

다음처럼 이것을 뷰 컴포넌트의 계산된 속성으로 추가한다.

```
computed: {
  final () {
    const P = this.principal
    const r = this.interestRate
    const t = this.timeYears
    return P * Math.pow((1 + r), t)
  }
}
```

폴더에서 다음 명령을 사용해 애플리케이션을 실행한다.

```
npm run dev
```

애플리케이션이 작동하므로 0.93달러를 은행에 넣어 두고 2.25% 이자율로 1000년 동안 동면을 취하면 얼마를 얻을 수 있는지 알 수 있다(43억 달러다).

principal capital 0.93
Yearly interestRate 0.0225
Investment length (timeYears) 1000
You will gain: 4283508449.711061

코드 안의 수식은 지금 당장 신경 쓰지 않아도 좋다. 그럼에도 같은 계산을 하는 다른 컴포넌트가 존재한다면 어떻게 될까? 또한 예제에서 복리를 계산하고 있다는 것을 더 분명하게 하기를 원한다. 그리고 이런 관점에서 공식이 실제로 무엇을 하는지 신경 쓰지 않는다.

src 폴더 안에 compoundInterest.js라는 이름의 새 파일을 만든 후 그 안에 다음 코드를 작성하자.

```
export default function (Principal, yearlyRate, years) {
  const P = Principal
  const r = yearlyRate
  const t = years
  return P * Math.pow((1 + r), t)
}
```

그에 맞춰 App.vue 내의 코드를 수정한다.

```
computed: {
  final () {
    return compoundInterest(
```

```
        this.principal,
        this.interestRate,
        this.timeYears
      )
    }
}
```

또한 방금 작성한 파일을 자바스크립트 영역의 맨 위에서 불러오는 것을 잊지 말자.

```
<script>
  import compoundInterest from './compoundInterest'
  export default {
  ...
```

동작 원리

컴포넌트를 작성할 때나 일반적으로 프로그래밍할 때 코드 범위를 한 단계의 추상화 계층으로만 한정시키는 것은 매우 바람직하다. 최종 자본값을 반환하는 계산된 속성을 작성할 때 올바른 함수, 즉 목적에 맞는 올바른 계산을 위한 함수를 호출하는 것에 대해서만 신경써야 한다. 공식의 내부 구조는 추상화의 하위 계층에 위치하며 이를 다루고 싶지 않다.

예제에서는 계산의 모든 핵심을 별도의 파일로 빼냈다는 것이다. 그런 다음, 파일에서 함수를 다음 줄과 함께 export한다.

```
export default function (Principal, yearlyRate, years) {
...
```

이렇게 하면 뷰 컴포넌트에서 파일을 import할 때 해당 함수를 기본값으로 사용할 수 있다.

```
import compoundInterest from './compoundInterest'
...
```

여기서 compoundInterest는 다른 파일에서 정의한 함수다. 또한, 이러한 관심사의 분리는 이 함수를 사용해 다른 파일 (잠재적으로 다른 프로젝트도 포함)에서조차 복리 이자를 계산할 수 있게 해준다.

웹팩으로 컴포넌트 번들링하기

웹팩을 사용하면 축소된 자바스크립트 파일로 프로젝트를 패키징할 수 있다. 그런 다음, 이러한 파일을 배포하거나 직접 사용할 수 있다. vue-cli와 함께 제공되는 내장 템플릿을 사용하면 웹팩이 작동 중인 전체 애플리케이션을 빌드하도록 구성할 수 있다. 때로는 다른 프로젝트에서 게시하거나 사용할 라이브러리를 만들기를 원한다. 이번 레시피에서는 웹팩 템플릿의 기본 구성을 조정해 컴포넌트를 대신 배포한다.

준비하기

이 레시피는 npm을 설치할 수 있고(1장, '뷰JS 시작하기'에서 개발 환경 선택하기 레시피 참조) vue-cli 및 웹팩 템플릿에 익숙한 사용자들에게만 이해가 될 것이다.

구동 방법

이번 레시피는 재사용할 수 있는 컴포넌트를 만들어 사용자가 입력한 것이 무엇이든 섞어준다. 이를 위해 훌륭한 CSShake 라이브러리를 사용한다.

웹팩 템플릿을 기반으로 새로운 깨끗한 프로젝트를 생성한다. 이전 레시피를 보고 수행 방법을 확인하거나 필자가 미리 작성한 템플릿을 사용할 수 있다. 새 디렉터리를 만들고 다음 명령을 실행하면 템플릿을 사용할 수 있다.

```
vue init gurghet/webpack
```

어떻게 응답해야 할지 모르겠다면 기본 대답을 선택하자. 종속성 라이브러리를 가져오려면 npm install을 실행해야 한다.

먼저 App.vue 파일의 이름을 Shaker.vue로 변경한다.

파일 내부의 HTML 템플릿에 다음을 입력하자.

```
<template>
  <span id="shaker" class="shake">
     <link rel="stylesheet" type="text/css" href="https://csshake.surge.sh/csshake.min.css">
    <slot></slot>
  </span>
</template>
```

원본 템플릿과 관련해 <div>를 <span>으로 변경한 것에 유의하자. 이는 셰이커가 인라인 컴포넌트가 되기를 원하기 때문이다.

컴포넌트는 이것으로 완성된다. 자바스크립트 부분에서 외장을 위한 약간의 수정이 필요하다.

```
<script>
  export default {
    name: 'shaker'
```

```
  }
</script>
```

애플리케이션을 수동으로 테스트하기 위해 다음과 같은 방법으로 main.js 파일을 수정할수 있다(강조 표시된 텍스트는 수정된 코드다).

```
// The Vue build version to load with the `import` command
// (runtime-only or standalone) has been set in webpack.base.conf with an alias.
import Vue from 'vue'
import Shaker from './Shaker'

/* eslint-disable no-new */
new Vue({
  el: '#app',
  template: `
    <div>
      This is a <Shaker>test</Shaker>
    </div>
  `,
  components: { Shaker }
})
```

이렇게 하면 다음 스크린샷과 같이 샘플 페이지가 생성된다. 이 페이지에서 핫리로드를 위한 컴포넌트의 프로토 타입을 만들 수 있다. 다음 명령을 실행하자.

```
npm run dev
```

커서를 test 단어 위에 올려놓으면 마구 흔들려야 한다.

이제 이 컴포넌트를 나중에 재사용할 수 있도록 하나의 자바스크립트 파일에 패키지화하려고 한다.

기본 템플릿에는 이를 위한 구성이 존재하지 않지만 추가하는 일은 쉽다.

우선, build 폴더 내부의 `webpack.prod.js` 파일에서 작업이 필요하다.

라이브러리를 배포할 때 필요하지 않은 플러그인을 제거해보자. 파일 안의 plugins 배열을 찾자. 다음 코드의 형태로 플러그인을 포함하는 배열이다.

```
plugins: [
  new Plugin1(...),
  new Plugin2(...),
  ...
  new PluginN(...)
]
```

다음 플러그인들만 필요하다.

- `webpack.DefinePlugin`

- `webpack.optimize.UglifyJsPlugin`

- `webpack.optimize.OccurrenceOrderPlugin`

우리가 필요로 하지 않는 다른 모든 플러그인을 제거하자. 최종 배열은 다음과 같아야 한다.

```
plugins: [
  new webpack.DefinePlugin({
    'process.env': env
  }),
  new webpack.optimize.UglifyJsPlugin({
```

```
  compress: {
    warnings: false
  }
}),
new webpack.optimize.OccurrenceOrderPlugin()
]
```

첫 번째는 플러그인은 구성을 추가하고 두 번째는 파일을 축소하며 세 번째는 결과 파일을 최적화한다.

출력 경로를 단순화하기 위해 편집해야 할 또 다른 속성은 output이다.

원본 속성은 다음과 같다.

```
output: {
  path: config.build.assetsRoot,
  filename: utils.assetsPath('js/[name].[chunkhash].js'),
  chunkFilename: utils.assetsPath('js/[id].[chunkhash].js')
}
```

원래 그것이 하는 일은 js 디렉터리 안에 일련의 출력 파일을 만드는 것이다. 사각 괄호 안에 변수가 존재한다. 예제에서는 애플리케이션만을 위한 독립 모듈 shaker 하나만 존재하기 때문에 그것들이 필요하지 않다. 다음과 같이 변경하자.

```
output: {
  path: config.build.assetsRoot,
  filename: utils.assetsPath('shaker.js')
}
```

방금 말했듯이 컴포넌트 자체가 포함되기를 원하기 때문에 필요에 따라 일부 수정을 필요로 한다.

컴포넌트에 CSS 스타일 기능이 내장되도록 하려면(예제의 경우, 외부 CSS 라이브러리를 사용하기 때문에 CSS 스타일이 존재하지 않음) ExtractTextPlugin을 비활성화시켜야 한다. 이미 목록에서 플러그인을 삭제했지만 일부 다른 파일은 여전히 그것을 사용하고 있다. vue-loader.conf.js 파일(일부 버전에서는 동일한 파일의 vue 섹션)에서 extract 옵션을 찾아 다음 코드로 변경한다.

```
... {
  loaders: utils.cssLoaders({
    ...
    extract: false
  })
}
```

우리 컴포넌트는 일반적으로 뷰 라이브러리를 포함하기 때문에 뷰 프로젝트에서 컴포넌트 사용을 원하는 경우 중복이기 때문에 이것을 필요로 하지 않는다. 웹팩에게 외부 종속성을 검색하고 포함하지 말라고 지시할 수 있다. 방금 수정한 webpack.prod.js 파일의 plugins 이전에 다음 특성을 추가하자.

```
externals: {
  'vue': 'Vue'
}
```

이렇게 해서 웹팩은 뷰 라이브러리를 번들에 쓰지 않고 전역 변수 Vue를 취해 Vue 의존성이 사용된 모든 곳에서 사용한다. 웹팩 구성은 거의 완료됐는데 module 프로퍼티 이전에 다른 프로퍼티를 추가하기만 하면 된다.

```
var webpackConfig = merge(baseWebpackConfig, {
  entry: {
    app: './src/dist.js'
```

```
},
module: {
...
```

이렇게 하면 dist.js 파일에서 코드를 읽어 컴파일을 시작한다. 잠깐, 이 파일은 아직 존재하지 않는다. 그것을 생성하고 내부에 다음 코드를 추가하자.

```
import Vue from 'vue'
import Shaker from './Shaker'
Vue.component('shaker', Shaker)
```

마지막으로 축소된 자바스크립트 파일에서 뷰 의존성이 외부적으로 취해지며 컴포넌트가 전역적으로 등록된다.

마지막 변경사항으로 축소된 파일이 저장되는 폴더를 수정하는 것이 좋다. config/index.js 파일에서 다음 행을 수정하자.

```
assetsSubDirectory: 'static',
```

npm 커맨드를 사용해 축소된 파일을 빌드하자.

```
npm run build
```

다음과 같은 결과 화면을 볼 수 있다.

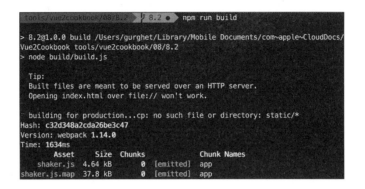

파일을 테스트하기 위해 JSFiddle을 사용할 수 있다.

dist/.js에서 작성한 파일의 내용을 복사한 다음 https://gist.github.com/(등록해야 할 수도 있음)로 이동해 파일 내용을 텍스트 영역에 붙여 넣고 이름을 shaker.js로 지정하자.

텍스트 한 줄이기 때문에 No Wrap 옵션을 사용하면 보기가 힘들 것이다. Create public gist를 클릭하고 다음 페이지로 이동하면 다음 스크린샷과 같이 Raw를 클릭한다.

URL 주소를 복사하고 http://rawgit.com/으로 이동한 후 링크를 붙여 넣는다.

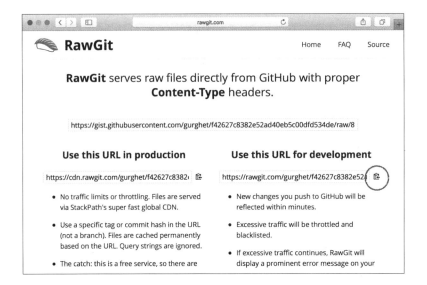

클릭한 후 오른쪽에 있는 링크를 복사하자. 축하한다. 웹에 컴포넌트를 배포했다.

이제 JSFiddle로 가서 뷰를 라이브러리로 선택하자. 이제 왼쪽에서 복사한 링크를 추가하면 컴포넌트를 사용할 수 있다.

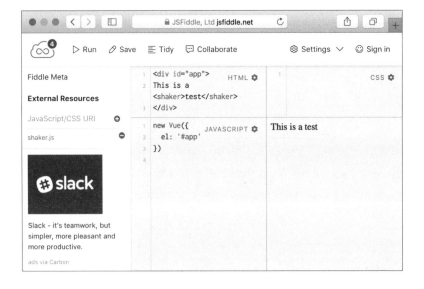

동작 원리

공식 템플릿의 웹팩 설정은 상당히 복잡하다. 한편으로는 모든 것을 바로 이해하려고 하지 말자. 그렇지 않으면 금방 막다른 골목에 막히게 되고 많은 것을 배울 수 없을 것이다.

UMD^{Universal Module Definition} 모듈을 생성했는데 이것은 사용 가능한 뷰 의존성이 존재하는지 확인하고 스스로 컴포넌트로 설치된다.

컴포넌트에 CSS와 스타일을 추가할 수 있으며, 웹팩을 구성하는 방식에 따라 스타일이 컴포넌트와 함께 제공된다.

추가 정보

'컴포넌트를 외부에 공개하기' 레시피에서 당신의 컴포넌트를 npm 공재 저장소에 배포하는 방법을 배운다. 해당 레시피와는 다른 방법을 사용하지만 레지스트리에 공개하는 단계가 빠져 있다.

▎ 웹팩을 사용해 의존성 구성하기

웹팩은 코드와 의존성을 구성하는 도구다. 또한 우리가 제공한 모든 의존성과 모듈을 포함하는 자바스크립트 파일을 개발하고 빌드하는 방법을 제공한다. 이 레시피에서 웹팩을 사용해 작은 뷰 애플리케이션을 작성하고 모든 것을 하나의 파일에 묶어 보일 것이다.

준비하기

이번 레시피는 npm과 커맨드 라인을 다루는 기술 이외에는 특별한 지식이 필요하지 않다. 이번 장의 다른 레시피에서 좀 더 자세한 내용을 찾을 수 있다.

구동 방법

이번 레시피를 위해 새 폴더와 `package.json` 파일을 생성하고 다음 내용을 입력한다.

```json
{
 "name": "recipe",
 "version": "1.0.0"
}
```

이렇게 해서 npm 프로젝트를 정의한다. 물론 관련된 내용을 잘 숙지하고 있다면 npm init이나 yarn init을 사용할 수도 있다.

이번 레시피를 위해 웹팩 2를 설치할 것이다. 프로젝트에 라이브러리를 추가하기 위해 다음 커맨드를 실행한다.

```
npm install --save-dev webpack@2
```

--save-dev 옵션은 최종 개발 프로덕트에 해당 웹팩 코드를 포함시키지 않고 개발 목적으로만 사용할 것임을 명시한다.

새로운 **app** 폴더를 생성하고 그 안에 **App.vue** 파일을 생성한다.

해당 파일은 다음과 같이 간단한 뷰 컴포넌트가 될 것이다.

```
<template>
  <div>
    {{msg}}
  </div>
</template>
<script>
export default {
  name: 'app',
  data () {
```

```
    return {
      msg: 'Hello world'
    }
  }
}
</script>
<style>
</style>
```

웹팩에게 .vue 파일을 어떻게 .js 파일로 변경하는지 알려줘야 한다. 그렇게 하기 위해 루트 폴더에 설정 파일인 webpack.config.js를 생성하는데, 이 파일은 웹팩에 의해 자동으로 인식된다. 파일 내부에는 다음과 같이 입력한다.

```
module.exports = {
  module: {
    rules: [
      {test: /.vue$/, use: 'vue-loader'}
    ]
  }
}
```

rules 내부에 있는 내용은 다음과 같은 이야기다.

 헤이 웹팩, 만약 너가 확장자가 .vue인 파일들을 보면 vue-loader를 사용해 자바스크립트 파일로 바꾸도록 해.

해당 로더를 설치하기 위해 다음 npm 명령어를 사용해야 한다.

```
npm install --save-dev vue-loader
```

이렇게 설치되는 로더는 자동적으로 설치되지 않는 외부 의존성을 내부적으로 사용하기 때문에 다음 명령어로 직접 설치해줘야 한다.

```
npm install --save-dev vue-template-compiler css-loader
```

이 기회를 사용해 뷰 자체를 설치해보자.

```
npm install --save vue
```

이것으로 뷰 컴포넌트가 준비됐다. 컴포넌트를 위치시키고 테스트하기 위한 페이지가 필요하다. app 폴더 내부에 index.js 파일을 생성하자. 뷰 인스턴스에서 컴포넌트를 생성한다. 다음 커맨드를 index.js에 입력하자.

```
import Vue from 'vue'
import App from './App.vue'
new Vue({
  el: '#app',
  render: h => h(App)
})
```

이 id가 app인 엘리먼트에 뷰 인스턴스를 마운트하고 그것은 하나의 컴포넌트인 App. vue를 포함한다.

한 가지 더 추가적로 HTML 파일이 필요하다. 루트 폴더에서 index.html을 생성하고 다음을 입력한다.

```
<!DOCTYPE html>
<html>
  <head>
```

```
    <title>Webpack 2 demo</title>
  </head>
  <body>
    <div id="app"></div>
    <script src="dist/bundle.js"></script>
  </body>
</html>
```

이 파일에서 직접 /index.js를 참조하지 않는데 그 이유는 index.js 파일 자체는 작동하지 않기 때문이다. 그것은 웹 브라우저가 인식하지 못하는 중요한 구문을 담고 있다. 그 대신 웹팩은 index.js 파일과 그 의존성들을 모두 포함하는 dist/bunle.js를 손쉽게 생성할 수 있다. 그것을 위해 다음 명령어를 실행한다.

```
./node_modules/webpack/bin/webpack.js app/index.js dist/bundle.js
```

이 명령어를 실행하면 다음과 유사한 출력을 볼 수 있다.

```
⟩ 8.3 ● ./node_modules/webpack/bin/webpack.js app/index.js dist/bundle.js
Hash: 50e77638cffa51b001f1
Version: webpack 2.2.0
Time: 1056ms
     Asset    Size  Chunks              Chunk Names
 bundle.js  183 kB       0  [emitted]  main
   [0] ./app/App.vue 1.79 kB {0} [built]
   [1] ./~/vue/dist/vue.runtime.common.js 162 kB {0} [built]
   [2] ./~/css-loader!./~/vue-loader/lib/style-rewriter.js?id=data-v-7057c7d3!./~/vue-loader/lib/selector
.js?type=styles&index=0!./app/App.vue 192 bytes {0} [built]
   [3] ./~/css-loader/lib/css-base.js 1.51 kB {0} [built]
   [4] ./~/process/browser.js 5.3 kB {0} [built]
   [5] ./~/vue-loader/lib/selector.js?type=script&index=0!./app/App.vue 113 bytes {0} [built]
   [6] ./~/vue-loader/lib/template-compiler.js?id=data-v-7057c7d3!./~/vue-loader/lib/selector.js?type=tem
plate&index=0!./app/App.vue 376 bytes {0} [built]
   [7] ./~/vue-style-loader/addStyles.js 6.24 kB {0} [built]
   [8] ./~/vue-style-loader!./~/css-loader!./~/vue-loader/lib/style-rewriter.js?id=data-v-7057c7d3!./~/vu
e-loader/lib/selector.js?type=styles&index=0!./app/App.vue 1.31 kB {0} [built]
   [9] (webpack)/buildin/global.js 509 bytes {0} [built]
  [10] ./app/index.js 99 bytes {0} [built]
```

이제 index.HTML 파일을 열어보면 잘 작동하는 것을 확인할 수 있다.

그러나 매번 이렇게 긴 커맨드를 실행하는 것은 그다지 재미있는 일은 아니다. 웹팩과 npm의 조합이면 더 잘해낼 수 있다.

webpack.config.js에 다음 속성을 추가한다.

```
module.exports = {
  entry: './app/index.js',
  output: {
    filename: 'bundle.js',
    path: __dirname + '/dist'
  },
  module: {
  ...
```

이것은 웹팩의 진입점을 명시하고 결과물이 어디에 저장돼야 하는지 명시한다.

package.json에도 스크립트를 추가할 수 있다.

```
"scripts": {
  "build": "webpack"
}
```

이제 npm run build를 실행하면 이전의 긴 커맨드와 동일하게 동작하는 것을 확인할 수 있다.

동작 원리

이번 레시피에서는 기본적으로 우리가 작성한 컴포넌트와 Vue를 동시에 포함하고 있는 자바스크립트 파일(bundle.js)을 생성했다. index.html 파일에는 뷰의 흔적이 존재하지 않는데 그 이유는 bundle.js에 내장돼 있기 때문이다.

이것은 많은 의존성들이 존재할 때 더 나은 방법이다.

더 이상 웹 페이지의 헤드나 보디 영역에 수많은 태그를 추가할 필요가 없다.

또한 필요하지 않은 의존성들을 로드하지 않아도 된다.

보너스로, 웹팩은 최종 파일을 압축하거나 의존성을 직접 로드할 때는 불가능한 고급 최적화 기술들을 실행할 수 있는 능력과 유연성을 갖고 있다.

웹팩 프로젝트에서 외부 컴포넌트 사용하기

자신의 프로젝트에서 외부의 뷰 컴포넌트를 사용하는 것은 대개 간단한 작업이다. 그러나 때로는 그렇게 간단히 해결되지 않는다. 특히 웹팩과 함께 공식 템플릿에 실제로 일부 외부 컴포넌트를 사용하지 못하도록 막는 몇 가지 설정이 존재한다. 이 레시피에서는 부르마^{Bulma} 프로젝트의 모달 대화 상자 컴포넌트를 설치한다.

준비하기

이번 레시피에서는 웹팩 설정을 조정할 것이다. 이 작업을 시작하기 전에 웹팩을 사용해 의존성 구성 레시피를 완료하는 것이 좋다.

구동 방법

예제에서는 새로운 웹팩 프로젝트로 시작할 것이다. vue-cli 및 공식 웹팩 템플릿을 사용해 새 프로젝트를 생성할 수 있다. 그러나 내가 작성한 백지 상태의 웹팩 템플릿을 사용하는 것을 추천한다. 이를 수행하려면 새 디렉터리에서 다음 명령을 실행하자.

```
vue init gurghet/webpack
```

뷰와 부르마 CSS 프레임워크로 작성된 컴포넌트인 vue-bulma-model을 설치할 것이다.

```
npm install --save vue-bulma-modal bulma
```

방금 커맨드는 실제 CSS 스타일을 포함하는 bulma도 같이 설치하고 있다.

이 스타일이 실제로 동작하기 위해선 웹팩을 위한 자바스크립트로 변환시켜야 하는데 이것은 몇몇 로더들을 설치해야 함을 의미한다.

```
npm install --save-dev node-sass sass-loader
```

SASS 로더는 이미 구성돼 있기 때문에 더 이상 추가로 할 일은 없다. 그러나 바벨^{Babel}로 더에 관한 웹팩 설정은 수정이 필요하다('바벨을 사용해 ES6에서 컴파일하기' 레시피에서 좀 더 자세히 배울 것이다.)

공식 템플릿(이것은 변경될 수 있으므로 유의하자)에는 웹팩이 의존성을 컴파일하지 않도록 하는 라인이 존재한다. build/webpack.base.conf.js로 이동해 다음 코드를 찾자.

```
{
  test: /.js$/,
  loader: 'babel-loader',
  include: [
    path.join(projectRoot, 'src')
  ],
  exclude: /node_modules/
},
```

 TIP 사용 중인 웹팩의 버전에 따라 로더 구문을 약간 수정해야 할 수도 있다. 예를 들어, 초기 웹팩 버전에서는 babel-loader 대신 babel을 사용해야 한다.

강조된 줄을 삭제하고 그 대신 다음을 입력한다.

```
{
  test: /.js$/,
  loader: 'babel-loader',
  include: [
    path.join(projectRoot, 'src'),
    path.join(projectRoot, 'node_modules/vue-bulma-modal')
  ]
},
```

이것은 웹팩이 방금 설치한 babel-loader를 통해 컴포넌트를 컴파일하도록 만든다.

이번에는 App.vue의 다음 HTML 레이아웃을 입력한다.

```
<template>
  <div id="app">
    <card-modal
      @ok="accept"
      ok-text="Accept"
      :visible="popup"
      @cancel="cancel"
    >
      <div class="content">
        <h1>Contract</h1>
          <p>
            I hereby declare I have learned how to
            install third party components in my
            own Vue project.
          </p>
        </div>
      </card-modal>
    <p v-if="signed">It appears you signed!</p>
  </div>
</template>
```

그런 다음, 다음과 같이 자바스크립트 영역에 로직을 작성한다.

```
<script>
import { CardModal } from 'vue-bulma-modal'
export default {
  name: 'app',
  components: { CardModal },
  data () {
    return {
      signed: false,
      popup: true
    }
  },
  methods: {
    accept () {
      this.popup = false
      this.signed = true
    },
    cancel () {
      this.popup = false
    }
  }
}
</script>
```

부르마의 스타일을 사용하기 위해서는 SASS 로더를 가동하고 bulma 파일을 임포트해야한다. 다음 줄을 추가하자.

```
<style lang="sass">
@import '~bulma';
</style>
```

첫 번째 줄을 우리가 원하는 스타일 언어를 어떻게 지정하고 있는지 확인하자(SCSS를 작성하고 있지만, 이 경우에는 그대로 사용한다).

430

npm run dev 명령어를 사용해 앱을 실행하면 멋진 부르마 모달 대화 창을 확인할 수 있다.

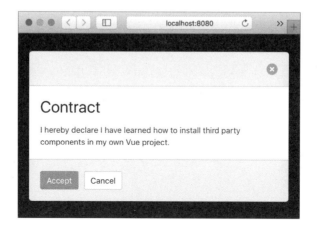

동작 원리

공식 웹팩 템플릿에는 node_modules 디렉터리 내의 파일들을 절대로 컴파일하지 않는 설정 규칙이 존재한다. 즉, 웹 컴포넌트의 작성자는 이미 컴파일된 파일을 배포하는 것이 좋다. 그렇지 않으면 사용자가 프로젝트에서 순수 자바스크립트 파일(웹팩이 파일을 컴파일하지 않기 때문에)을 임포트했을 때 웹 브라우저에서 대량의 오류가 발생하기 때문이다. 개인적으로, 나는 이것이 좋은 엔지니어링이라고 생각하지 않는다. 이 설정의 한 가지 문제는 프로젝트에서 가져오는 파일이 특정한 버전의 V뷰를 기준으로 컴파일되므로 새로운 뷰 버전을 사용하는 경우, 컴포넌트가 작동하지 않을 수 있다(실제로 과거에 발생했음).

보다 나은 방법은 원본 파일들과 컴포넌트를 가져와 웹팩이 단일 파일로 컴파일하도록 하는 것이다. 안타깝게도 실제 사용할 수 있는 대부분의 컴포넌트는 이미 컴파일돼 배포되므로 공식 템플릿을 사용해 임포트하는 것이 빠르지만 호환성 문제가 발생할 가능성이 더 크다.

외부 컴포넌트를 임포트할 때 가장 먼저 할 일은 package.json 파일을 검사하는 것이다. vue-bulma-modal 패키지의 이 파일에 포함된 내용을 살펴보자.

```
{
  "name": "vue-bulma-modal",
  "version": "1.0.1",
  "description": "Modal component for Vue Bulma",
  "main": "src/index.js",
  "peerDependencies": {
    "bulma": ">=0.2",
    "vue": ">=2"
  },
  ...
  "author": "Fangdun Cai <cfddream@gmail.com>",
  "license": "MIT"
}
```

main 속성이 참조하는 파일은 자바스크립트 부분에서 다음 줄을 작성할 때 임포트하는 파일이다.

```
import { CardModal } from 'vue-bulma-modal'
```

차례로 src/index.js 파일은 다음 코드를 포함한다.

```
import Modal from './Modal'
import BaseModal from './BaseModal'
import CardModal from './CardModal'
import ImageModal from './ImageModal'

export {
  Modal,
  BaseModal,
  CardModal,
  ImageModal
}
```

이것은 컴파일된 파일이 아니라 그것은 원시 ES6이고 import는 일반 자바스크립에서 정의되지 않은 키워드이기 때문에 웹팩을 통해 컴파일해야 하는 이유다.

다른 한편으로는 다음과 같이 쓰는 것을 고려하자.

```
<style lang="sass">
@import '~bulma';
</style>
```

틸드(~)를 사용하면 웹팩이 스타일을 모듈과 같은 방식으로 처리하기 때문에 실제로 bulma 패키지의 `package.json`에서 main이 참조하는 파일을 임포트한다. 그것은 다음과 같다.

```
{
  "name": "bulma",
  "version": "0.3.1",
  ...
  "main": "bulma.sass",
  ...
}
```

SASS를 SASS 문법과 함께 임포트하고 있기 때문에 뷰 컴포넌트에게 lang="sass"와 같은 방법으로 알려줘야 한다.

▌ 핫 리로딩을 통해 지속적인 피드백을 받으며 개발하기

핫 리로딩은 페이지를 새로 고치지 않고도 웹 브라우저에서 결과를 보면서 개발할 수 있는 유용한 기술이다. 그것은 매우 탄탄한 개발 프로세스를 깊게 연관지어주며 가속화할 수 있다. 공식 웹팩 템플릿에서는 핫 리로딩이 기본적으로 설치된다. 이 레시피에서는 직접 설치하는 방법을 배운다.

준비하기

이 레시피를 시도하기 전에 적어도 웹팩의 작동 방식에 대해 어렴풋하게 나마 알아야 한다. 이번 장의 웹팩을 사용해 의존성 구성 레시피에서 해당 내용을 다루고 있다.

구동 방법

`npm init -y` 또는 `yarn init -y`를 사용해 새 디렉터리에 새 npm 프로젝트를 생성한다. 개인적으로는 후자를 더 선호하는데, 결과물인 `package.json`이 더 간결하기 때문이다.

 Yarn을 설치하려면 npm install -g yarn 명령을 사용하자. Yarn의 주요 장점은 종속성을 특정 버전으로 고정시킬 수 있다는 것이다. 이렇게 하면 팀 단위로 작업할 때 버그나 깃을 통해 애플리케이션을 서로 조금씩 다른 버전으로 클론했을 때 발생하는 비호환성 문제를 방지할 수 있다.

이번 예제에서는 디지털 벌금 항아리를 생성할 것이다. 장기적인 목표를 정하고 나쁜 말을 할 때마다 벌금 항아리에 일정 금액의 돈을 기부한다.

새로운 파일인 `swearJar.vue`를 생성하고 다음 코드를 입력한다.

```
<template>
  <div>
    Swears: {{counter}} $$
    <button @click="addSwear">+</button>
  </div>
</template>
<script>
export default {
  name: 'swear-jar',
```

```
    data () {
      return {
        counter: 0
      }
    },
    methods: {
      addSwear () {
        this.counter++
      }
    }
  }
</script>
```

이 컴포넌트를 웹 페이지에 삽입할 것이다.

동일한 파일에 index.html 파일을 생성하고 다음 코드를 입력한다.

```
<!DOCTYPE html>
<html>
  <head>
    <title>Swear Jar Page</title>
  </head>
  <body>
    <div id="app"></div>
    <script src="bundle.js"></script>
  </body>
</html>
```

웹팩을 사용해 bundle.js 파일이 생성될 것이다(메모리상에).

마지막으로 필요한 앱 파일은 뷰의 루트 인스턴스를 포함하는 자바스크립트 파일이다. 동일한 폴더에 index.js 파일을 생성하고 다음 내용을 입력한다.

```
import Vue from 'vue'
import SwearJar from './SwearJar.vue'
```

```
new Vue({
  el: '#app',
  render: h => h(SwearJar)
})
```

이제 웹팩에게 몇 가지 사항을 알려주기 위해 `webpack.config.js` 파일을 생성한다. 첫 번째 것은 애플리케이션(`index.js`)의 진입점과 컴파일된 파일의 위치다.

```
module.exports = {
  entry: './index.js',
  output: {
    path: 'dist',
    filename: 'bundle.js'
  }
}
```

다음은 웹팩이 vue-loader를 사용해 .vue 파일을 자바스크립트 파일로 변경하도록 한다.

```
module.exports = {
  entry: './index.js',
  output: {
    path: 'dist',
    filename: 'bundle.js'
  },
  module: {
    rules: [
      {
        test: /.vue$/,
        use: 'vue-loader'
      }
    ]
  }
}
```

모든 것이 동작하기 위해서는 코드에 언급한 의존성들을 설치해야 한다. 그것들은 다음 두 가지 명령어로 설치할 수 있다.

```
npm install --save vue
npm install --save-dev vue-loader vue-template-compiler webpack webpack-dev-server
```

마지막 명령어의 webpack-dev-server는 핫 리로드를 도와줄 개발 서버다.

다음 커맨드를 통해 서버를 시작한다.

```
./node_modules/webpack-dev-server/bin/webpack-dev-server.js --output-path /
--inline --hot --open
```

실제로 이 커맨드를 npm 스크립트에 위치시키자.

package.json을 열고 다음 라인을 추가한다.

```
"scripts": {
  "dev": "webpack-dev-server --output-path / --inline --hot --open"
}
```

이제 npm run dev 명령어를 실행하면 다음 스크린샷과 같은 결과를 얻을 수 있다.

플러스 버튼을 클릭하면 숫자가 증가한다. 하지만 애플리케이션의 스타일은 어떠한가? 좀 더 매력적으로 바꿔보자.

코드 편집기와 웹 브라우저 창을 양 옆으로 열어 놓고 swearJar.vue를 다음과 같이 변경하자.

```
<template>
  <div>
    <p>Swears: {{counter}} $$</p>
    <button @click="addSwear">Add Swear</button>
  </div>
</template>
```

파일을 저장하면 페이지 자체가 갱신된다. 더 좋은 점은 카운터가 이미 0보다 높게 설정돼 있으면 상태가 유지되며, 이는 복잡한 컴포넌트가 존재하는 경우에 코드에서 그것을 변경할 경우 다시 수동으로 이전 상태로 변경시킬 필요가 없음을 의미한다. 카운터를 임의의 숫자로 설정하고 템플릿을 수정해보자. 대부분의 경우 카운터는 0으로 재설정되지 않는다.

동작 원리

웹팩 dev 서버는 피드백 루프를 매우 짧게 만들어 개발할 수 있는 아주 유용한 소프트웨어다. 우리는 그것을 실행하기 위해 많은 인자들을 사용했다.

```
webpack-dev-server --output-path / --inline --hot –open
```

이 모든 인자들은 webpack.config.js에서와 동일하다. 대신 편의성을 위해 인자들을 커맨드 라인에 위치시켰다. --output-path는 웹팩 서버가 bundle.js를 제공하는 위치인데 예제의 경우에는 루트 경로를 지정했다. 그래서 이는 효과적으로 /bundle.js 경로를 실제 bundle.js 파일과 바인딩한다.

두 번째 인자 --inline은 웹 브라우저에 몇몇 자바스크립트 파일을 주입해 우리 앱이 웹팩 dev 서버와 통신할 수 있도록 해준다.

--hot 인자는 Hot Module Replacement 플러그인을 활성화시키는데 vue-loader (실제로는 그 내부의 vue-hot-reload-api 를 사용해)와 통신해 페이지 내부의 각 뷰모델들을 재시작 또는 다시 한 번 렌더링을(상태를 보존) 수행한다.

최종적으로 --open 인자는 기본 웹 브라우저를 열어준다.

▌ 바벨을 사용해 ES6에서 컴파일하기

ES6에는 여러 종류의 유용한 기능들이 존재하는데, 이번 레시피에서는 프로젝트에서 그 것들을 어떻게 사용할 수 있는지 배운다. 현재 ES6은 웹 브라우저를 우수하게 지원하고 있 다는 것을 알아두자. 실제로 현업에서 웹 브라우저의 80%에서는 호환성 문제가 발생하지 않겠지만, 대상에 따라 Internet Explorer 11을 사용하는 사람들을 고려해야 할 수도 있 고, 단지 사용 범위를 최대한 크게 잡고 싶을 수도 있다. 또한 개발 및 Node.js용 도구 중 일부는 ES6을 완전히 지원하지 않는데 개발 시기에서 조차 바벨을 필요로 한다.

준비하기

이번 레시피에서는 npm과 커맨드 라인을 사용한다.

1장, '뷰JS 시작하기' 레시피를 끝냈다면 문제 없을 것이다.

구동 방법

새로운 폴더를 생성하고 그 안에 비어 있는 npm 프로젝트를 생성한다. 폴더 내부에서 npm init -y 또는 Yarn이 설치돼 있을 경우 yarn init -y를 사용할 수 있다. 이 커맨드는 폴더 내부에 `package.json`을 생성한다('핫 리로딩을 통해 지속적인 피드백을 받으며 개발하기' 레시피에서 Yarn에 대한 부분을 참고)

이 npm 프로젝트를 위해 뷰 이외에도 몇 가지 의존성들인 웹팩과 웹팩 로더 형태를 한 바벨이 추가적으로 필요하다. 그렇다. 웹팩을 위한 vue-loader도 필요하다. 그것들을 설치하기 위해 다음 명령어를 터미널에 입력하자.

```
npm install --save vue
npm install --save-dev webpack babel-core babel-loader babel-preset-es2015 vue-loader vue-template-compiler
```

동일한 폴더에서 ES6 문법을 사용한 컴포넌트를 작성하고 `myComp.vue`라고 부르자.

```
<template>
  <div>Hello</div>
</template>
<script>
var double = n => n * 2
export default {
  beforeCreate () {
    console.log([1,2,3].map(double))
  }
}
</script>
```

이 컴포넌트는 콘솔에 배열 [2,4,6] 배열을 출력하는 것 말고는 별다른 일을 하지 않지만 다음 줄과 같은 애로(Arrow, =>) 문법을 사용하고 있다.

```
var double = n => n * 2
```

이와 같은 문법은 몇몇 웹 브라우저와 도구들이 인식하지 못하기 때문에 이 컴포넌트를 웹팩으로 컴파일해야 하지만 해당 작업은 바벨 로더를 통해 이뤄져야 한다.

새로운 `webpack.config.js` 파일을 생성하고 다음 내용을 입력한다.

```
module.exports = {
  entry: 'babel-loader!vue-loader!./myComp.vue',
  output: {
    filename: 'bundle.js',
    path: 'dist'
  }
}
```

이렇게 하면 웹팩은 `myComp.vue` 파일을 컴파일하지만 그보다 앞서 `vue-loader`가 js 파일로 변환시키고 난 다음, `babel-loader`를 사용해 애로 함수를 더 간단하거나 호환성 있는 것으로 만들어준다.

동일한 목적을 조금 다르지만 표준적인 설정으로 달성할 수 있다.

```
module.exports = {
  entry: './myComp.vue',
  output: {
    filename: 'bundle.js'
  },
  module: {
    rules: [
      {
        test: /.vue$/,
        use: 'vue-loader'
      },
      {
        test: /.js$/,
        use: 'babel-loader'
      }
    ]
  }
```

```
}
```

이것은 좀 더 일반적인 설정이고 끝이 .vue로 끝나는 모든 파일들을 발견하게 되면 그것들을 vue-loader로 파싱하고 .js 파일들은 babel-loader로 처리하도록 한다.

바벨 로더를 설정하기 위해서는 몇 가지 옵션들이 존재하는데 예제에서는 추천되는 방법을 사용할 것이다. 프로젝트 폴더 내에(초기 위치) 파일 .babelrc를 생성하고 es2015 프리셋을 설정하는데, 다음에 나오는 코드와 같이 작성한다.

```
{
  "presets": ["es2015"]
}
```

마지막으로 나는 언제나 package.json 파일에 새로운 스크립트를 추가해 커맨드를 손쉽게 실행하는 것을 선호한다. 다음 코드를 마지막 줄(괄호보다는 이전)에 추가하자.

```
"scripts": {
  "build": "webpack"
}
```

그리고 npm run build를 실행한다. 그러면 dist 폴더 내에 bundle.js 파일이 생성되는데 그것을 열고 double 문구를 포함하는 줄을 검색해보자. 다음과 같은 코드를 찾을 수 있을 것이다.

```
...
var double = function double(n) {
  return n * 2;
};
...
```

이것은 앞에서 작성한 var double = n => n * 2 코드를 ES6 문법에서 일반 자바스크립트로 변환한 것이다.

동작 원리

바벨 es2016 프리셋은 ECMAScript2015(ES6) 문법을 단순한 자바스크립트 문법으로 변경하기 위한 바벨 플러그인의 모음이다. 예를 들어, 해당 프리셋은 babel-plugin-transform-es2015-arrow-functions 플러그인을 포함하고 있는데, 이름에서 예상할 수 있듯이 애로 함수를 변환시켜준다.

```
var addOne = n => n + 1
```

애로 함수를 다음과 같이 간단한 자바스크립트로 변환한다.

```
var addOne = function addOne(n) {
  return n + 1
}
```

파일과 해당 로더를 선택하기 위해 webpack.config.js 내에 .vue 파일을 매칭시키기 위해 테스트 필드에 다음과 같이 작성했다.

```
test: /\.vue$/
```

이것은 정규식이며 항상 슬래시(/)로 시작해 슬래시로 끝난다. 첫 번째 일치시키는 문자는 \.로 표현되는 점인데 . 문자는 다른 용도로 사용되고 있기 때문이다. 점 다음에는 vue 문자열이며, 마지막 문자는 달러 사인으로 표시된다. 해당 정규식은 최종적으로 .vue로 끝나는 모든 문자열과 매칭된다. js 확장자를 위한 유사 정규식도 이어서 찾을 수 있다.

▌ 개발하는 동안 코드 린터[9] 실행하기

코드를 린팅하면 개발 중에 누적되는 작은 버그와 비효율을 크게 줄일 수 있고 코딩 스타일을 팀이나 조직 전체에서 일관되게 만들어 코드를 보다 쉽게 읽을 수 있게 된다.

이번 레시피에서는 웹팩을 사용해 계속적으로 린터가 실행되도록 하는데 가끔 한 번 실행하는 것보다 더 나은 방법이다.

준비하기

이번 레시피에서는 다시 한 번 웹팩을 다룬다. '핫 리로딩을 통해 지속적인 피드백을 받으며 개발하기' 레시피에서 다룬 것처럼 webpack-dev-server를 통해 즉시 피드백을 받으며 개발할 수 있다.

구동 방법

새로운 폴더에 npm init -y 또는 yarn init -y를 사용해 npm 프로젝트를 생성한다.

폴더 내에는 src 폴더를 생성하고 다음과 같은 코드를 포함하는 MyComp.vue 파일을 위치시킨다.

```
<template>
  <div>
    Hello {{name}}!
  </div>
</template>
<script>
export default {
  data () {
    return {
```

---

9 lint 또는 linter, 특정 컴퓨터 언어로 작성된 소프트웨어에서 의심쩍은 부분들을 찾아주는 도구를 가리킴. -옮긴이

```
      name: 'John',
      name: 'Jane'
    }
  }
}
</script>
```

위 코드는 같은 키를 갖고 있기 때문에 처음 John이 있던 name 속성은 Jane으로 변경되는 문제를 발견할 수 있다. 이 문제점을 알지 못한다고 가정하고 웹 페이지 컴포넌트로 위치시켜보자. 이를 위해 src 폴더 내에 index.js 파일을 생성하고 다음 코드를 입력한다.

```
import Vue from 'vue'
import MyComp from './MyComp.vue'
new Vue({
  el: '#app',
  render: h => h(MyComp)
})
```

루트 폴더에는 다음 코드를 포함하는 index.html을 위치시킨다.

```
<!DOCTYPE html>
<html>
  <head>
    <title>Hello</title>
  </head>
  <body>
    <div id="app"></div>
      <script src="bundle.js"></script>
    </body>
</html>
```

웹팩에게 컴파일 방법을 지시하기 위해 webpack.config.js 파일이 필요한데, 다음 코드를 입력하자.

```
module.exports = {
  entry: './src/index.js',
  module: {
    rules: [
      {
        test: /.vue$/,
        use: 'vue-loader'
      }
    ]
  }
}
```

이 코드는 웹팩에게 index.js부터 컴파일을 시작하고 .vue인 파일들을 발견하면 vue-loader를 사용해 자바스크립트 파일로 변경한다.

이외에도 우리는 코드에서 어리석은 실수를 하지 않았음을 검증하기 위해 린터로 모든 파일을 스캔하려고 한다.

rules 배열에 다음 로더를 추가하자.

```
{
  test: /.(vue|js)$/,
  use: 'eslint-loader',
  enforce: 'pre'
}
```

enforce: 'pre' 속성은 해당 로더를 다른 것들보다 먼저 실행될 수 있게 만들어주기 때문에 코드가 트랜스 파일되기 전에 린터가 적용될 수 있게 된다.

마지막으로는 ESLint를 설정해야 한다. 루트 폴더에 파일을 만들고 .eslintrc.js 파일을 생성하고 다음 내용을 입력한다.

```
module.exports = {
  "extends": "eslint:recommended",
  "parser": "babel-eslint",
  plugins: [
    'html'
  ]
}
```

여기서는 몇 가지 내용을 설정하고 있다. 먼저 코드에 적용하고 싶은 규칙들을 설정하고 있는데 기존의 추천 규칙들을 확장해 새로운 규칙을 정의한다. 이 규칙은 현재 비어 있다. 두 번째로 기본으로 제공되는 것 대신 babel-eslint 파서를 사용한다. 마지막으로 .vue 파일에서 자바스크립트 코드를 추출해내는 HTML ESLint 플러그인을 사용한다.

이제 개발 절차를 시작할 준비가 됐지만 먼저 다음 명령을 사용해 종속성을 설치해야 한다.

```
npm install --save vue
npm install --save-dev babel-eslint eslint eslint-loader eslint-plugin-html vue-
loader vue-template-
compiler webpack webpack-dev-server
```

웹팩 dev server를 직접 구동시킬 수 있지만 다음 코드를 package.json에 추가하는 것을 더욱 추천한다.

```
"scripts": {
  "dev": "webpack-dev-server --entry ./src/index.js --inline --hot --open"
}
```

이제 npm run dev를 실행하면 웹 브라우저가 열리고 다음과 같이 컴포넌트가 잘못된 메시지를 출력하는 것을 볼 수 있다.

```
Hello Jane!
```

콘솔 창에서 다음과 같은 에러 메시지를 확인할 수도 있다.

```
11:7  error  Duplicate key 'name'  no-dupe-keys
```

즉, 코드에서 동일한 이름을 가진 키가 존재한다는 뜻이다.

속성을 제거함으로써 에러를 고쳐보자.

```
data ( ) {
  return {
    name: 'John'
  }
}
```

뷰 컴포넌트를 저정하면 웹팩이 이미 컴파일을 끝냈고 콘솔 창을 확인했을 때 에러가 사라진 것을 볼 수 있다.

동작 원리

기본적으로, 예제에서는 린터 로더가 다른 컴파일 단계 전에 파일을 처리하고 콘솔에 오류를 출력한다. 이렇게 하면, 개발 시점에도 지속적으로 코드의 결함을 볼 수 있을 것이다.

ESLint 및 웹팩은 뷰 공식 템플릿에서 사용할 수 있다.

ESLint 규칙을 변경하고 싶다면 .eslintrc.js 파일에서 그것을 수정한다. 다른 린터를 사용하고 싶다면 웹팩 설정 파일을 통해 가능하다.

▌ 하나의 명령어를 사용해 축소된 파일과 개발용 .js 파일을 빌드하기

컴포넌트를 배포하는 동안 빌드된 파일을 외부에 발행하기 위해서는 안정적인 프로세스가 필요할 수 있다.

일반적인 작업은 라이브러리/컴포넌트의 두 가지 버전을 릴리즈하는 것이다. 하나는 개발용이고, 다른 하나는 프로덕션에서 사용되며, 이것은 일반적으로 축소된 형태다. 이 레서피에서는 공식 템플릿을 수정해 축소된 자바스크립트 파일과 개발용 자바스크립트 파일을 동시에 릴리즈한다.

준비하기

이번 레시피는 직접 컴포넌트를 빌드하고 배포해봤다면 이해할 수 있을 것이다. 좀 더 자세한 내용을 배우고 싶다면 '웹팩으로 컴포넌트 번들링하기' 레시피를 참고하자.

구동 방법

공식 웹팩 템플릿을 사용해 프로젝트를 시작할 것이다.

자신만의 템플릿을 사용하거나 `vue init web pack`을 실행한 후 `npm install`로 의존성을 설치해 새로운 프로젝트를 확장할 수 있다.

build 폴더로 이동하자. `npm run build` 커맨드를 실행하면 폴더에서 build.js 파일을 생성시킨다.

파일을 조사해보면 끝부분에서 다음과 같은 코드를 확인할 수 있다.

```
webpack(webpackConfig, function (err, stats) {
...
})
```

이것은 첫 번째 인자인 webpackConfig에 명시된 옵션으로 커맨드 라인에서 웹팩을 실행시키는 것과 동일하다.

압축된 버전과 압축되지 않은 버전을 만들기 위해 webpackConfig를 공통 분모로 사용한 다음 파일의 개발 버전과 프로덕션 버전 간의 차이점만 지정한다.

이를 위해 동일한 폴더에서 webpack.prod.conf.js 파일로 이동하자. 여기에서 우리가 넘겨주는 설정을 볼 수 있다. 특히, plugin 배열을 보면 UglifyJsPlugin을 찾을 수 있는데, 파일을 축소하는 역할을 한다. 플러그인은 두 배포판 간의 주요 차이점이기 때문에 제거하자.

이제 build.js 파일 내부의 Webpack 커맨드 이전에 다음 코드를 입력하자.

```
const configs = [
  {
    plugins: [
      new webpack.optimize.UglifyJsPlugin({
        compress: {
          warnings: false
        },
        sourceMap: true
      })
    ]
  },
  {
    plugins: []
  }
]
```

이제는 두 가지 설정을 가진 배열이 존재한다. 하나는 파일을 축소하는 데 필요한 플러그인이고 다른 하나는 비어 있는 것이다. webpack.prod.conf.js에서 각각의 설정을 통합하면 다른 결과를 얻게 된다.

두 가지 설정을 통합하려면 webpack-merge 패키지를 사용한다. 파일의 맨 위에 다음 행을 추가하자.

```
var merge = require('webpack-merge')
```

그리고 Webpack 명령어의 첫 번째 줄을 다음과 같이 변경한다.

```
configs.map(c => webpack(merge(webpackConfig, c), function (err, stats) {
...
```

이렇게 하면 configs 배열에 지정한 대로 여러 가지 통합된 설정들이 실행된다.

npm run build 명령을 지금 실행할 수 있지만 파일 이름이 동일해야 한다. 다음과 같이 webpack.prod.conf.js에서 output 속성을 잘라내어 config 배열에 붙여 넣자.

```
const configs = [
  {
    output: {
      path: <whatever is your path>,
      filename: 'myFilename.min.js'),
      <other options you may have>
    },
    plugins: [
      new webpack.optimize.UglifyJsPlugin({
        compress: {
          warnings: false
        }
      })
    ]
  },
  {
    output: {
      path: <whatever is your path>,
      filename: 'myFilename.js'),
```

```
        <other options you may have>
    },
    plugins: []
  }
]
```

이제 프로젝트를 빌드하면 축소된 버전과 개발버젼을 모두 얻을 수 있다. 물론 설정은 수정하기에 따라 매우 다양해질 수 있다. 예를 들어 한쪽에는 source map을 추가하고 나머지는 그대로 둘 수도 있다.

동작 원리

먼저 웹팩 설정의 차이를 표현하기 위한 객체 배열을 생성했다. 그런 다음, webpack-merge를 사용해 각 설정을 더 큰 공통 설정으로 통합했다. 이제 npm run build 명령을 호출하면 두 가지 설정이 차례대로 실행된다.

프로덕션 환경에서 사용될 수 있도록 축소됐음을 표시하기 위해 파일 이름 앞에 min을 붙이는 것이 일반적이다.

▌ 컴포넌트를 외부에 공개하기

특정 시점이 되면 받은 만큼 커뮤니티에 돌려주고 싶을 때가 있다. 어쩌면 당신은 "방귀 버튼"을 만들거나 어쩌면 자동화된 주식 트레이더를 만들었을 수도 있다. 만든 것이 무엇이든, 자바스크립트와 뷰 커뮤니티는 당신을 기쁘게 환영해줄 것이다. 마케팅 및 라이선싱과 관련된 여러 가지 주제들도 존재하지만, 이 레시피에서는 보다 기술적인 측면에 집중한다.

준비하기

이 레시피에서는 뷰 커뮤니티의 다른 사람들에게 자신의 작업을 공유하려는 사람들을 대상으로 한다. 웹팩으로 컴포넌트 번들링하기 레시피에서 공식 웹팩 템플릿을 변경해 컴포넌트를 알맞게 번들링하는 방법을 찾을 수 있다.

이 레시피는 그 두 번째 부분으로 생각할 수 있다. 예제에서는 공식 템플릿을 사용하지 않는다.

구동 방법

이 레시피에서는 기욤 차우 Guillaume Chau가 작성한 뛰어난 템플릿인 vue-share-components을 사용해 접근한다. 그 시작으로 **농담** 버튼을 만들 것이다.

명령 줄에서 새 디렉터리를 만들고 그 안에 다음 명령을 입력하자.

```
vue init Akryum / vue-share-components
```

이것은 당신에게 몇 가지 질문을 한다. 다음 이미지에서 응답을 복사할 수 있다. 알아둘 것은 레시피를 작성하는 동안 joke-button을 필자가 이미 등록했기 때문에 (슬프게도) 프로젝트에 그것을 사용할 수 없다는 것이다. 그러나 비슷한 이름을 생각해낼 수 있을 것이다(앞으로 이동하기 전에 npm 레지스트리에서 이름을 사용할 수 있는지 확인할 수 있다).

```
▶ vue init Akryum/vue-share-components
? Generate project in current directory? Yes
? Plugin name joke-button
? Library name for browser usage JokeButton
? Plugin description A button to display jokes
? Initial version 0.0.1
? Author Andrea Passaglia <gurghet@gmail.com>
? GitHub Account gurghet
? Pick a css language css

    vue-cli  Generated "8.9".

  To get started:

    çd 8.9
    npm install
    npm run dev
```

프로젝트가 생성되면 npm install을 사용해 콘솔 출력에서 보이는 의존성들을 설치할 수 있다.

프로젝트 내에서 농담 버튼 컴포넌트를 생성해보자. component 폴더에는 Test.vue 컴포넌트가 존재한다. JokeButton.vue로 이름을 변경하고 다음 코드와 같이 입력하자.

```
<template>
  <div class="test">
    <button @click="newJoke">New Joke</button>
    <p>{{joke}}</p>
  </div>
</template>
<script>
const jokes = [
 'Chuck Norris/'s keyboard has the Any key.',
 'Chuck Norris can win at solitaire with only 18 cards.',
 'Chuck Norris/' first job was as a paperboy. There were no survivors.',
 'When Chuck Norris break the build, you can/'t fix it.',
]
export default {
  name: 'joke-button',
  data () {
    return {
      joke: '...',
    }
  },
  methods: {
    newJoke () {
      this.joke = jokes[Math.floor(Math.random() * jokes.length)]
    },
  },
}
</script>
```

정말로 원하는 구성 요소를 만들 수도 있다. 이것은 단지 예일 뿐이다.

index.js 파일에 Test 컴포넌트가 임포트되고 설치됐다. 대신 JokeButton을 설치해야 하는데 강조된 것처럼 변경하자.

```
import JokeButton from './components/JokeButton.vue'
// 컴포넌트를 설치
export function install (Vue) {
  Vue.component('jokeButton', JokeButton)
  /* -- 컴포넌트를 이곳에 추가-- */
}
// 컴포넌트를 외부에 노출한다
export {
  JokeButton,
  /* -- 컴포넌트를 이곳에 추가 -- */
}
...
```

이제 컴포넌트가 준비됐다!

이제 계정을 등록하려면 npm 웹 사이트로 이동하자(아직 계정이 없는 경우).

npmjs.com으로 이동하자.

Sign Up을 클릭하고 아래와 같이 세부 사항을 입력한다.

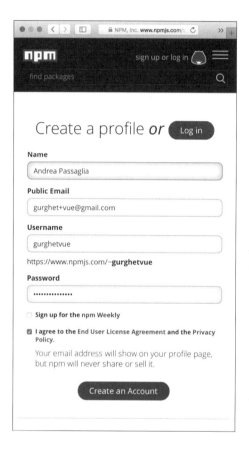

물론 npm 뉴스 레터를 구독할 수도 있다.

일단 등록을 마치면 커맨드 라인으로 돌아간다. 다음 명령을 사용해 터미널에서 npm 레지스트리에 로그인해야 한다.

```
npm adduser
```

다음과 같은 내용이 표시된다.

```
▶ npm adduser
Username: gurghetvue
Password:
Email: (this IS public) gurghet+vue@gmail.com
Logged in as gurghetvue on https://registry.npmjs.org/.
```

방금 npm 웹 사이트에 등록한 암호를 입력해야 한다.

다음 명령으로 라이브러리를 공용 저장소에 게시한다.

```
npm publish
```

이제 해당 패키지가 검색 가능해지며, 다음 스크린샷과 같이 찾을 수 있다.

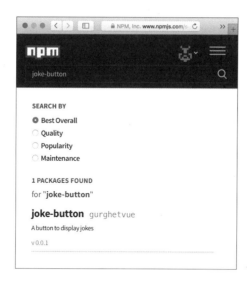

시험용으로 자신의 README에 있는 사용법을 발견할 수 있다. 얼마나 멋진가?

동작 원리

vue-share-components는 공식 템플릿보다 간단하기 때문에 잘 조사하면 좋은 공부가 될 것이다.

가장 먼저 살펴볼 수 있는 것은 package.json 파일인데 다음 줄이 제일 관련 깊다.

```
...
"main": "dist/joke-button.common.js",
"unpkg": "dist/joke-button.browser.js",
"module": "index.js",
"scripts": {
  "dev": "cross-env NODE_ENV=development webpack --config config/webpack.config.
dev.js --progress --watch",
  "build": "npm run build:browser && npm run build:common",
  "build:browser": "cross-env NODE_ENV=production webpack --config config/
webpack.config.browser.js --progress --hide-modules",
  "build:common": "cross-env NODE_ENV=production webpack --config config/webpack.
config.common.js --progress --hide-modules",
  "prepublish": "npm run build"
},
...
```

언급된 주요 속성은 프로그램에서 다음 명령을 실행했을 때 실제로 생성되는 것이다.

```
import JokeButton from 'JokeButton'
```

또는 다음 코드를 추가할 때 얻을 수 있다.

```
var JokeButton = require("JokeButton")
```

그래서 JokdeButton 변수는 실제로 joke-button.common.js.에서 익스포트된 내용들을 담게 된다.

> package.json의 주요 속성들을 수정해 .vue 컴포넌트를 가리키도록 할 수 있다. 이렇게 하면 사용자에게 컴포넌트를 컴파일하는 책임을 넘기게 된다. 사용자에게는 작업을 필요로 하는 일이지만 가장 최근 버전의 뷰를 대상으로 컴파일할 수 있는 자유를 얻을 수 있다. 후자의 경우, 만약 external.js 파일들에 익스포트된 컴포넌트의 로직들이 존재하는 경우 (이번장의 첫 번째 레시피 처럼) 웹팩의 rules에 다음과 같이 추가하는 것을 잊지 말자.
>
> ```
> {
>   test: /.js$/,
>   loader: 'babel-loader',
>   include: [resolve('src'), resolve('test'), resolve('node_modules/
> myComponent')]
> },
> ```

특히 unpkg는 CDN인 unpkg.com을 가리키는데 프로젝트를 공개하는 순간 https://unpkg.com/joke-button에 스크립트를 공개하게 되고 해당 주소는 웹 브라우저에 알맞은 joke-button.browser.js으로 연결시켜주기 때문에 편리하다.

prepublish는 특수한 스크립트로서 프로젝트를 npm publish 명령어로 배포하기 전에 호출된다. 이것은 컴포넌트를 배포하기 전에 빌드를 잊을 가능성을 제거해준다(이것은 꽤나 자주 있는 일인데 그럴 때마다 소프트웨어의 버전을 인공적으로 올리고 파일들을 빌드해 다시 배포해야만 했다).

주목해야 하는 또 다른 차이점은 joke-button.common.js를 생성하는 webpack.config.common.js 파일과 joke-button-browser.js 파일을 생성하는 webpack.config.browser.js에 있다.

첫 번째 파일의 output은 다음과 같이 설정된다.

```
output: {
  path: './dist',
  filename: outputFile + '.common.js',
```

```
  libraryTarget: 'commonjs2',
},
target: 'node',
```

이렇게 해서 결과 라이브러리가 commonJS 인터페이스를 따르도록 할 수 있는데 이것은
웹 브라우저가 아닌 환경을 위한 것이고, require나 import를 통해 사용해야 한다. 반면
두 번째 웹 브라우저를 위한 output 은 다음과 같이 설정된다.

```
output: {
  path: './dist',
  filename: outputFile + '.browser.js',
  library: globalName,
  libraryTarget: 'umd',
},
```

UMD는 전역 범위로 익스포트되기 때문에 어떤 것도 임포트할 필요가 없다. 따라서 뷰 웹
페이지에 파일을 포함시켜 컴포넌트를 자유롭게 사용할 수 있기 때문에 웹 브라우저 환경
에 적합하다. 이것은 또한 index.js 자동 설치 기능 덕분에 가능하다.

```
/* -- Plugin definition & Auto-install -- */
/* You shouldn't have to modify the code below */
// Plugin
const plugin = {
 /* eslint-disable no-undef */
 version: VERSION,
 install,
}
export default plugin
// Auto-install
let GlobalVue = null
if (typeof window !== 'undefined') {
 GlobalVue = window.Vue
} else if (typeof global !== 'undefined') {
```

```
  GlobalVue = global.Vue
}
if (GlobalVue) {
 GlobalVue.use(plugin)
}
```

이 코드가 수행하는 것은 plugin 상수에 install 함수를(뷰로 컴포넌트를 등록함)을 패키징하
면서 플러그인을 익스포트하고 있다. 그런 다음, window 또는 global 변수가 정의돼 있는
지 확인한다. 존재한다면 그것이 보유하고 있는 뷰 라이브러리를 나타내는 Vue 변수의 플
러그인 API를 사용해 컴포넌트를 설치한다.

09

고급 뷰JS 기능들 − 지시자, 플러그인, 렌더 함수

이번 장에서는 다음 주제에 대해 설명한다.

- 새 지시자 생성하기
- 뷰에서 웹 소켓(WebSockets) 사용하기
- 뷰 플러그인 작성하기
- 수동으로 간단한 컴포넌트 렌더링하기
- 컴포넌트와 그 자식들을 렌더링하기
- JSX를 사용해 컴포넌트 렌더링하기
- 함수형 컴포넌트 만들기
- 고차(high-order) 컴포넌트를 사용해 반응 형 테이블 만들기

▌ 소개

지시자와 플러그인은 재사용 가능한 방법으로 기능을 패키지화하고 그것을 앱 내부와 팀에게 쉽게 공유할 수 있도록 해준다. 이번 장에서는 몇 가지를 만들어볼 것이다. 렌더 함수는 뷰가 템플릿을 자신만의 언어로 변환한 다음 HTML 및 자바스크립트로 다시 변환시키는 방법인데 앱의 성능을 최적화하고 특수한 사례에서 작동해야 하는 경우에 유용하다.

일반적으로 이런 고급 기능들은 과거에 남용된 적이 있는데 가능하면 사용하지 않는 것이 좋다. 일반적으로 많은 문제들은 좋은 컴포넌트를 작성하고 배포하는 것으로 해결할 수 있다. 이러한 경우가 아닐 때만 고급 기능을 검토해야 한다.

이번 장은 좀 더 경험이 많은 사람을 위한 것이며, 다른 레시피에서 볼 수 있는 단계별 세부 사항을 제공하지는 않지만, 그럼에도 가능한 완벽하게 설명하려고 노력한다.

▌ 새 지시자 생성하기

지시자Directives는 주로 사용자 경험을 개선하고 그래픽 인터페이스에 새로운 저수준 기능을 추가하기 위해 코드에 간단하게 삽입될 수 있는 작은 함수와 유사하다.

준비하기

이 레시피는 고급 단계에 속해 있지만 실제로는 완성하기 어렵지 않다. 지시자가 고급 단계에 속하는 가장 큰 이유는 일반적으로 기능 추가를 위해서는 컴포넌트를 추가하고 앱에 스타일을 추가하는 것을 우선해야 하기 때문이다. 컴포넌트로 충분하지 않다면 지시자를 사용하자.

구동 방법

예제에서는 특정 엘리먼트를 조랑말 엘리먼트로 변경하는 v-pony 지시자를 작성한다. 조랑말 엘리먼트는 분홍색 배경을 가지며 클릭하면 색상이 바뀐다.

조랑말 엘리먼트를 위한 HTML코드는 다음과 같다.

```
<div id="app">
  <p v-pony>I'm a pony paragraph!</p>
  <code v-pony>Pony code</code>
  <blockquote>Normal quote</blockquote>
  <blockquote v-pony>I'm a pony quote</blockquote>
</div>
```

차이점을 보여주기 위해 일반 blockquote 엘리먼트를 포함했다. 자바스크립트에는 다음과 같이 작성한다. 자바스크립트에는 다음과 같이 작성한다.

```
Vue.directive('pony', {
  bind (el) {
    el.style.backgroundColor = 'hotpink'
  }
})
```

이것은 새로운 지시자를 선언하는 방법이다. bind 또는 지시자가 엘리먼트에 바인드될 때 호출된다. 예제에서 하고 있는 유일한 일은 배경색을 설정하는 것이다. 또한 클릭 이벤트 발생 시마다 색상이 변경되도록 하기 위해 다음 코드를 추가해야 한다.

```
Vue.directive('pony', {
  bind (el) {
    el.style.backgroundColor = 'hotpink'
    el.onclick = () => {
      const colGen = () =>
```

```
          Math.round(Math.random()*255 + 25)
        const cols =
          [colGen() + 100, colGen(), colGen()]
        const randRGB =
          `rgb(${cols[0]}, ${cols[1]}, ${cols[2]})`
        el.style.backgroundColor = randRGB
      }
    }
})
```

여기서 우리는 빨간색으로 편향된 임의의 색상을 생성하고 이를 새로운 배경색으로 지정하는 onclick 리스너를 생성한다.

자바스크립트의 마지막에 뷰 인스턴스를 생성하는 것을 잊지 말자.

```
new Vue({
  el: '#app'
})
```

애플리케이션을 실행하면 지시자가 동작하는 것을 확인할 수 있다.

배경 화면을 변경하기 위해 텍스트를 클릭하는 것을 잊지 말자.

동작 원리

새로운 지시자를 선언하기 위한 문법은 다음과 같다.

```
Vue.directive(<name: String>, {
  // 후크
})
```

이것은 지시자를 전역으로 등록한다.

후크 객체 내부에서는 두 가지 중요한 함수인 bind, update를 정의하는데 bind는 레시피에서 사용됐고, update는 포함돼 있는 컴포넌트가 갱신될 때마다 실행되는 함수다.

모든 후크 함수는 호출될 때 적어도 세 가지의 인자를 필요로 한다.

- el: HTML 엘리먼트
- binding: 지시자는 인수를 받을 수 있다. binding은 인수의 값을 포함하는 객체다.
- vnode: 이 엘리먼트의 뷰 내부 표현

el 변수를 사용해 엘리먼트 모양을 수정하고 그것을 직접 조작했다.

▌ 뷰에서 웹 소켓 사용하기

웹 소켓은 사용자와 애플리케이션이 호스팅되는 서버 간의 양방향 통신을 가능하게 하는 새로운 기술이다. 이 기술이 나오기 전에는 웹 브라우저만이 요청과 연결을 시작할 수 있었다. 페이지에서 업데이트가 예상된다면 웹 브라우저는 지속적으로 서버를 폴링해야 했다. 웹 소켓을 사용하면 더 이상 이럴 필요가 없다. 서버는 연결이 설정된 후 필요할 때만 업데이트를 보낼 수 있다.

준비하기

특별한 준비는 필요하지 않으며 뷰의 기초만 알고 있으면 된다. 웹 소켓이 무엇인지 모르는 경우 서버와 웹 브라우저 간의 지속적인 양방향 통신 채널로 생각하면 된다.

구동 방법

이번 레시피에는 클라이언트로 작동한 웹 브라우저와 서버가 필요하다. 예제에서는 서버를 만드는 대신 웹 소켓을 사용해 보내는 모든 것을 그대로 돌려보내는 기존 서버를 사용한다. 따라서 Hello 메시지를 보내려면 서버가 Hello로 응답한다.

이 서버와 대화할 수 있는 채팅 앱을 만들 것이다. 다음 HTML 코드를 작성하자.

```
<div id="app">
  <h1>Welcome</h1>
  <pre>{{chat}}</pre>
  <input v-model="message" @keyup.enter="send">
</div>
```

<pre> 태그는 채팅을 렌더링한다. 줄 바꿈을 위해
 엘리먼트가 필요하지 않기 때문에 새로운 줄의 의미하는 특수 캘릭터 n을 사용할 것이다.

채팅이 동작하기 위해서는 자바스크립트 내에 웹 소켓을 먼저 정의해야 한다.

```
const ws = new WebSocket('ws://echo.websocket.org')
```

그리고 나서 chat 문자열(지금까지 채팅을 저장하기 위한)과 message 문자열(작성하고 있는 메시지를 담기 위한)을 포함하는 뷰 인스턴스를 선언한다.

```
new Vue({
```

```
    el: '#app',
    data: {
      chat: '',
      message: ''
    }
})
```

여전히 텍스트 박스에서 엔터가 입력됐을 때 호출되는 send 메서드를 정의해야 한다.

```
new Vue({
  el: '#app',
  data: {
    chat: '',
    message: ''
  },
  methods: {
    send () {
      this.appendToChat(this.message)
      ws.send(this.message)
      this.message = ''
    },
    appendToChat (text) {
      this.chat += text + 'n'
    }
  }
}
```

여기서는 appendToChat 메서드를 사용해 수신하게 될 모든 메시지를 덧붙였다. 이를 위해서는 컴포넌트가 생성될 때까지 기다려야 한다. created 후크는 이를 위해 적절한 장소다.

```
...
created () {
  ws.onmessage = event => {
    this.appendToChat(event.data)
  }
```

```
}
...
```

애플리케이션을 구동하면 개인 에코룸에서 채팅을 시작할 수 있다.

동작 원리

방금 만든 것의 내부 구조를 보려면 크롬의 개발자 도구를 연다(| 도구 더보기 | 개발자 도구 또는 Opt + Cmd + I):

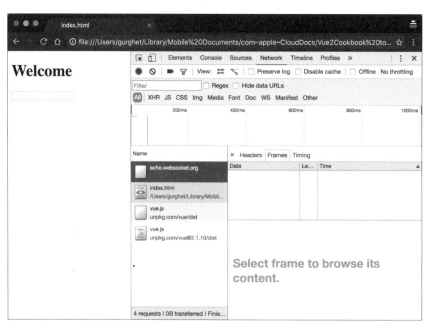

네트워크 탭으로 이동해 페이지를 갱신해보자. 스크린샷과 같이 echo.websocket.orl 웹 소켓을 볼 수 있을 것이다.

글을 쓰면 프레임 탭에 다음과 같은 메시지가 나타난다.

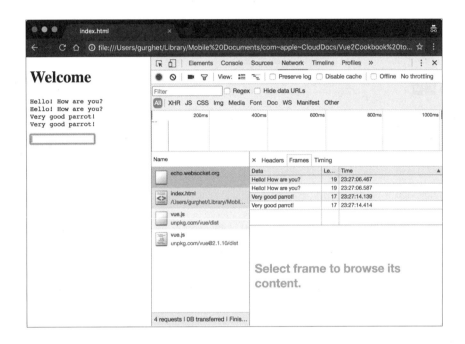

흰색은 수신한 메시지고, 녹색은 전송된 메시지다. 또한 메시지 길이(바이트)와 정확한 전송 또는 수신 시간을 확인할 수 있다.

▌ 뷰 플러그인 작성하기

플러그인Plugin은 우리가 애플리케이션에서 사용할 수 있는 유틸리티 또는 전역으로 동작하는 기능들의 모음이다. Vuex와 vue-router는 뷰 플러그인의 잘 알려진 예다. 플러그인은 실제로 무엇이든 될 수 있는데 왜냐하면 매우 낮은 수준에서 작동하기 때문이다. 작성할 수 있는 플러그인에는 여러 가지가 존재한다. 이 레시피에서는 전역적인 특성을 지닌 지시문을 작성하는 데 집중한다.

준비하기

'새로운 지시자 생성하기' 레시피에 기반을 두지만 전역 설정을 몇 가지 추가한다.

구동 방법

이 레시피를 위해, 우리는 캥거루 팬클럽의 웹 사이트를 만들 것이다. 홈페이지 HTML의 레이아웃은 다음과 같다.

```
<div id="app">
  <h1>Welcome to the Kangaroo club</h1>
  <img src="https://goo.gl/FVDU1I" width="300px" height="200px">
  <img src="https://goo.gl/U1Hvez" width="300px" height="200px">
  <img src="https://goo.gl/YxggEB" width="300px" height="200px">
  <p>We love kangaroos</p>
</div>
```

캥거루 이미지 링크는 원하는 것으로 변경해도 좋다.

자바 스크립트 부분에서는 비어 있는 뷰 인스턴스를 생성한다.

```
new Vue({
  el: '#app'
})
```

페이지를 열면 다음과 같은 화면을 볼 수 있다.

이제 웹 사이트에 재미를 추가하기 위해 제목을 제외한 페이지의 엘리먼트를 임의의 간격으로 이동시키려고 한다.

이를 위해서 이동해야 하는 모든 엘리먼트를 배열에 등록한 후 주기적으로 배열에서 임의의 항목을 가져와 이동시키는 전략을 구현한다.

먼저 정의해야 하는 것은 CSS의 점프 애니메이션이다.

```
@keyframes generateJump {
  20%{transform: translateY(0);}
  40%{transform: translateY(-30px);}
  50%{transform: translateY(0);}
```

```
  60%{transform: translateY(-15px);}
  80%{transform: translateY(0);}
}
.kangaroo {
  animation: generateJump 1.5s ease 0s 2 normal;
}
```

위에서는 엘리먼트에 적용될 때 y축을 따라 두 번 점프하는 kangaroo 클래스를 생성한다.

다음은 자바스크립트 영역에 해당 CSS클래스를 특정 엘리먼트에 적용하는 함수를 작성한다.

```
const jump = el => {
  el.classList.add('kangaroo')
  el.addEventListener('animationend', () => {
    el.classList.remove('kangaroo')
  })
}
```

Jump 함수는 kangaroo 클래스를 추가하고 애니메이션이 끝났을 때 그것을 제거한다.

등록된 엘리먼트 중에서 무작위로 골라 작업을 수행하려고 한다.

```
const doOnRandomElement = (action, collection) => {
  if (collection.length === 0) {
    return
  }
  const el =
collection[Math.floor(Math.random()*collection.length)]
  action(el)
}
```

doOnRandomElement 함수는 action과 collection을 인자로 받고 화면에 출력된 엘리먼트

에 action을 적용한다.

그리고 임의의 간격으로 그것이 실행되도록 한다.

```
const atRandomIntervals = action => {
  setTimeout(() => {
    action()
    atRandomIntervals(action)
  }, Math.round(Math.random() * 6000))
}
```

atRandomIntervals 함수는 특정 함수를 입력받아 6초보다 작은 임의의 간격으로 해당 함
수를 실행한다.

이제 엘리먼트를 점프하게 하는 플러그인을 실제로 빌드하기 위해 필요한 모든 기능을 갖
추었다.

```
const Kangaroo = {
  install (vueInstance) {
    vueInstance.kangaroos = []
    vueInstance.directive('kangaroo', {
      bind (el) {
        vueInstance.kangaroos.push(el)
      }
    })
    atRandomIntervals(() =>
      doOnRandomElement(jump, vueInstance.kangaroos))
  }
}
```

캥거루 플러그인은 설치될 때 빈 배열을 생성하고 모든 엘리먼트를 배열에 등록하는 새로
운 지시어인 kangaroo를 선언한다.

그런 다음, 임의의 간격으로 하나의 무작위 엘리먼트를 배열에서 꺼내 점프 함수가 호출

한다.

플러그인을 활성화하려면 Vue 인스턴스를 선언하기 전에 (Kangaroo 선언 후) 다음과 같이 한 줄 선언을 필요로 한다.

```
Vue.use(Kangaroo)
new Vue({
  el: '#app'
})
```

제목을 제외한 모든 엘리먼트를 점프의 대상으로 지정해줘야 한다.

```
<div id="app">
  <h1>Welcome to the Kangaroo club</h1>
  <img v-kangaroo src="https://goo.gl/FVDU1I" width="300px" height="200px">
  <img v-kangaroo src="https://goo.gl/U1Hvez" width="300px" height="200px">
  <img v-kangaroo src="https://goo.gl/YxggEB" width="300px" height="200px">
  <p v-kangaroo>We love kangaroos</p>
</div>
```

이제 앱을 실행하면 몇초마다 이미지 또는 텍스트가 캥거루처럼 점프하는 것을 볼 수 있다.

동작 원리

본질적으로 뷰 플러그인은 일부 기능들을 그룹화할 뿐이다. 플러그인을 작성하기 위해 해야 할 일은 install 함수를 선언하는 것이므로 제약사항이 많지는 않다. 이를 수행하는 일반적인 구문은 다음과 같다.

```
MyPlugin.install = (vueInstance, option) => {
  // ...
```

```
}
```

방금 생성한 플러그인을 사용하기 위해서는 다음과 같이 작성해야 한다.

```
Vue.use(MyPlugin, { /* any option you need */ })
```

여기서 두 번째 인자는 install 함수로 전달되는 옵션 객체다.

플러그인은 전역 객체이기 때문에 앱 전체에 영향을 미칠 것으로 예상되는 기능에 대해서만 최소한으로 사용해야 한다.

▌ 수동으로 간단한 컴포넌트 렌더링하기

뷰는 HTML 템플릿을 render 함수로 변환한다. 템플릿을 사용하는 것이 일반적으로 훨씬 간단하기 때문에 되도록이면 그것을 사용해야 한다. 하지만 렌더 함수를 사용하면 편리한 몇 가지 경우가 존재하는데 이번 레시피에서는 그 예를 보여줄 것이다.

준비하기

이번 레시피는 렌더 함수에 관해 처음으로 다룬다. 뷰에 대해 기본적인 지식을 갖고 있다면 이번 장을 문제 없이 이해할 수 있을 것이다.

구동 방법

렌더 함수의 첫 번째 사용 예는 다른 컴포넌트를 표시하는 Vue 인스턴스가 필요한 경우다.

다음과 같이 비어 있는 HTML 레이아웃을 작성한다.

```
<div id="app"></div>
```

메인 뷰 인스턴스로 출력하고자 하는 Greeter 컴포넌트가 존재한다. 자바스크립트 영역에 다음 코드를 추가한다.

```
const Greeter = {
  template: '<p>Hello World</p>'
}
```

여기서 우리는 Greeter 컴포넌트를 다른 곳에서 가져오는 것으로 가정하고 컴포넌트가 멋지게 패키징돼 있으므로 이를 수정하지 않으려 한다. 대신 그것을 뷰 메인 인스턴스로 전달한다.

```
const Greeter = {
  template: '<p>Hello World</p>'
}
new Vue({
 el: '#app',
 render: h => h(Greeter)
})
```

이제 애플리케이션을 시작하면 Greeter 컴포넌트만 표시된다. 기본 뷰 인스턴스는 래퍼로만 작동한다.

동작 원리

렌더 함수는 Vue 인스턴스의 템플릿을 대체한다. 함수가 호출될 때 전달된 인자는 createElement라 불리는 함수다. 간결함을 위해 이름을 h로 지정했다. 이 함수는 3개의 인수를 받아들이지만, 현재로서는, 넘겨주고 있는 첫 번째 인수(건네주고 있는 유일한 인수)

는 Greeter 컴포넌트다.

 이론적으로는 h 함수 내부에 컴포넌트를 인라인으로 작성할 수 있다. 실제 프로젝트에서는 런타임 시의Vue 템플릿 컴파일러의 존재 여부에 따라 이것이 항상 가능한 것은 아니다. 공식 웹팩 템플릿을 사용할 때 묻는 질문 중 하나는 소프트웨어를 배포할 때 Vue 템플릿 컴파일러 를 포함할지 여부다.

createElement 함수의 인자들은 다음과 같다.

1. 필수인 첫번 째 인자는 세 가지 다른 정보를 옵션으로 넘겨야 한다.
   - a. 레시피에서와 같이 뷰 컴포넌트의 옵션
   - b .HTML 태그를 나타내는 문자열(예: div, h1 및 p)
   - c. 뷰 컴포넌트의 옵션 객체 또는 HTML 태그를 나타내는 문자열을 반환하는 함수.
2. 두 번째 인자는 Data Object 라는 객체여야 한다. 이 객체는 다음 레시피에서 설 명한다.
3. 세 번째 인자는 문자열 배열이다.
   - a. 배열은 컴포넌트안에 넣을 엘리먼트, 텍스트 또는 컴포넌트의 목록을 나타 낸다.
   - b. 텍스트로 렌더링될 문자열을 작성할 수 있다.

▌ 컴포넌트와 자식들 렌더링하기

이번 레시피에서는 렌더 함수를 전적으로 사용해 몇 가지 엘리먼트와 컴포넌트를 사용해 간단한 웹 페이지를 작성한다. 뷰가 템플릿과 컴포넌트들을 컴파일하는 방법에 대해 자세 히 알아본다. 고급 컴포넌트를 작성하거나 시작하기 위한 전체적인 예제가 필요할 때 유 용할 것이다.

준비하기

이것은 렌더링 기능을 통해 컴포넌트를 작성하는 방법에 대한 완전한 레시피다. 일반적으로 이런 작업을 수행할 필요는 없기 때문에 고급 기능을 원하는 독자들에게만 권장된다.

구동 방법

다음 이미지와 같이 배관공을 위한 웹 페이지를 작성한다.

name 텍스트 박스 안에 이름을 작성할 때마다 v-model 지시자와 동일하게 인사말에 출력된다.

렌더 함수에 의존할 때는 일반적으로 얻으려고 하는 것이 무엇인지에 대해 명확하게 알기 때문에 이 레시피의 경우 시작 대신 끝에서부터 시작한다.

앱의 HTML 영역에서 빈 태그로 시작한다.

```
<div id="app"></div>
```

자바스크립트 영역의 렌더 함수의 <div> 엘리먼트를 작성한다.

```
new Vue({
  el: '#app',
  render: h => h('div')
})
```

먼저 다음과 같이 제목을 작성한다.

```
new Vue({
  el: '#app',
  render: h => h(
    'div',
    [
      h('h1', 'The plumber club page')
    ]
  )
})
```

다른 엘리먼트와 컴포넌트들은 방금 제목을 위해 생성한 배열 내부에 위치하게 될 것이다.

값을 입력받아 환영 인사를 출력하기 위해 <input> 엘리먼트가 필요하다. 이를 위해 뷰 컴포넌트를 작성할 수 있다.

다음 코드에는 애로 함수 대신 일반적인 자바스크립트 함수를 사용했는데 컴포넌트 자체를 참조해야 하기 때문이다.

this는 함수가 호출되는 방법에 따라 달라지며 일반 함수에서는 임의의 변수에 선택적으로 바인딩될 수 있는 반면, 애로 함수를 사용하면 this의 스코프를 수정하도록 허용하지 않기 때문이다.

예제에서는 인스턴스 컴포넌트에 바인딩된다.

동일한 배열의 페이지의 제목 이후에 다음과 같이 컴포넌트를 추가한다.

```
h(
  {
    render: function (h) {
      const self = this
      return h('div', [
        'Your name is ',
```

```
      h('input', {
        domProps: {
          value: self.name
        },
        on: {
          input (event) {
            self.name = event.target.value
          }
        }
      }),
      h(
        'p',
        'Hello ' + self.name +
          (self.exclamation ? '!' : ''))
    ])
  },
  data () { return { name: '' } },
  props: ['exclamation']
},
{
  props: {
    exclamation: true
  }
}
)
```

컴포넌트는 세 가지 옵션이 존재하는데 render, data, props 함수가 그것이다.

createElement의 두 번째 인자는 props에 값을 실제로 할당한다.

```
{
  props: {
    exclamation: true
  }
}
```

이것은 실제로 컴포넌트를 선언 시에 :exclamation="true"를 작성하는 것과 동일하다.

컴포넌트의 data 와 props 는 쉽게 이해할 수 있을 것이다. render함수의 내용을 자세히 보자.

함수의 첫 번째 줄에서 중첩된 함수를 추가하기 위해 self = this를 컴포넌트를 참조하는 편리한 방법으로 설정했다. 그런 다음, div 태그 내부에 DOM 엘리먼트 세 가지를 배치하는 createElement 함수 h의 결과를 반환한다. 첫 번째 텍스트는 Your name is이고 2개의 엘리먼트인 사용자 입력과 단락이다.

렌더 함수에는 v-model 지시자와 동일한 기능을 하는 것이 없는데 그 대신 수동으로 구현한다. 값에 이름을 바인딩한 다음 input 이벤트에 리스너를 추가한다. 이 리스너는 상태 변수 name의 값을 텍스트 상자 안에 있는 값으로 설정한다.

그 다음 인사말을 구성하는 단락 엘리먼트를 삽입하고 exclamation 값에 따라 느낌표를 추가한다.

컴포넌트 이후에 다음과 같이 동일한 배열에 추가할 수 있다.

```
'Here you will find ', h('i', 'a flood '), 'of plumbers.'
```

올바르게 작성했다면 실행했을 때 전체 페이지를 볼 수 있다.

동작 원리

이번 예제에서는 뷰가 템플릿을 컴파일할 때 커튼 뒤에서 일어나는 일을 훑어봤다. 다시 한 번 말하지만, 일반 컴포넌트를 사용해 작업을 수행하는 것이 더 낫다. 대부분의 경우에는, 결과적으로 이득은 거의 없고, 코드만 장황해지게 될것이다.

반면, 몇몇 경우에 렌더 함수를 사용하면 견고한 코드를 생성하고 템플릿으로 표현하기 어려운 일부 기능들을 활용할 수 있다.

JSX를 사용해 컴포넌트 렌더링하기

JSX는 리액트 커뮤니티에서 매우 유명하다. 뷰에서는 JSX를 사용해 사용하지 않고 훨씬 친숙한 HTML을 사용해 컴포넌트를 작성할 수 있지만, 수많은 렌더 함수를 작성해야 한다면 JSX는 최선의 방법이 될 수 있다.

준비하기

이 레시피를 들어가기 전에, 렌더 함수를 다뤄보는 것이 좋다. 이전 레시피에서는 몇 가지 연습 문제들을 제공한다.

구동 방법

JSX가 작동하기 위해서는 바벨 플러그인이 필요하다. 이번 레시피에서는 당신이 웹팩 템플릿을 사용해 작업하고 있다고 가정한다.

바벨 플러그인을 설치하기 위해 다음 커맨드를 실행한다.

```
npm install
  babel-plugin-syntax-jsx
  babel-plugin-transform-vue-jsx
  babel-helper-vue-jsx-merge-props
  --save-dev
```

`.babelrc` 파일의 `plugins` 배열에 다음과 같이 추가하자.

```
"plugins": [
  ...
  "transform-vue-jsx"
]
```

언제나처럼 npm install 커맨드를 실행해 모든 의존성들을 설치한다.

이제 main.js 파일을 열고 내부의 내용을 모두 제거한 후에 다음 코드로 대체한다.

```
import Vue from 'vue'

/* eslint-disable no-new */
new Vue({
  el: '#app',
  render (h) {
    return <div>{this.msg}</div>
  },
  data: {
    msg: 'Hello World'
  }
})
```

JSX를 한 번도 본 적이 없다면 강조된 행은 이상해 보일 것이다. 예제 코드의 render 옵션
에서 애로 함수를 사용하지 않았다는 점에 유의하자. 왜냐하면 예제에서는 이것을 내부적
으로 사용하고 있으며, 내부적으로 컴포넌트에 바인딩되기를 원하기 때문이다.

npm run dev 명령을 사용하면 페이지를 확인할 수 있다.

동작 원리

바벨 플러그인은 JSX 코드를 자바스크립트 렌더 함수로 전환한다.

뷰와 JSX를 사용하는 것을 추천하지는 않는다. 개인적 경험에 비춰 보아 그것이 유용할 때
는 자바스크립트와 render함수를 혼합할 필요가 있을 때나 템플릿을 빠르고 가독성 있게
정의하고 싶을 때 뿐이다. 그 외에는 JSX를 사용해 얻을 수 있는 장점이 많지 않다.

추가 정보

JSX의 props를 사용해보기 위해 좀 더 복잡한 예를 살펴보자.

메인 Vue인스턴스 이전에 새로운 컴포넌트를 정의한다.

```
const myComp = {
  render (h) {
    return <p>{this.myProp}</p>
  },
  props: ['myProp']
}
```

이 컴포넌트를 Vue 인스턴스 내부에서 사용하고 msg 변수를 props에 전달한다.

```
new Vue({
  el: '#app',
  render (h) {
    return <div>
      <myComp myProp={this.msg}/>
    </div>
  },
  data: {
    msg: 'Hello World'
  },
  components: {
    myComp
  }
})
```

HTML 템플릿과는 문법이 조금 다르다. 특히 props에 전달되는 방법, 카멜케이스와 자체로 열리고 닫힌 태그self-closing tags를 사용한 것에 유의하자.

486

함수형 컴포넌트 만들기

함수형 컴포넌트는 더 가벼운 버전의 컴포넌트다. 함수형 컴포넌트에는 인스턴스 변수가 없으므로 (this가 없음) 상태를 갖지 않는다. 이번 레시피에서는 HTML을 통해 몇 가지 지침을 받아 그림으로 변환하는 간단한 함수형 컴포넌트를 작성한다.

준비하기

적어도 이 레시피를 시도하기 전에 뷰의 렌더링 기능에 익숙해진 상태여야 한다. 렌더링 기능은 이전의 레시피를 통해 배울 수 있다.

구동 방법

일반적으로 `<svg>` 엘리먼트를 작성할 때는 내부의 속성에 데이터를 넣어 모양을 실제로 그려야 한다. 예를 들어, 삼각형을 그리려면 다음과 같이 작성해야 한다.

```
<svg>
  <path d="M 100 30 L 200 30 L 150 120 z"/>
</svg>
```

d 속성 내부의 문자열은 가상 커서를 움직여 그리도록 하는 일련의 명령어들이다.

M은 커서를 (100,30) 좌표로 이동시키고 L 은 (200,30) 좌표에 이어서 (150,120)까지 선을 긋는다. 마지막으로 그리고 있던 경로를 닫는데, 결과는 언제나 삼각형이 된다.

컴포넌트를 사용해 삼각형을 그리고 싶지만 속성을 이용하기보다 뷰의 언어를 사용해 작성하기 원하기 때문에 다음과 같이 작성해 같은 결과를 얻는다.

```
<orange-line>
  moveTo 100 30 traceLine 200 30 traceLine 150 120 closePath
```

```
</orange-line>
```

이것은 함수형 컴포넌트가 처리하기 딱 알맞은 작업인데 상태를 관리할 필요가 없고 컴포넌트를 하나의 엘리먼트로 전환하기만 하면 되기 때문이다.

HTML 레이아웃은 다음과 같다.

```
<div id="app">
  <orange-line>
    moveTo 100 30 traceLine 200 30 traceLine 150 120 closePath
  </orange-line>
</div>
```

자바스크립트 영역의 함수형 컴포넌트는 다음과 같다.

```
const OrangeLine = {
  functional: true,
  render (h, context) {
    return h('svg',
      []
    )
  }
}
```

functional:true를 사용해 함수형 컴포넌트로 지정하는데 render 함수가 평소와 조금 다르게 보인다. 첫 번째 인자는 여전히 createElement 함수이지만 두 번째 인자는 컴포넌트의 컨텍스트다.

context.children을 통해 컴포넌트의 HTML (그리기 위한 명령) 내부에 작성된 텍스트에 접근할 수 있다.

이미 비어 있는 <svg> 엘리먼트를 추가했다는 것을 알 수 있다. 그 안에는 빈 배열이 존재하고 <path> 엘리먼트를 다음과 같이 배치한다.

```
render (h, context) {
  return h('svg',
    [
      h('path', {
        attrs: {
          d: context.children.map(c => {
            return c.text
              .replace(/moveTo/g, 'M')
              .replace(/traceLine/g, 'L')
              .replace(/closePath/g, 'z')
          }).join(' ').trim(),
          fill: 'black',
          stroke: 'orange',
          'stroke-width': '4'
        }
      })
    ]
  )
}
```

강조 표시된 코드는 path 엘리먼트를 생성한 다음 fill, stroke 같은 일부 속성들을 설정한다. D 속성은 컴포넌트 내부에서 텍스트를 가져와 일부 대체해서 반환한다.

자바스크립트 영역에서 뷰 인스턴스를 생성해야 한다.

```
new Vue({
  el: '#app',
  components: {
    OrangeLine
  }
})
```

이제 앱을 실행하면 다음과 화면과 같은 삼각형을 확인할 수 있다.

동작 원리

뷰를 사용하면 내부 상태가 없고 매우 가벼운 컴포넌트를 만들 수 있다 .

예를 들어, 사용자 입력(props 또는 자식 엘리먼트의 형태로)을 처리하기 위한 로직을 넣을 수 있는 유일한 장소는 렌더 함수다.

전달된 컨텍스트에는 다음과 같은 속성들이 포함된다.

- props: 이것은 사용자에 의해 넘겨진다.
- children: 이것은 실제로 템플릿의 자식 컴포넌트들인 가상 노드의 배열이다. 실제 HTML 엘리먼트는 존재하지 않지만 뷰에 의한 표현일 뿐이다.
- slots: 슬롯을 반환하는 함수다(어떤 경우에는 자식 컴포넌트 대신 사용할 수 있다).
- data: 컴포넌트로 넘겨진 전체 데이터 객체.
- parent: 부모 컴포넌트에 대한 참조

예제에서는 다음과 같은 코드를 사용해 컴포넌트 내부의 문자열을 추출한다.

```
context.children.map( c => {
  return c.text
    .replace(/moveTo/g, 'M')
    .replace(/traceLine/g, 'L')
    .replace(/closePath/g, 'z')
```

```
}).join(' ').trim()
```

예제에서는 자식 컴포넌트에 포함된 가상 노드의 배열을 가져와 각 노드를 텍스트에 매핑한다.

HTML에 텍스트만 입력하기 때문에 노드 배열은 단 하나의 노드, 즉 입력한 텍스트만 갖고 있게 된다

그러므로 예제에서 `var a = children.map` (`c => someFunction (c)`)을 수행하는 것은 `var a = [someFunction (children [0])]`을 수행하는 것과 동일하다.

이것은 텍스트를 추출하는 기능뿐만 아니라 특정 `svg` 명령을 설명하기 위해 임의로 생성한 단어들을 실제 명령으로 대체하고 있다. `join` 함수는 배열의 모든 문자열(이 경우에는 하나)을 함께 이어 붙이고 `trim`은 모든 공백과 줄 바꿈을 제거해준다.

▌고차 컴포넌트를 사용해 반응형 테이블 만들기

함수형 컴포넌트는 실제로 래핑할 구성 요소를 결정할 때 매우 훌륭한 래퍼로 작동한다. 이 레시피에서는 웹 브라우저 너비에 따라 달라진 열을 표시하는 반 형 테이블을 작성한다.

준비하기

이번 레시피는 함수형 컴포넌트에 관한 것이다. 사전 지식을 위해선 이전 레시피를 완료하자.

구동 방법

이번 레시피에서는 아주 훌륭한 CSS프레임워크인 시맨틱 UI를 사용할 것이다. 그것을 사

용하기 위해선 <link> 태그나 외부 의존성을 통해 CSS 라이브러리를 포함시켜야 한다. 예를 들어 HTML의 <head> 영역에 다음과 같이 작성할 수 있다.

```
<link rel="stylesheet" href="https://cdnjs.cloudflare.com/ajax/libs/semantic-ui/2.2.7/semantic.css" />
```

JSFiddle을 사용한다면 외부 리소스에 링크를 지정하는 것으로 충분하다.

모바일에서 좀 더 나아 보이게 하기 위해 또 다른 태그를 추가해야 한다.

```
<meta name="viewport" content="width=device-width">
```

이렇게 하면 페이지의 너비가 장치 너비와 동일하다고 알려준다. 이 태그가 없다면 모바일 웹 브라우저가 페이지가 휴대 전화보다 크다고 판단하고 모든 것을 표시하려고 할 때 앱의 축소 버전을 보여줄 것이다.

이제 고양이 품종의 테이블을 디자인하는데 뷰 인스턴스의 상태에서 모든 데이터를 확인할 수 있다. 다음과 같이 자바스크립트를 작성하자.

```
new Vue({
  el: '#app',
  data: {
    width: document.body.clientWidth,
    breeds: [
      { name: 'Persian', colour: 'orange', affection: 3, shedding: 5 },
      { name: 'Siberian', colour: 'blue', affection: 5, shedding: 4 },
      { name: 'Bombay', colour: 'black', affection: 4, shedding: 2 }
    ]
  },
  created() {
    window.onresize = event => {
      this.width = document.body.clientWidth
```

```
    }
  },
  components: {
    BreedTable
  }
})
```

페이지의 레이아웃을 변경하기 위해 width 변수를 선언하고 있으며 원래 페이지 너비는 반응형으로 동작하지 않기 때문에 window.onresize에도 리스너를 설치한다. 실제 프로젝트의 경우 좀 더 정교하게 구성하겠지만 이번 레시피에서는 이것으로 충분하다.

또한 다음과 같이 BreedTable 컴포넌트를 작성한 것에 유의하자.

```
const BreedTable = {
  functional: true,
  render(h, context) {
    if (context.parent.width > 400) {
      return h(DesktopTable, context.data, context.children)
    } else {
      return h(MobileTable, context.data, context.children)
    }
  }
}
```

예제의 컴포넌트는 단순히 모든 context.data와 context.children을 해상도에 따라 DesktopTable 또는 MobileTable 과 같은 다른 컴포넌트로 넘겨주고 있다.

HTML의 레이아웃은 다음과 같다.

```
<div id="app">
  <h1>Breeds</h1>
  <breed-table :breeds="breeds"></breed-table>
</div>
```

breeds 는 context.data에서 선택한 컴포넌트로 전달된다.

데스크톱 테이블은 고정되있는 것처럼 보인다.

```
const DesktopTable = {
  template: `
    <table class="ui celled table unstackable">
      <thead>
        <tr>
          <th>Breed</th>
          <th>Coat Colour</th>
          <th>Level of Affection</th>
          <th>Level of Shedding</th>
        </tr>
      </thead>
      <tbody>
        <tr v-for="breed in breeds">
          <td>{{breed.name}}</td>
          <td>{{breed.colour}}</td>
          <td>{{breed.affection}}</td>
          <td>{{breed.shedding}}</td>
        </tr>
      </tbody>
    </table>
  `,
  props: ['breeds']
}
```

상단에서 시맨틱 UI의 일부분을 확인할 수 있는데 이것으로 테이블은 훨씬 멋져 보일 것이다. 특히 unstackable 클래스는 CSS에 의해 자동으로 실행되는 스태킹stacking을 비활성화한다. 이 부분에 대해서는 다음 섹션에서 좀 더 자세히 다룰 것이다.

모바일의 테이블을 위해 스타일뿐만 아니라 컬럼을 그룹화하려고 한다. 각 종은 색상, 그리고 애정도와 털날림을 속성으로 가진다. 우리는 이것을 좀 더 축약적인 스타일로 표현하고 싶다. 테이블의 머리글은 다음과 같다.

```
const MobileTable = {
  template: `
    <table class="ui celled table unstackable">
      <thead>
       <tr>
          <th>Breed</th>
          <th>Affection & Shedding</th>
        </tr>
      </thead>
  ...
```

털의 색상을 문자열로 표시하는 대신 해당 색상의 작은 동그라미를 그려준다.

```
...
<tbody>
  <tr v-for="breed in breeds">
    <td>{{breed.name}}
      <div
        class="ui mini circular image"
        :style="'height:35px;background-color:'+breed.colour"
      ></div>
    </td>
  ...
```

또한 테이블에서 애정도[affection]와 털날림[shedding] 등급에 대해 숫자 대신 하트와 별표를 사용해 등급을 지정한다.

```
...
      <td>
        <div class="ui heart rating">
          <i
            v-for="n in 5"
            class="icon"
            :class="{ active: n <= breed.affection }"
```

```
      ></i>
    </div>
    <div class="ui star rating">
      <i
        v-for="n in 5"
        class="icon"
        :class="{ active: n <= breed.shedding }"
      ></i>
    </div>
  </td>
 </tr>
 </tbody>
</table>
```

또한 `DesktopTable` 컴포넌트와 같이 props에 breed 를 선언하는 것을 잊지 말자.

다음 스크린샷을 보면 숫자가 하트가 별표로 대체됐음을 볼 수 있다.

창을 충분히 줄여보면 테이블이 어떻게 열을 그룹화하는지 확인할 수 있다.

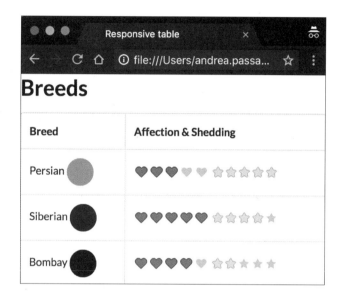

동작 원리

반응형 페이지는 웹 브라우저의 너비에 따라 변하는데 이렇게 작동하는 것은 사용자가 태블릿이나 웹 브라우저를 사용해 웹 사이트를 방문했을 때 매우 중요하다.

대부분의 컴포넌트는 반응형 페이지를 위해 한 번만 작성하고 여러 사이즈에 맞춰 스타일만 바꿔주면 된다. 이렇게 하면 모바일에 특화된 사이트를 만드는 것과 비교해서 개발 시간을 줄일 수 있다.

일반적으로 반응형 페이지의 테이블은 다음 그림과 같이 컬럼 형식에서 스택 형식으로 변경된다.

나는 이 방법을 좋아하지 않는다. 테이블을 한쪽에서 보기 좋게 만들어 놓으면 다른 쪽에서는 반대로 나타나는 객관적인 단점 때문이다. 이것은 동일한 방식으로 셀을 스타일링하고 반응형을 다루기 위해 스택으로 쌓아 올리는 방식을 취하기 때문이다.

BreedTable 컴포넌트가 하는 일은 단순히 CSS에 의존하는 대신 두 가지 컴포넌트 사이에 변환한다. 그것은 함수형 컴포넌트이기 때문에 일반 컴포넌트와 비교해 가볍다는 장점을 가진다.

실제 환경에서 oneresize를 사용하는것은 다소 의문의 여지가 있는데 성능에 대한 우려 때문이다. 프로덕션 환경에서 자바스크립트를 사용해 반응형 솔루션을 다루는 일은 좀 더 구조화될 필요가 있다. 예를 들어 matchMedia나 타이머 사용을 고려해볼 수 있다.

마지막으로 뷰 인스턴스가 두 가지 서브 컴포넌트들을 등록하지 않는다는 것에 유의하자. 이것은 서브 컴포넌트들이 템플릿에 나타나지 않고 코드에서 객체로서 바로 참조되기 때문이다.

10

Vuex를 통한 대형 애플리케이션 패턴

이번 장에서는 다음 레시피들을 다룬다

- vue-router에서 동적으로 페이지 로딩하기
- 애플리케이션 상태 저장을 위한 단순한 저장소 구현하기
- Vuex의 변이Mutations 이해하기
- Vuex에서 액션Actions 나열하기
- 모듈로 관심사 분리하기
- 데이터 반환을 위해 게터 작성하기
- 저장소 테스트하기

▌ 소개

이번 장에서는 Vuex의 작동 방식과 그것을 사용해 확장 가능한 애플리케이션을 구현하는 방법을 배운다. Vuex는 프론트엔드 프레임워크에서 널리 사용되는 패턴을 구현하며 큰 규모의 애플리케이션에서 전역 상태를 관리하기 위해 다양한 관심사들로 나뉘어져 구성돼 있다.

변이^{Mutations}만이 상태를 바꿀 수 있기 때문에, 관련 기능을 찾고 싶다면 한곳만 들여다보면 된다. 비동기뿐만 아니라 다양한 로직이 액션에^{Actions} 포함된다.

마지막으로 게터와 모듈은 원래 상태로부터 새로운 상태를 파생하고 코드를 다른 파일들로 분할시켜 사람이 인지하면서 느끼는 피로를 줄여준다.

레시피를 통해 규모가 큰 애플리케이션을 개발할 때 유용한 지식들을 찾을 수 있을 것이다. 일부는 명명 규칙 및 버그를 피하기 위한 작은 트릭이다.

모든 레시피를 완료하면 버그 수를 줄이고 깔끔한 공동 작업을 통해 대형 프론트엔드 애플리케이션을 개발할 수 있게 된다.

▌ vue-router에서 동적으로 페이지 로딩하기

곧 다양한 컴포넌트가 포함된 대규모 뷰기반의 웹 사이트를 구축하게 될 것이다. 대량의 자바스크립트를 로드하게 되면 쓸데없는 초기 지연이 발생할 수 있다. 4장, '컴포넌트에 대한 모든 것'의 비동기 컴포넌트 로드하기 레시피에서 이미 컴포넌트를 원격에서 반환하는 방법에 대해 알아봤다. 이번 레시피에서는 vue-router의 라우트에서 로드된 컴포넌트에 유사한 기술을 적용할 것이다.

준비하기

이번 레시피는 vue-router에 대한 지식이 필요하다. 원한다면 4장, '컴포넌트에 대한 모든 것'의 비동기 컴포넌트 로드하기 레시피, 로 이동해 관련 내용을 좀 더 자세히 알아볼 수 있다.

구동 방법

새로운 폴더를 생성하고 다음 명령어를 사용해 vue-cli로 새로운 프로젝트를 생성한다.

```
vue init webpack
```

템플릿에 vue-router 를 추가하기 위한 질문에 Y라고 응답하고 나머지 질문들에는 원하는 대로 답을 하자.

두 가지 컴포넌트를 생성하는데 하나는 홈 영역이 될 것이고, 작고 가볍게 구성된다. 다른 하나의 컴포넌트는 아주 커서 로드하는 데 시간이 걸릴 것이다. 예제에서 하려고 하는 것은 거대한 컴포넌트가 웹 브라우저에 의해 다운로드되기를 기다리지 않고 즉시 홈 영역을 로드하는 것이다.

components 폴더의 Hello.vue 파일을 열어 다음 부분만 제외하고 전부 제거하자.

```
<template>
  <div>
    Lightweight hello
  </div>
</template>
```

동일한 폴더에 다른 파일을 생성하고 Massive.vue라는 이름을 붙인 후 다음 내용을 입력한다.

```
<template>
  <div>
   Massive hello
  </div>
</template> `

<script>
/* eslint-disable no-unused-vars */
const a = `
```

파일에 필요 없는 데이터들을 마구 추가해야 하므로 마지막 줄의 백틱(`) 문자는 그대로 두도록 하자. Massive.vue 파일을 저장하고 닫도록 하자.

터미널 프로그램을 열고 Massaive.vue 파일이 있는 폴더로 이동한 후 다음 명령어를 입력해 쓰레기 데이터를 입력하자.

```
yes "XXX" | head -n $((10**6)) >> Massive.vue
```

위의 커맨드는 파일에 문자열 XXX를 106번 추가하는데 이는 파일에 400만 바이트를 추가시킨다. 이 파일은 너무 커서 빠르게 브라우징할 수 없을 것이다.

이제 열어 두었던 백틱 문자를 닫도록 하자. 편집기가 큰 파일을 열지 못할 가능성이 있기 때문에 파일을 열려고 시도하지 말고 그 대신 다음 커맨드를 입력하자.

```
echo '`</script>' >> Massive.vue
```

이것으로 Massive 컴포넌트가 준비됐다.

Router 폴더의 index.js 파일을 열고 컴포넌트와 경로를 추가하자.

```
import Massive from '@/components/Massive'
```

```
...
export default new Router({
  routes: [
    {
      path: '/',
      name: 'Hello',
      component: Hello
    },
    {
      path: '/massive',
      name: 'Massive',
      component: Massive
    }
  ]
})
```

npm install로 모든 의존성 라이브러리를 설치하고 나면 npm run dev 명령어로 대용량의 앱을 실행시킬 준비가 끝난 것이다.

앱은 빠르게 로딩될 것이다. 그러나 이것은 로컬 저장소에서 바로 로딩하기 때문인데 실제 상황을 재현하기 위해 개발자 도구를 열고 네트워크 탭으로 이동해 속도를 제한하도록 하자.

속도가 느린 GPRS 또는 모두가 사용하고 있을 3G를 선택한다

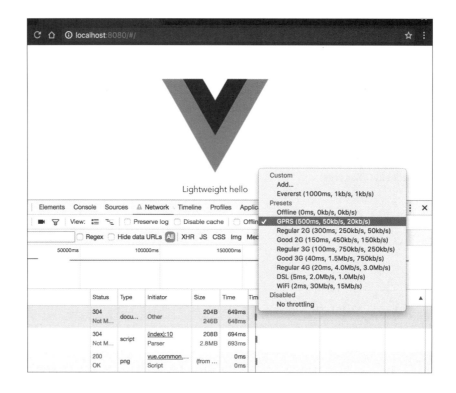

이제 새로 고침 버튼을 우클릭하고 강력 새로 고침^{Hard Reload}을 실행해 캐시를 우회한다(또는 Shift + Cms + R)

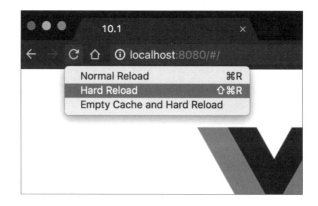

페이지가 몇 분간 로딩되지 않는 것을 볼 수 있다.

새로 고침 버튼을 다시 클릭해 그것이 X로 바뀌면 클릭해 로딩을 멈출 수 있다.

이 문제를 해결하기 위해 router폴더의 index.js 파일로 이동해 Massive 컴포넌트를 로딩하는 다음 라인을 삭제하자.

```
import Massive from '@/components/Massive'
```

이 라인은 웹팩에게 Massive 컴포넌트에 있는 모든 코드들을 하나의 js 번들에 포함시키도록 지시하고 있다. 그 대신 웹팩에게 Massive 컴포넌트를 별도의 번들로 분리하고 필요할 때만 로드하도록 지시하고 싶다.

직접 임포트하는 대신 다음 코드를 사용해 Massive 컴포넌트를 선언한다.

```
const Massive = resolve =>
 require(['../components/Massive.vue'], resolve)
```

웹팩은 이 특별한 문법을 지연 로딩되는 별도의 파일을 생성하는데 사용한다. 파일을 저장하고 연결을 낮은 속도(GPRS, 또는 3G)로 제한한 후 다시 한 번 강력 새로 고침을 실행하자.

몇초가 지나면 헬로 페이지를 확인할 수 있다. Massive 컴포넌트를 로드하고 싶다면 massive를 URL에 추가하면 되는데 다만 어느 정도 기다려야 할 것이다.

동작 원리

실제로 애플리케이션에서는 이와같이 큰 컴포넌트가 없을 테지만 Massive 컴포넌트가 앱의 모든 컴포넌트를 대표한다고 가정하면 쉽게 큰 사이즈가 될 수 있을 것이다

여기서 트릭은 비동기적으로 로드하는 것이다. 웹팩은 작은 번들로 분리해 필요한 경우에

만 로드될 수 있도록 도와준다.

추가 정보

컴포넌트를 지연 로딩하기 위해 대체 구문이 존재하는데 그것은 미래에 ECMA 표준이 될 수 있기 때문에 알고 있어야 한다. router 디렉터리에서 index.js 파일을 열고 Massive 컴포넌트 또는 이번 레시피에서 추가한 Massive 상수를 제거하자. routes에서 /massive 라우트의 컴포넌트 지정 시 구성 요소를 지정할 때 다음을 시도해보자.

```
routes: [
  {
    path: '/',
    name: 'Hello',
    component: Hello
  },
  {
    path: '/massive',
    name: 'Massive',
    component: import('@/components/Massive')
  }
]
```

이것은 웹팩이 해당 줄을 읽어 Massive 컴포넌트의 코드를 직접 가져오는 대신 지연 로딩 될 별개의 js 파일을 생성하기 때문에 이전에 했던 것과 동일하다.

█ 애플리케이션 상태 저장을 위한 단순한 저장소 구현하기

이번 레시피에서는 대용량 애플리케이션을 개발할 때 Vuex의 기본에 대해 이해하게 될 것이다. Vuex의 저장소가 어떻게 작동하는지 이해하기 위해 예제에서는 저장소를 직접 조작하는데 이것은 특이한 경우고, 실제 애플리케이션에서는 그렇게 해서는 안 된다.

준비하기

이번 레시피에 앞서 4장, '컴포넌트의 모든 것'의 '컴포넌트와 Vuex 간 통신하기' 레시피를 완료해야 한다.

구동 방법

새로운 폴더를 생성하고 다음 명령어로 웹팩 기반의 새로운 프로젝트를 생성한다.

```
vue init webpack
```

질문에 대한 응답은 어떻게 해도 좋다. npm install을 실행 후 npm install vuex --save 또는 yarn을 쓴다면 yarn add vuex 을 실행해 Vuex를 설치한다.

src폴더의 main.js 파일을 열고 다음 강조된 라인을 추가해 Vuex 설치를 완료한다.

```
import Vue from 'vue'
import App from './App'
import router from './router'
import store from './store'

/* eslint-disable no-new */
new Vue({
 el: '#app',
 router,
 store,
 template: '<App/>',
 components: { App }
})
```

물론 store 모듈이 존재하지 않기 때문에 새 것을 하나 생성해야 한다. 이를 위해 src 폴더 바로 아래에 store 폴더를 생성하자. 그 안에 index.js라는 파일을 만든다. main.js 파일에서 index.js 파일을 사용하도록 지정하지 않았지만 파일을 지정하지 않고 폴더만 지정했을 때의 기본 동작이다.

여기서 구현하려고 하는 것은 간단한 자산 시장이다. 우리는 세 가지 자산을 갖고 있는 데 스타 STAR, 램프 LAMP, 다이아몬드 DIAM 가 그것이다. 두 가지 라우트를 정의하는데 한 갖는 STAR/LAMP 시장을 위한 것이고, 나머지는 LAMP/DIAM 시장을 위한 것이다.

Store 폴더의 index.js 파일 내에 다음을 작성한다.

```
import Vue from 'vue'
import Vuex from 'vuex'
Vue.use(Vuex)
const store = new Vuex.Store({
  state: {
    STAR: 100,
    LAMP: 100,
    DIAM: 100,
    rate: {
      STAR: {
        LAMP: 2
      },
      LAMP: {
        DIAM: 0.5
      }
    }
  }
})
export default store
```

이번에는 잔고를 유지할 새로운 Vuex 저장소를 생성하고 있다. 처음에는 각 자산을 100 개씩 보유하고 있다. 저장소에는 별과 램프 사이, 램프와 다이아몬드 사이의 환율도 고정돼 있다.

component 폴더 아래에 Market.vue라는 새 컴포넌트를 생성하는데 다음과 같은 템플릿을 갖고 있다.

```
<template>
  <div class="market">
    <h2>{{symbol1}}/{{symbol2}} Stock Exchange</h2>
    <div class="buy-sell">
      <input v-model.number="amount">{{symbol1}}
      <button @click="buy">
        Buy for {{rate*amount}} {{symbol2}}
      </button>
      <button @click="sell">
        Sell for {{rate*amount}} {{symbol2}}
      </button>
    </div>
  </div>
</template>
```

symbol1과 symbol2는 거래 된 두 자산을 나타낸다. 판매 및 구매 메서드가 정의된 이 자바스크립트 컴포넌트에서 전역 Vuex 저장소를 직접 조작한다.

```
<script>
export default {
  name: 'market',
  data () {
    return {
      amount: 0
    }
  },
  computed: {
    rate () {
      return this.$store.state.rate[this.symbol1][this.symbol2]
    }
  },
  props: ['symbol1', 'symbol2'],
```

```
    methods: {
      buy () {
        this.$store.state[this.symbol1] += this.amount
        this.$store.state[this.symbol2] -= this.amount * this.rate
      },
      sell () {
        this.$store.state[this.symbol1] -= this.amount
        this.$store.state[this.symbol2] += this.amount * this.rate
      }
    }
  }
</script>
```

 예제처럼 절대로 상태를 직접 건드려서는 안 된다. 항상 변이를 사용해야 한다. 여기서는 레시피를 최소한으로 유지하기 위해 중개 역할을 건너뛰고 있다. 다음 레시피에서 변이에 대해 좀 더 자세히 알아본다.

router 폴더 내부의 index.js에서 다음과 같은 방법으로 이 컴포넌트를 사용해야 한다.

```
import Vue from 'vue'
import Router from 'vue-router'
import Market from '@/components/Market'
Vue.use(Router)
export default new Router({
  routes: [
    {
      path: '/',
      redirect: '/STAR/LAMP'
    },
    {
      path: '/:symbol1/:symbol2',
      component: Market,
      props: true
    }
```

```
    ]
})
```

앞의 코드에서 몇 가지 거래 기호를 포함하는 모든 라우트에서 **Market** 컴포넌트를 사용하고 있다. 홈페이지로 STAR / LAMP 시장을 사용한다.

다른 시장 및 현재 잔고에 대한 내비게이션 링크를 표시하려면 다음 템플리트를 사용해 `App.vue` 컴포넌트를 편집할 수 있다.

```
<template>
  <div id="app">
    <nav>
      <ul>
        <li>
          <router-link to="/STAR/LAMP">STAR/LAMP Market</router-link>
        </li><li>
          <router-link to="/LAMP/DIAM">LAMP/DIAM Market</router-link>
        </li>
      </ul>
    </nav>
    <router-view></router-view>
    <div class="balance">
      Your balance is:
      <ul>
        <li>{{$store.state.STAR}} stars</li>
        <li>{{$store.state.LAMP}} lamps</li>
        <li>{{$store.state.DIAM}} diamonds</li>
      </ul>
    </div>
  </div>
</template>
```

이 컴포넌트는 어떠한 자바스크립트 코드로 필요하지 않으니 <script> 태그를 제거할 수 있다.

앱이 준비 됐으니 구동하고 거래를 해보자.

다음 이미지는 App.vue에 스타일이 없는 상태로 완성된 앱이다.

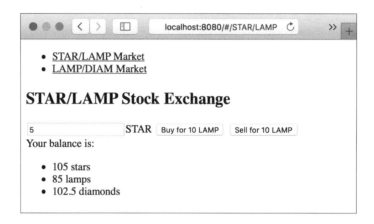

동작 원리

하단의 잔고는 글로벌 상태의 요약과 같다. Vuex를 사용하면 Vuex 플러그인으로 모든 컴포넌트에 주입되는 $ store 변수에 접근하는 것으로 다른 컴포넌트에 영향을 줄 수 있었다. 기본적으로 대용량 애플리케이션에서 변수 범위를 컴포넌트 자체를 넘어 확장하려는 경우 이와 같은 전략을 이용하는 것을 쉽게 상상할 수 있을 것이다.

예를 들어 애니메이션 또는 컴포넌트의 모달 대화 상자를 표시하는 데 필요한 변수와 같이 일부 상태는 로컬 범위일 수 있다. 이 값을 저장소에 두지 않아도 좋다. 그렇지 않으면 구조화된 중앙 집중식 상태를 한 곳에서 갖는 것이 많은 도움이 된다. 후속 레시피에서는 보다 고급 기술을 사용해 Vuex의 기능을 더 능숙하게 활용한다.

Vuex의 변이 이해하기

Vuex 애플리케이션에서 상태를 변경하는 적절한 방법은 변이를 사용하는 것이다. 변이는 원자 단위로 상태 변화를 분해하는 데 매우 유용한 추상화층이다. 이 레시피에서는 변이에 대해 알아본다.

준비하기

이번 레시피는 Vuex에 대해 알지 못해도 끝낼 수 있지만 이전 레시피를 먼저 끝낼 것을 권한다.

구동 방법

프로젝트에 Vuex를 외부 의존성으로 추가하자(CDN 주소는 https://unpkg.com/vuex이다). JSFiddle을 사용해 따라한다고 가정하는데 그렇지 않다면 **Vue.use**(Vuex)를 저장소 코드 이전에 위키시키는 것을 잊지 말자.

구현할 예제는 웹 사이트의 사용자에게 알림을 브로드캐스팅하는 애플리케이션이다.

HTML의 레이아웃은 다음과 같다.

```
<div id="app">
  <div v-for="(message, index) in messages">
    <p style="cursor:pointer">{{message}}
      <span @click="close(index)">[x]</span>
    </p>
  </div>
  <input v-model="newMessage" @keyUp.enter="broadcast">
  <button @click="broadcast">Broadcast</button>
</div>
```

기본 아이디어는 메시지를 작성할 수 있는 텍스트 박스를 만들고 브로드 캐스팅된 메시지를 최신 것부터 먼저 나타나도록 상단에 나타나게 될 것이다. 나타난 메시지는 작은 x를 클릭해 사라지게 할 수 있다.

먼저 브로드캐스팅된 메시지 목록을 담을 저장소를 생성하고 목록에 대해 가능한 변이들을 정의한다.

```
const store = new Vuex.Store({
  state: {
    messages: []
  },
  mutations: {
    pushMessage (state, message) {
      state.messages.push(message)
    },
    removeMessage (state, index) {
      state.messages.splice(index, 1)
    }
  }
})
```

이제 메시지 목록을 갖게 됐으니 메시지를 목록에 추가하거나 인덱스로 메시지를 제거할 수 있다.

다음은 애플리케이션의 로직 자체를 작성할 차례다.

```
new Vue({
  store,
  el: '#app',
  data: {
    newMessage: ''
  },
  computed: Vuex.mapState(['messages']),
  methods: {
```

```
    broadcast () {
      store.commit('pushMessage', this.newMessage)
      this.newMessage = ''
    },
    close (index) {
      store.commit('removeMessage', index)
    }
  }
})
```

앱을 실행하면 가상의 사용자들에게 메시지를 브로드캐스팅할 수 있다.

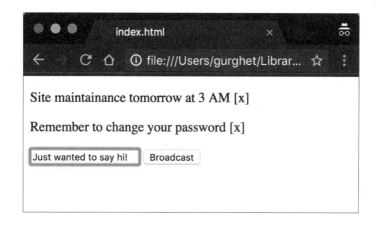

동작 원리

변이의 이름을 집고 넘어가는 것이 중요하다고 생각하는데 각각의 이름은 pushMessage와 removeMessage이다. 하지만 애플리케이션에서 실제로 동작하는 방식은 스택에 있는 메시지를 스크린에 보여주고 사용자들에게 메시지를 브로드캐스팅_(가상으로)하는 것이다. 그렇다면 변이의 이름을 showMessage 또는 broadcastMessage, hideMessage로 하는 게 더 낫지 않을까?

아니다 그렇지 않다. 그 이유는 변이 그 자체와 변이로 인해 발생되는 효과 간에 목적을 명확하게 분리하기 위해서다.

예를 들어, 다음과 같은 경우에는 문제가 명확하게 드러난다. 사용자가 알림을 무시할 수 있는 기능을 추가하거나 실제 브로드캐스팅되기 이전에 발송을 지연시켰을 경우 showMessage 변이가 실제로는 메시지를 보여주지 못하게 된다.

사용한 계산된 속성은 다음과 같다.

```
computed: Vuex.mapState(['messages'])
```

 Vuex를 ES6 모듈로 임포트할 때 표현식에서 Vuex를 명시적으로 사용할 필요가 없다. 다음과 같이 사용하면 된다.

```
import { mapState } from 'Vuex'.
```

그러면 mapState 함수를 사용할 수 있게 된다.

mapState 메서드는 문자열 배열을 매개변수로 사용하고 저장소에서 문자열과 이름이 같은 state 변수를 찾아 같은 이름의 계산된 속성을 생성한다. 원하는 만큼 많은 변수들에 대해 작업할 수 있다.

추가 정보

로컬 npm 프로젝트를 사용해 따라했다면 뷰 개발자 도구(안타깝게도 뷰 개발자 도구는 JSFiddle에서 동작하지 않는다)를 열자. 각각의 메시지마다 새로운 변이가 생성되는 것을 볼 수 있다.

작은 시계 아이콘을 클릭해보자.

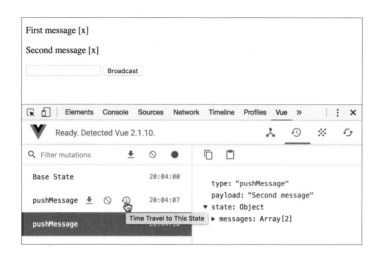

다음 이미지에서 보이는 것처럼 변이를 되돌릴 수 있다.

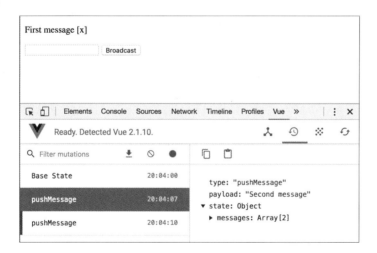

시간 조작 옵션을 클릭해도 상태가 변경되지 않는 것에 유의하자. 보라색 리본이 아직 마지막 상태이기 때문이다. 다른 상태들을 조사하려면 변이 자체의 이름을 클릭하기만 하면 된다.

이 디버그 메커니즘은 변이가 항상 동기적이기 때문에 가능한데 이것은 변이 전후의 상태에 대한 스냅 샷을 취해 시간을 탐색할 수 있음을 의미한다. 다음 레시피에서는 Vuex를 사용해 비동기 작업을 수행하는 방법을 배운다.

▍ Vuex에서 액션 나열하기

모든 변이는 동기로 동작하는데 타임아웃이 존재하거나 액시오스를 사용한 AJAX 요청은 어떻게 다뤄야 할까? 액션은 이런 문제들을 해결하기 위한 다음 단계의 추상화를 제공한다. 액션 내에서 여러 개의 변이들을 커밋하고 비동기 연산을 수행할 수 있다.

준비하기

변이는 액션들의 블록을 구성하기 때문에 이전 레시피를 미리 완료하는 것이 좋다.

애플리케이션 상태 저장을 위한 단순한 저장소 구현 레시피의 설정을 그대로 사용하는데 자신만의 설정을 사용해도 좋다. 하지만 어떤 경우든 이번 레시피는 웹팩 템플릿에서 약간의 변경에 기반하고 있다.

구동 방법

유명한 Xkcd 웹 사이트의 카피 버전을 만들 것이다. 원본 사이트의 패널들을 재사용하기 때문에 실제로 카피라고 하기보다는 래퍼 사이트다.

`vue init webpack` 커맨드로 웹팩 기반의 뷰 프로젝트를 생성한다. 첫 번째로 할 일은 `config`폴더의 `index.js` 파일의 API를 Xkcd 사이트로 연결하는 것이다. 다음 코드를 `proxyTable` 객체에 넣도록 하자.

```
module.exports = {
```

```
...
dev: {
  proxyTable: {
    '/comic': {
      target: 'https://xkcd.com',
      changeOrigin: true,
      pathRewrite: (path, req) => {
        const num = path.split('/')[2]
        return `/${num}/info.0.json`
      }
    }
  },
...
```

이렇게 하면 /comic 으로 보내는 요청들이 Xkcd웹 사이트로 리다이렉트된다.

src 에 새로운 store 폴더를 생성하고 index.js를 만든다.

해당 파일에 애플리케이션 저장소를 구축한다.

```
import Vue from 'vue'
import Vuex from 'vuex'

Vue.use(Vuex)

const store = new Vuex.Store({
  state: {
    currentPanel: undefined,
    currentImg: undefined,
    errorStack: []
  },
  actions: {},
  mutations: {}
}

export default store
```

이전 레시피와 같이 main.js 내부로 임포트해야 한다. 현재 패널 번호, 패널 이미지에 대한 링크 및 가능한 오류를 추적하고자 한다. 상태를 수정하는 유일한 방법은 변이를 이용하는 것인데 액션은 비동기 작업을 수행할 수 있다.

앱이 로드되면 최신 만화를 표시할 것인데 이를 위해 다음과 같은 액션을 만든다.

```
actions: {
  goToLastPanel ({ commit }) {
    axios.get(endpoint)
      .then(({ data }) => {
        commit('setPanel', data.num)
        commit('setImg', data.img)
      }).catch(error => {
        commit('pushError', error)
      })
  }
  ...
```

코드가 작동하기 위해 엔드포인트를 선언하고 액시오스를 설치해야 한다.

```
...
import axios from 'axios'
...
const endpoint = '/comic/'
```

대응하는 변이를 작성하는 일은 쉬울 것이다.

```
mutations: {
  setPanel (state, num) {
    state.currentPanel = num
  },
  setImg (state, img) {
    state.currentImg = img
```

```
  },
  pushError (state, error) {
    state.errorStack.push(error)
  }
}
```

Hello.vue 컴포넌트를 재사용해 다음 템플릿을 입력한다.

```
<template>
  <div class="hello">
    <h1>XKCD</h1>
    <img :src="currentImg">
  </div>
</template>
```

로드할 때 마지막 패널을 표시하려면 component 영역에 다음 코드를 작성하면 된다.

```
<script>
import { mapState } from 'vuex'
export default {
  name: 'hello',
  computed: mapState(['currentImg']),
  created () {
    this.$store.dispatch('goToLastPanel')
  }
}
</script>
```

또한 App.vue의 대부분의 템플릿을 삭제하고 다음만 남겨둬도 좋다.

```
<template>
  <div id="app">
    <router-view></router-view>
```

```
    </div>
</template>
```

동작 원리

proxyTable 객체는 http-proxy-middleware를 구성한다. 이는 더 큰 웹 애플리케이션의 UI를 개발할 때마다 유용하며 localhost에서 개발용 서버를 시작했지만 API는 실제 다른 웹 서버에서 응답한다. 이는 CORS를 사용한 상태에서 다른 웹 사이트가 API를 사용하지 못하도록 할 때 특히 유용하다. Xkcd API는 localhost가 웹 서비스를 사용하는 것을 허용하지 않는다. 따라서 Xkcd API를 직접 사용하려고 해도 웹 브라우저가 이를 허용하지 않는다. changeOrigin 옵션은 호스트로 Xkcd를 사용해 요청을 전송하므로 CORS가 필요하지 않다.

컴포넌트에서 액션을 호출하기 위해 dipatch 함수를 사용한다. 첫 번째 인자는 액션 자체의 이름인데 두 번째 인자를 전달할 수도 있다. 두 번째 인자는 액션을 정의할 때 전달된다.

마지막은 액션 이름을 작명하는데 있어서 액션은 비동기, 변이는 동기로 동작하는 것이 명시적이기 때문에 개인적으로는 액션명에 비동기를 명시할 필요가 없다고 생각한다.

▌ 모듈로 관심사 분리하기

큰 애플리케이션을 작성할 때 Vuex 저장소가 복잡해질 수 있다. 다행히도 애플리케이션의 각기 다른 관심사들을 모듈로 별도의 영역으로 분리할 수 있다.

준비하기

이번 레시피는 모듈 사용에 관한 레퍼런스가 될 수 있다. 그에 앞서 Vuex에 대해 충분히 알고 있어야 하고 웹팩에 대해서도 어느 정도 친숙해야 한다.

구동 방법

이번 레시피에는 약간 단순화 된 방식을 사용해 완전히 동작하는 인체를 모델링한다. 모든 기관에는 별도의 모듈이 존재한다.

`vue init webpack` 및 `npm install vuex`를 사용해 새 웹팩 템플리트를 작성한다. `src/store/index.js` 위치에 폴더와 파일을 생성한다. 파일 내부에는 다음 내용을 작성한다.

```
import Vue from 'vue'
import Vuex from 'vuex'

Vue.use(Vuex)

const store = new Vuex.Store({
  modules: {
    brain,
    heart
  }
})

export default store
```

심장^{heart} 모듈은 다음과 같다. 저장소 선언 보다 이전에 다음을 입력하자.

```
const heart = {
  state: { loves: undefined },
  mutations: {
    love (state, target) {
      state.loves = target
    },
    unlove (state) {
```

```
      state.loves = undefined
    }
  }
}
```

변이 내부의 상태^{state}가 Vuex의 루트 상태가 아니라 모듈의 지역 범위의 상태인 점에 유의하자.

다음은 좌뇌와 우뇌로 구성돼 있는 뇌^{brain}의 차례다. 다음 코드를 저장소 이전에 입력하자.

```
const brain = {
  modules: {
    left: leftLobe,
    right: rightLobe
  }
}
```

좌뇌와 우뇌는 불리언 상태로 간단하게 구현할 수 있다(그것들이 의존하는 brain보다 이전에 작성하자).

```
const leftLobe = {
  namespaced: true,
  state: { reason: true },
  mutations: {
    toggle (state) { state.reason = !state.reason }
  }
}
const rightLobe = {
  namespaced: true,
  state: { fantasy: true },
  mutations: {
    toggle (state) { state.fantasy = !state.fantasy }
  }
}
```

namespaced를 true로 설정하면 mutator를 호출할 수 있는 방법이 변경된다. 두 곳에서 모두 toggle이라고 선언됐기 때문에 어느 쪽 뇌인지 지정할 수 있다. 예를 들어, 좌뇌에 대해선 변이의 문자열이 left/toggle 이 되는데 여기서 left 는 좌뇌를 참조하는 데 사용되는 키다.

예제의 저장소가 동작하는 것을 확인하기 위해 모든 변이들을 사용하는 컴포넌트를 생성할 수 있다. 다음과 같이 뇌는 2개의 그림으로 표현될 수 있다.

```
<img
:class="{ off: !$store.state.brain.left.reason }"
src="http://i.imgur.com/n8B6wuY.png"
@click="left"><img
:class="{ off: !$store.state.brain.right.fantasy }"
src="http://i.imgur.com/4BbfVur.png"
@click="right">
```

이 코드는 빨간 펜으로 2개의 뇌 그림을 생성하는데 모듈명이 중첩된 방식으로 사용된 것에 유의하자. 다음 off CSS 규칙은 뇌를 회색으로 처리해준다.

```
.off {
  filter: grayscale(100%)
}
```

변이를 호출하기 위해 앞에서 언급한 문자열을 메서드에 넘겨주고 있다.

```
methods: {
  left () {
    this.$store.commit('left/toggle')
  },
  right () {
    this.$store.commit('right/toggle')
```

```
  }
}
```

---

input 텍스트 박스를 생성하고 다음과 같이 2개의 변이들을 호출한다.

```
...
love () {
  this.$store.commit('love', this.partner)
},
clear () {
  this.$store.commit('unlove')
  this.partner = undefined
}
...
```

지금까지는 매우 쉬웠지만 사랑하는 것의 이름을 어떻게 반환해야 할까?

그것들은 템플릿 내에 머스태치 표현식으로 표현할 수 있다.

```
<p>💜loves: {{$store.state.heart.loves}}</p>
<input v-model="partner" @input="love">
<button @click="clear">Clear</button>
```

확실하게 뷰 인스턴스에 partner 변수를 선언해야 한다.

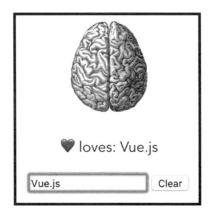

동작 원리

모듈을 사용해 애플리케이션의 관심사를 여러 단위로 나누는 방법을 살펴봤다. 이 능력은 프로젝트 규모가 커짐에 따라 매우 중요해질 수 있다.

일반적인 패턴은 돌연변이 내부에 있는 동안만 로컬 상태에 직접 액세스할 수 있다는 것이다.

```
const leftLobe = {
  namespaced: true,
  state: { reason: true },
  mutations: {
    toggle (state) {
      // here state is the left lobe state
      state.reason = !state.reason
    }
  }
}
```

변이는 로컬 상태에만 액세스할 수 있는 것이 자연스럽다. 예를 들어 뇌는 심장에 영향을 줄 수 없으며 그 반대도 마찬가지다. 그러나 액션은 어떨까? 모듈 안에 액션을 선언하면 다음과 같이 context 객체가 전달된다.

```
{
  "getters":{},
  "state":{
    "reason":true
  },
  "rootGetters":{},
  "rootState":{
    "brain":{
      "left":{
        "reason":true
      },
```

```
      "right":{
        "fantasy":false
      }
    },
    "heart":{
      "loves": "Johnny Toast"
    }
  }
}
```

따라서 심장에 영향을 주는 액션을 좌뇌에 선언하고 싶다면 다음과 같이 해야 한다.

```
actions: {
  beNerd ({ rootState }) {
    rootState.heart.loves = 'Math & Physics'
  }
}
```

▌ 데이터 반환을 위해 게터 작성하기

아마 당신은 상태에 너무 많은 데이터를 보관하고 싶지 않을 것이다. 쉽게 동기화되지 않을 수 있기 때문에 중복되거나 파생된 데이터를 보유할 위험성이 있다. 게터는 모든 로직을 한 곳에서 유지함으로써 컴포넌트의 부담을 증가시키지 않으면서 이런 문제들을 해결할 수 있다.

준비하기

이번 레시피는 Vuex에 알고 있지만 관련 지식을 확장하고 싶은 사람들에게 추천한다.

구동 방법

비트코인 지갑을 구현한다고 가정해보자. 사용자에게 잔고에 대한 요약과 그것이 유로로
얼마나 가치가 있는지 보여주고 싶다.

vue init webpack 과 npm stall vuex 명령어를 사용해 웹팩 템플릿을 생성한다. src/
store/index.js 폴더와 파일을 생성하고 다음 내용을 입력한다.

```
import Vue from 'vue'
import Vuex from 'vuex'

Vue.use(Vuex)

const store = new Vuex.Store({
  state: {
    bitcoin: 600,
    rate: 1000,
    euro: 600000
  }
})

export default store
```

코드는 에러에 취약하다. 첫 번째 에러는 곱셈이 제대로 되지 않았을 경우 유로 총액이 잘
못 계산되는 경우다.

두 번째 에러는 트랜잭션 도중 비트 코인과 유로의 잔액을 사용자에게 알려줌으로써 둘 중
하나에 대해 잘못된 금액을 표시하는 경우다.

이런 문제들을 해결하기 위해 게터를 사용한다.

```
const store = new Vuex.Store({
  state: {
    bitcoin: 600,
```

```
    rate: 1000
  },
  getters: {
    euro: state => state.bitcoin * state.rate
  }
})
```

이렇게 하면 유로 금액은 상태에 저장되는 것이 아니라 항상 계산된다. 또한 이러한 로직은 저장소에 집중돼 있으므로 컴포넌트에 아무것도 추가할 필요가 없다.

이제 템플릿에서 두 금액을 쉽게 표시할 수 있다.

```
<template>
  <div>
    <h1>Balance</h1>
    <ul>
      <li>{{$store.state.bitcoin}}฿</li>
      <li>{{$store.getters.euro}}&euro;</li>
    </ul>
  </div>
</template>
```

여기서 ฿은 비트코인 마크의 HTML 표현이다.

동작 원리

입력된 데이터가 아니라 파생된 데이터에 대한 게터를 갖는 것은 항상 좋은 생각이다. 아직 논의하지 않은 게터의 주목할 만한 특징은 다른 게터와 상호작용하고 인자를 주고받을 수 있다는 점이다.

다른 게터에 접근하기

호출 시점에 게터에 전달된 두 번째 인자는 다른 게터들을 포함하는 객체다.

```
getters: {
  ...
  getCatPictures: state => state.pictures.filter(pic => isCat(pic))
  getKittens: (state, getters) => {
    return getters.getCatPictures().filter(cat => !isAdult(cat))
  }
}
```

euro게터를 호출해 더욱 파생된 데이터를 호출할 수 있는데 예를 들어 비트코인 가격을 평균 150,000유로로 나눠 대략 주택을 몇 채 살 수 있는지 반환할 수 있다.

```
const store = new Vuex.Store({
  state: {
    bitcoin: 600,
    rate: 1000
  },
  getters: {
    euro: state => state.bitcoin * state.rate,
    houses: (state, getters) => getters.euro() / 150000
})
```

인자 넘겨주기

게터가 인수가 있는 함수를 반환하면 해당 인수는 게터의 인수가 된다.

```
getters: {
  ...
  getWorldWonder: state => nth => state.worldWonders[nth]
}
```

실용적인 예는 이전 단락의 게터에서 주택의 평균 비용을 지정할 수 있다.

```
const store = new Vuex.Store({
  state: {
    bitcoin: 600,
    rate: 1000
  },
  getters: {
    euro: state => state.bitcoin * state.rate,
    houses: (state, getters) => averageHousePrice => {
      return getters.euro() / averageHousePrice
    }
  }
})
```

▌ 저장소 테스트하기

7장, '단위 테스트와 통합 테스트'에서 배웠듯이 테스트는 전문 소프트웨어에서 가장 중요한 부분을 차지한다. 저장소에 주로 애플리케이션의 비즈니스 로직을 정의하기 때문에 그것을 테스트하는 일은 애플리케이션 전체적으로 매우 중요할 수 있다. 이번 레시피에서는 Vuex 저장소를 위한 테스트를 작성한다.

준비하기

이번 레시피는 7장, '단위 테스트와 통합 테스트'를 마치고 Vuex에 대해 익숙한 상태여야한다. Vuex에 대한 정보는 이번 장의 다른 레시피들에서 찾을 수 있다.

구동 방법

먼저 저장소가 꼭 필요로 하는 몇 가지 기능들을 정의할 것이다. 그리고 기능들이 동작하는지 검증하기 위한 테스트를 작성해볼 것이다.

소프트웨어 요구사항

저장소는 다음과 같이 할 일 목록의 항목들로 구성돼 있다.

```
state: {
  todo: [
    { id: 43, text: 'Buy iPhone', done: false },
    ...
  ],
  archived: [
    { id: 2, text: 'Buy gramophone', done: true },
    ...
  ]
}
```

두 가지 요구사항이 존재한다.

- done 필드를 false에서 true로 변경해주는 MARK_ITEM_AS_DONE 변이
- 서버에서 가장 최근 항목들을 다운로드에 목록에 추가하는 downloadNew 액션

변이 테스트하기

변이를 테스트하기 위해 테스트 파일에 사용할 수 있도록 해야 한다. 이를 위해 저장소에서 mutation 객체를 추출해야 하는데 다음과 같은 것을 고려하자.

```
import Vuex from 'vuex'
import Vue from 'vue'

Vue.use(Vuex)

const store = new Vuex.Store({
  ...
  mutations: {
```

```
    ...
    MARK_ITEM_AS_DONE (state, itemId) {
      state.todo.filter(item => {
        return item.id === itemId
      }).forEach(item => {
        item.done = true
      })
      state.archived.filter(item => {
        return item.id === itemId
      }).forEach(item => {
        item.done = true
      })
    }
  }
})

export default store
```

다음과 유사한 방법으로 추출해내야 한다.

```
export const mutations = { ... }

const store = new Vuex.Store({ ... })

export default store
```

이렇게 하면 다음과 같이 테스트 파일에서 변이들을 임포트할 수 있다.

```
import { mutations } from '@/store'
```

요구사항 1번에 대한 테스트는 다음과 같이 작성될 수 있다.

```
describe('mutations', () => {
  it(`MARK_ITEM_AS_DONE mutation must change the
      done field from false to true for a todo`, () => {
    const state = {
      todo: [
        { id: 43, text: 'Buy iPhone', done: false }
      ],
      archived: [
        { id: 40, text: 'Buy cat', done: false }
      ]
    }
    mutations.MARK_ITEM_AS_DONE(state, 43)
    expect(state.todo[0].done).to.be.true
  })
})
```

> ℹ️ 공식 웹팩 템플릿을 사용한다면 npm run unit으로 테스트를 실행할 수 있다. 기본으로 헤
> 드리스 웹 브라우저인 팬텀JS를 사용하는데 이것은 몇 가지 기능들을 구현하지 않고 있
> 다. 이를 위해 바벨 폴리필을 사용하거나 karma.conf.js로 직접 이동해 browsers 배열을
> PhantomJS 대신 Chrome으로 변경한다.
>
> npm install karma-chrome-launcher —save-dev 명령어로 크롬 구동기를 설치하는
> 것을 잊지 말자.

액션 테스트하기

액션을 테스트한다는 의미는 액션이 예상되는 변이를 실행하는지 검증한다는 뜻이다. 변
이 자체에는 관심이 없는데 (적어도 단위 테스트에서는) 이미 따로 테스트됐기 때문이다. 그
러나 몇몇 의존성을 모킹해야 할수도 있다.

뷰나 Vuex 의 의존성을 테스트하지 않기 위해(테스트를 오염시킬 수 있기 때문에 필요하지 않다)
store 폴더 내에 새로운 action.js 파일을 생성한다. npm install axios 명령으로 액시
오스를 설치한다. action.js 파일은 다음과 같을 것이다.

```
import axios from 'axios'

export const actions = {
  downloadNew ({ commit }) {
    axios.get('/myNewPosts')
      .then(({ data }) => {
        commit('ADD_ITEMS', data)
      })
  }
}
```

요구사항 2번을 테스트하기 위해 새로운 할 일 항목을 다운로드하기 위한 서버로의 호출을 모킹하는 것으로 시작한다.

```
describe('actions', () => {
const actionsInjector =
  require('inject-loader!@/store/actions')
const buyHouseTodo = {
  id: 84,
  text: 'Buy house',
  done: true
}
const actions = actionsInjector({
  'axios': {
    get () {
      return new Promise(resolve => {
        resolve({
          data: [buyHouseTodo]
        })
      })
    }
  }
}).default
}
```

536

이 코드는 액시오스의 get 메서드 호출이 새로운 할 일 항목을 반환하도록 보장해준다.

그리고 ADD_ITEMS 변이가 처리 시점에 호출되는지 검증한다.

```
describe('actions', () => {
  const actionsInjector =
    require('inject-loader!@/store/actions')
  const buyHouseTodo = {
    id: 84,
    text: 'Buy house',
    done: true
  }
  const actions = actionsInjector({
    'axios': {
      get () {
        return new Promise(resolve => {
          resolve({ data: [buyHouseTodo] })
        })
      }
    }
  }).default
  it(`downloadNew should commit ADD_ITEMS
  with the 'Buy house' todo when successful`, done => {
  const commit = (type, payload) => {
    try {
      expect(type).to.equal('ADD_ITEMS')
      expect(payload).to.deep.equal([buyHouseTodo])
      done()
    } catch (error) {
      done(error)
    }
  }
  actions.downloadNew({ commit })
  })
})
```

동작 원리

변이에 대한 테스트는 꽤나 직관적이지만 액션을 테스트하는 것에 대해서는 부가 설명이 필요할 것 같다.

테스트 작성 시에 외부 서비스에 의존하고 싶지 않았기 때문에 axios 서비스를 모킹해야 했다. 예제에서는 원래의 라이브러리를 취해 우리가 설정한 임의의 코드를 모킹하는 injection-loader를 사용했다. @ 기호는 src의 축약 표현이다. axios 라이브러리를 모킹하면서 정확하게 get 메서드를 사용했다. 웹팩이 임포트의 로더들을 사용하도록 하는 유일한 방법이기 때문에 CommonJS 구문(require 구문)을 사용했다.

테스트에서는 또한 commit 함수를 모킹했다. 일반적으로 이 함수는 상태를 수정하는 변이를 호출한다. 우리는 올바른 변이가 제대로 된 인자와 함께 호출되는지 알고 싶을 뿐이다. 더 나아가 관련 코드를 try 블록으로 감싸야 했는데, 그것 없이는 테스트가 타임아웃으로 실패하고 오류 정보를 잃게 된다. try 블록으로 테스트는 즉시 실패하고 콘솔에서 어떤 오류로 인해 실패했는지 알 수 있다.

11

외부 프레임워크와 통합

이번 장에서는 다음 내용들을 다룬다.

- 일렉트론^{Electron}으로 유니버설 애플리케이션 개발하기
- 뷰와 파이어베이스 사용하기
- 페더^{Feathers}로 실시간 앱 생성하기
- 호라이즌^{Horizon}으로 반응형 앱 생성하기

▎ 소개

뷰는 강력하지만 백엔드 서비스가 필요하다면 그것만으로는 할 수 있는 일이 많지 않다. 최소한 소프트웨어를 배포하기 위한 서버가 필요하다. 이번 영역에서는 작지만 완전히 작

동하는 애플리케이션을 잘 알려진 프레임워크를 사용해 구현할 것이다. 일렉트론Electron은 뷰로 작성한 앱을 데스크톱에서 구동하기 위해 사용된다. 파이어베이스는 최신 클라우드 기반의 백엔드 서비스이고, 피더JS는 최소한으로 완전히 동작하는 백엔드 서버를 작성해준다. 관련 내용들을 모두 배우고 나면 상호작용하는 애플리케이션을 신속하게 구축하는 데 필요한 모든 도구들을 보유하게 된다.

▍일렉트론으로 유니버설 애플리케이션 개발하기

일렉트론Electron은 맥, 리눅스, 윈도우에서 구동하는 유니버설 애플리케이션을 개발하기 위한 프레임워크다.

일렉트론의 핵심은 기본적인 기능만을 보유한 웹 브라우저다. 슬랙이나 비주얼 스튜디오 코드를 포함한 여러 가지 애플리케이션을 개발하는 데 널리 사용되고 있다. 이번 레시피에서는 일렉트론을 사용해 간단한 앱을 제작해볼 것이다.

준비하기

앱을 작성하기 위해 뷰의 기본 기능들만 사용할 것이다. 일렉트론은 이 책의 범위를 벗어나기 때문에 이번 레시피에서는 관련 지식이 필요하지 않다. 이 레시피는 일렉트론을 더 공부하기 위해 좋은 시작점이 될 것이다.

구동 방법

이번 레시피에서는 작지만 완벽한 포모도로 애플리케이션을 작성할 것이다. 포모도로에서는 25분 간격으로 업무에 집중한다. 이 기법은 사용될 때 일반적으로 토마토 모양의 주방용 타이머를 사용하기 때문에 그렇게 이름지어졌다(Pomodoro, 이탈리어로 토마토)

이 앱은 비싼 주방용 타이머를 사용할 필요 없이 시간을 추적하도록 도와준다.

뷰와 일렉트론을 사용하기 위해 Electron-Vue 보일러 플레이트를 사용한다. 다음 명령어를 통해 쉽게 가능하다.

```
vue init simulatedgreg/electron-vue pomodoro
```

질문들에 기본값으로 대답해도 좋지만 어떤 플러그인을 설치할지 물어보는 질문에는 vue-electron을 선택하는 것을 잊지 말자. npm install로 모든 의존성을 설치한다. 그리고 npm run dev 명령어를 사용해 애플리케이션에 변경사항이 발생할 때마다 핫 리로딩을 지원하도록 할 수 있다. 구석의 x를 클릭해 개발자 도구를 사라지도록 할 수 있다.

무엇보다도 앱을 가볍게 유지하고 싶다. 애플리케이션의 생명 주기를 제어하는 app/src/main/index.js 파일로 이동하자. 다음과 같이 윈도우 사이즈를 변경하자.

```
mainWindow = new BrowserWindow({
  height: 200,
  width: 300
})
```

그리고 원하지 않는 app/src/render/components 폴더의 보일러 플레이트 컴포넌트들을 전부 삭제해도 좋다. 대신 Pomodoro.vue 파일을 생성하고 템플릿에 다음을 입력하자.

```
<template>
  <div class="pomodoro">
    <p>Time remaining: {{formattedTime}}</p>
    <button v-if="remainingTime === 1500" @click="start">Start</button>
    <button v-else @click="stop">Stop</button>
  </div>
</template>
```

작동하기 위해선 다음과 같이 자바스크립트 영역까지 작성해야 한다.

```
<script>
export default {
  data () {
    return {
      remainingTime: 1500,
      timer: undefined
    }
  },
  methods: {
    start () {
      this.remainingTime -= 1
      this.timer = setInterval(() => {
        this.remainingTime -= 1
        if (this.remainingTime === 0) {
          clearInterval(this.timer)
        }
      }, 1000)
    },
    stop () {
      clearInterval(this.timer)
      this.remainingTime = 1500
    }
  }
}
</script>
```

이렇게 하면 시작 버튼을 클릭했을 때 매초마다 타이머에서 1씩 빼게 된다. 정지 버튼을 클릭하면 타이머를 초기화하고 남은 시간은 1500초(25분)으로 설정한다. timer 객체는 기본적으로 setInterval 연산의 결과고, clearInterval는 객체가 어떤 상태이든 타이머를 정지시킨다.

템플릿에서는 남아 있는 시간을 초가(좀 더 괴짜처럼 보이긴 하지만) 아니라 사람이 읽기 쉬운 형태인 mm:ss로 보여주기 위해 formattedTime 메서드가 필요하다. 그러니 계산된 속성 함수에 다음을 추가한다.

```
computed: {
  formattedTime () {
    const pad = num => ('0' + num).substr(-2)
    const minutes = Math.floor(this.remainingTime / 60)
    const seconds = this.remainingTime - minutes * 60
    return `${minutes}:${pad(seconds)}`
  }
}
```

이 컴포넌트를 앱에 추가하기 위해 App.vue 파일로 이동해 landingPage 엘리먼트를 다음과 같이 교체한다.

```
<template>
  <div id="#app">
    <pomodoro></pomodoro>
  </div>
</template>

<script>
  import Pomodoro from 'components/Pomodoro'
  export default {
    components: {
      Pomodoro
    }
```

```
    }
</script>
```

이제 `npm run dev` 명령어로 앱을 실행하면 공부 중이나 근무 중에 시간을 측정할 수 있을 것이다.

`npm run build` 명령어를 사용하면 배포 가능한 버전의 애플리케이션을 얻을 수 있다.

동작 원리

예제에서 타이머를 구현한 방식은 정확하게 시간을 기록하지 않는다. 코드를 살펴보자.

```
this.timer = setInterval(() => {
  this.remainingTime -= 1
  if (this.remainingTime === 0) {
    clearInterval(this.timer)
  }
}, 1000)
```

이것은 매초 남은 시간을 줄인다는 것을 의미한다. 문제는 `setInterval` 함수 자체가 100% 정확하지 않으며 컴퓨터에 걸려 있는 부하에 따라 1000밀리초 전후로 기능이 수행될 수도 있다. 이런 식으로 잘못된 계산이 누적돼 상당한 차이가 발생할 수 있다. 더 나은 방법은 함수가 호출될 때마다 시간을 확인하고 각 루프에서 오류를 수정하는 것인데 여기서 다루지는 않을 것이다.

▌ 뷰와 파이어베이스 사용하기

뷰와 그 백엔드 서비스로 파이어베이스Firebase를 사용하는 것은 파이어베이스를 위한 바인딩들을 포함하는 VueFire 플러그인 덕분에 아주 쉽다. 이번 레시피에서는 완전히 기능하는 향기 데이터베이스를 개발할 것이다.

준비하기

파이어베이스는 이 책의 범위가 아니지만 이번 레시피에서는 당신이 기능에 익숙하다고 가정할 것이다. 이를 제외하고는 아주 간단한 뷰 애플리케이션을 작성하기 때문에 알아야 하는 것들이 많지는 않다.

구동 방법

코드를 작성하기에 앞서 새로운 파이어베이스 애플리케이션을 생성해야 한다. 이를 위해 https://firebase.google.com/에 로그인하고 새로운 애플리케이션을 생성한다. 예제의 경우 smell-diary라고 이름 붙일 것이다. 프로젝트 설정에서 찾을 수 있는 API 키를 따로 저장해두도록 하자.

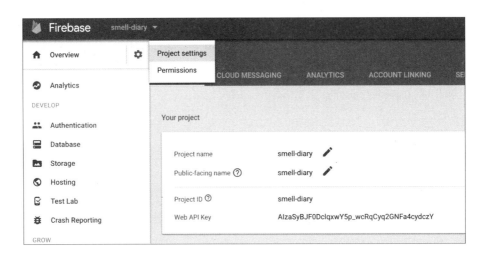

그리고 인증 기능을 꺼둬야 하니 Database 영역의 Rule 탭으로 이동해 read와 write를 모두 true로 설정하자.

```
{
  "rules": {
    ".read": true,
    ".write": true
  }
}
```

이것으로 파이어베이스 설정은 완료됐다.

JSFiddle의 백지 상태 HTML5 보일러 플레이트를 열고 Vue를 라이브러리로 선택한다. 파

546

일의 머리 부분에 스크립트 태그로 선언된 다음 의존성들이 필요하다.

```
<script src="https://unpkg.com/vue/dist/vue.js"></script>
<script src="https://www.gstatic.com/firebasejs/3.6.9/firebase.js"></script>
<script src="https://unpkg.com/vuefire/dist/vuefire.js"></script>
```

VueFire는 자동으로 뷰를 찾아내고(그래서 순서가 중요하다) 자신을 플러그인으로 설치한다. 예제에서는 우리 주변에서 나는 향기를 기록할 수 있는 간단한 데이터베이스를 작성할 것이다. 다음은 앱의 HTML 레이아웃이다.

```
<div id="app">
  <ul>
    <li v-for="item in items">
      {{item.name}}: {{item.smell}}
      <button @click="removeItem(item['.key'])">X</button>
    </li>
  </ul>
  <form @submit.prevent="addItem">
    <input v-model="newItem" />
    smells like
    <input v-model="newSmell" />
    <button>Add #{{items.length}}</button>
  </form>
</div>
```

앱의 자바스크립트 영역에는 다음과 같이 파이어베이스와 인증하기 위한 API 키를 적어 줘야 한다.

```
const config = {
  databaseURL: 'https://smell-diary.firebaseio.com/'
}
```

그런 다음, 설정을 파이어베이스에 넘겨주고 데이터베이스를 선언한다.

```
const firebaseApp = firebase.initializeApp(config)
 const db = firebaseApp.database()
```

뷰 인스턴스의 외부에서 실행될 수 있다. VueFire 플러그인은 뷰 인스턴스에 `firebase`라는 새로운 옵션을 설치한다. 파이어베이스 앱의 `/items`에 접근해 `item` 변수에 접근할 수 있도록 지정해야 한다.

```
new Vue({
  el: '#app',
  firebase: {
    items: db.ref('/items')
  }
})
```

`newItem`과 `newSmell` 변수는 일시적으로 입력 박스의 값을 보유하게 된다. 그러면 `addItem`과 `removeItem` 메서드들을 사용해 데이터베이스에 데이터를 입력하고 삭제할 수 있다.

```
data: {
  newItem: '',
  newSmell: ''
},
methods: {
  addItem () {
    this.$firebaseRefs.items
      .push({
        name: this.newItem,
        smell: this.newSmell
      })
    this.newItem = ''
    this.newSmell = ''
```

```
  },
  removeItem (key) {
    this.$firebaseRefs.items
      .child(key).remove()
  }
}
```

앱을 실행하면 좋아하는 향기를 입력하고 어떤 것에서 원하는 향기를 맡을 수 있는지 검색할 수 있게 된다.

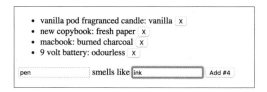

동작 원리

파이어베이스는 간단한 키-값 저장소로 작동한다. 예제의 경우에는 값들을 저장하지 않고 자식 노드들만 추가했다. 파이어베이스 콘솔에서 어떤 것들이 추가됐는지 살펴볼 수 있다.

키는 자동적으로 생성되는데 그것들은 빈 값을 갖고 있으면 32단계의 중첩된 데이터를 가진다. 예제에서는 각 객체를 위해 이름과 향기를 입력해 한 단계의 중첩만 사용했다.

▌ 페더로 실시간 앱 생성하기

대부분의 최신 애플리케이션은 실시간으로 제공되지만 기존의 의미와는 조금 다른데, 애플리케이션을 갱신하기 위해 페이지를 리로드할 필요가 없다. 이것을 구현하는 가장 일반적인 방법은 웹 소켓을 사용하는 것입니다. 이 레시피에서는 페더Feathers와 Socket.io를 활용해 고양이 데이터베이스를 구축한다.

준비하기

이번 레시피를 위해 특별히 준비할 것은 없지만 좀 더 관련 정보를 갖고 시작하고 싶다면 '클라이언트(그리고 서버!) 생성하기' 레시피를 미리 마무리할 수 있다.

구동 방법

이번 레시피를 완성하기 위해서는 페더의 커맨드 라인 도구가 필요하다. 다음 커맨드로 그것을 설치하자.

```
npm install -g feathers-cli
```

대신해서 모든 보일러 플레이트 코드를 생성해주는 feathers generate를 실행한다. API
에 관련한 질문에는 Socket.io를 선택한다.

```
▶ feathers generate
local@Gorilla~$

? Description Funny cats
? What type of API are you making?
○ REST
)◉ Realtime via Socket.io
○ Realtime via Primus
```

다른 모든 질문들은 기본값으로 응답해도 좋다. 아직 페더의 콘솔 창에 머물러 있는 동안
generate service를 입력해 새로운 서비스를 생성하자. 그것을 cats라고 이름짓고 나머
지 값들은 기본값으로 응답해도 좋다.

public 폴더의 index.html을 열고 HTML5 보일러 플레이트를 제외한 모든 것을 제거
한다.

머리글 영역에 세 가지 의존성을 필요로 한다.

```
<script src="//cdnjs.cloudflare.com/ajax/libs/vue/2.1.10/vue.js"></script>
<script src="//cdnjs.cloudflare.com/ajax/libs/socket.io/1.7.3/socket.io.js"></
script>
<script src="//unpkg.com/feathers-client@^1.0.0/dist/feathers.js"></script>
```

다음과 같이 보디 영역에 HTML 레이아웃을 작성한다.

```
<div id="app">
  <div v-for="cat in cats" style="display:inline-block">
    <img width="100" height="100" :src="cat.url" />
    <p>{{cat.name}}</p>
  </div>
  <form @submit.prevent="addCat">
    <div>
```

```
      <label>Cat Name</label>
      <input v-model="newName" />
    </div>
    <div>
      <label>Cat Url</label>
      <input v-model="newUrl" />
    </div>
    <button>Add cat</button>
    <img width="30" height="30" :src="newUrl" />
  </form>
</div>
```

첫 번째 <div> 태그는 고양이의 갤러리다. 그리고 새로운 고양이 이미지 컬렉션에 새로운 이미지 추가를 위한 양식을 작성하자.

body 태그 내부에는 언제나 다음과 같은 코드로 페더 서비스를 설정할 수 있다.

```
<script>
  const socket = io('http://localhost:3030')
  const app = feathers()
    .configure(feathers.socketio(socket))
  const catService = app.service('cats')
```

이것은 웹 소켓에 연결할 웹 브라우저의 클라이언트를 구성하기 위한 것이다. catService 메서드는 cat 데이터베이스에 대한 핸들이다. 다음으로 Vue 인스턴스를 작성한다.

```
  new Vue({
    el: '#app',
    data: {
      cats: [],
      newName: '',
      newUrl: ''
    },
    methods: {
      addCat () {
```

```
      catService.create({
        name: this.newName,
        url: this.newUrl
      })
      this.newName = ''
      this.newUrl = ''
    }
  },
```

마지막으로 구동될 때 데이터베이스에 있는 모든 고양이를 반환받아야 하며 새로운 고양이가 만들어질 경우(다른 사용자들에 의한 경우까지도)를 위한 리스너를 설치해야 한다.

```
  mounted () {
    catService.find()
      .then(page => {
        this.cats = page.data
      })
    catService.on('created', cat => {
      this.cats.push(cat)
    })
  }
})
</script>
```

npm start로 애플리케이션을 구동하면 콘솔에 출력된 URL로 이동해 새로운 앱을 확인할 수 있다. 다른 웹 브라우저 윈도우를 열고 그것들이 어떻게 실시간으로 변경되는지 보자.

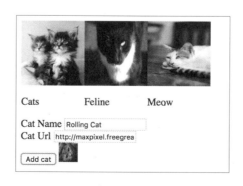

동작 원리

실시간으로 추가된 고양이를 보는 것은 분명히 현대적인 애플리케이션 개발을 위한 좋은 시작점이다. 페더를 사용하면 웹 소켓을 사용하는 Socket.io 덕분에 그런 애플리케이션을 적은 코드로 손쉽게 만들 수 있다.

웹 소켓은 실제로 그렇게 복잡하지는 않다. 이 경우 페더는 채널의 메시지를 수신하고 데이터베이스에 무언가를 추가하는 것과 같은 작업을 연관시킨다.

페더는 뷰 코드를 건드리지 않고 데이터베이스와 웹 소켓 공급자를 바꾸거나 REST로 전환할 때 그 능력을 제대로 확인할 수 있다.

▌ 호라이즌으로 반응형 앱 생성하기

호라이즌은 반응형이며 실시간으로 확장 가능한 애플리케이션을 구축할 수 있는 플랫폼이다. 내부적으로 RethinkDB를 사용하며 뷰와 바로 호환 가능하다. 이 레시피에서는 자동화된 개인 일기장을 생성한다.

준비하기

이 레시피는 뷰의 기본 지식 외에 다른 것은 필요하지 않다.

그러나 시작하기 전에 앞서 RethinkDB를 설치하자. 공식 사이트 (https://www.rethinkdb.com/docs/install/)에서 더 자세한 정보를 얻을 수 있다. 홈브류^{Homebrew}가 설치돼 있다면 `brew install rethinkdb` 로 설치 가능하다.

그리고 Clarifai의 토큰도 필요하다. 그들의 사이트인 https://developer.clarifai.com 으로 이동해 회원가입 후 무료로 하나를 얻도록 하자.

이미지와 같이 애플리케이션에 작성해야 하는 코드를 보여줄 것이다.

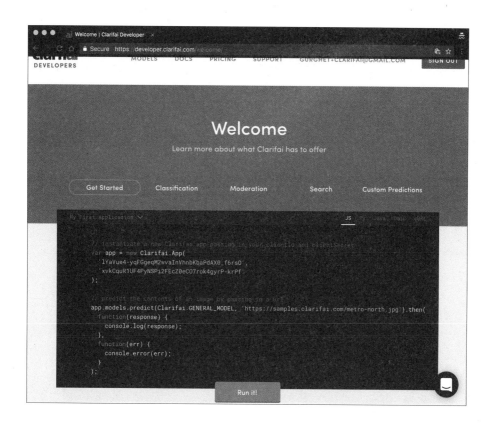

특히 clientId와 clientSecret이 필요한데 다음과 같이 표현된다.

```
var app = new Clarifai.App(
  'your client id would be printed here',
  'your client secret would be here'
);
```

이 코드를 기록하거나 애플리케이션 복사 붙여 넣기할 수 있도록 한다.

구동 방법

일기는 매일 많은 양을 작성하기 때문에 어려운 일이다. 이 레시피에서는 하루 동안 찍은 사진을 바탕으로 일기를 자동으로 작성한다.

호라이즌은 모든 것을 기억하고 장치 간에 일기를 동기화하도록 도와준다. RethinkDB를 설치한 후 다음 명령으로 호라이즌을 설치하자.

```
npm install -g horizon
```

이제 새로운 커맨드인 hz를 사용할 수 있다. 커맨드 라인에서 hz -h를 입력해 확인해보자. 다음과 같은 것을 볼 수 있을 것이다.

```
> gurghet@Gorilla  ~/Documents    hz -h
Usage: hz subcommand [args...]
Available subcommands:
  init - Initialize a horizon app directory
  serve - Serve a Horizon app
  version - Print the version number of horizon
  create-cert - Generate a certificate
  make-token - Generate a token to log in as a user
  schema - Apply and save the schema from a horizon database
  migrate - migrate an older version of horizon to a newer one
> gurghet@Gorilla  ~/Documents
```

앱을 호스팅하기 위한 폴더를 다음 명령어로 생성한다.

```
hz init vue_app
```

그리고 새로 생성된 vue_app 폴더로 이동해 dist 폴더의 index.html을 확인하자.

이 파일은 서버에 대한 진입점이다. 해당 파일을 편집기로 열도록 하자.

모든 것을 지우고 빈 <head>와 <body〉 태그만을 HTML5 보일러 플레이트와 남겨둘 수 있다. 헤드 섹션에서 다음과 같이 뷰, 호라이즌 및 Clarifai에 대한 종속성을 선언해야 한다.

```
<script src="https://unpkg.com/vue"></script>
```

```
<script src="/horizon/horizon.js"></script>
<script src="https://sdk.clarifai.com/js/clarifai-latest.js"></script>
```

호라이즌을 CDN이 아니라 로컬에서 접근하고 있음에 유의하자.

일기에 대한 템플릿의 레이아웃을 작성하는 것으로 시작한다. 그것은 두 부분으로 구성돼 있다. 처음에는 과거의 일들을 열거한다. HTML의 보디 영역에 다음을 작성하자.

```
<div id="app">
  <div>
    <h3>Dear diary...</h3>
    <ul>
      <li v-for="entry in entries">
        {{ entry.datetime.toLocaleDateString() }}:
        {{ entry.text }}
      </li>
    </ul>
  </div>
...
```

두 번째 부분에는 새로운 일기를 입력한다.

```
...
<h3>New Entry</h3>
<img
  style="max-width:200px;max-height:200px"
  :src="data_uri"
/>
<input type="file" @change="selectFile" ref="file">
<p v-if="tentativeEntries.length">Choose an entry</p>
  <button v-for="tentativeEntry in tentativeEntries" @
click="send(tentativeEntry)">
  {{tentativeEntry}}
</button>
</div>
```

이후의 <script> 태그를 열고 다음 코드를 입력한다.

먼저 Clarifai에 로그인해야 한다.

```
var app = new Clarifai.App(
 '7CDIjv_VqEYfmFi_ygwKsKAaDe-LwEzc78CcW1sA',
 'XC0S9GHxS0iONFsAdiA2xOUuBsOhAT0jZWQTx4hl'
 )
```

당연하지만 clientId와 clientSecert은 Clarifai에서 당신의 것을 사용해야 한다.

그런 다음, 호라이즌을 구동시켜 우리가 만들 컬렉션을 처리해야 한다.

```
const horizon = new Horizon()
const entries = horizon('entries')
```

이제 마지막은 3개의 상태를 갖는 뷰 인스턴스를 작성한다.

```
new Vue({
  el: '#app',
  data: {
    tentativeEntries: [],
    data_uri: undefined,
    entries: []
  },
  ...
```

tentativeEntries 배열에는 선택할 수 있는 일기에 대한 목록이 들어 있다. data_uri는 우리가 오늘 한 일에 대한 참조로 사용할 (base64 코드) 이미지를 포함한다. entries는 과거의 모든 항목들이다.

이미지를 로드할 때 Clarifai에게 가능한 항목을 찾도록 요청한다.

```
...
methods: {
  selectFile(e) {
  const file = e.target.files[0]
  const reader = new FileReader()
  if (file) {
    reader.addEventListener('load', () => {
      const data_uri = reader.result
      this.data_uri = data_uri
      const base64 = data_uri.split(',')[1]
      app.models.predict(Clarifai.GENERAL_MODEL, base64)
        .then(response => {
          this.tentativeEntries =
            response.outputs[0].data.concepts
            .map(c => c.name)
        })
    })
    reader.readAsDataURL(file)
  }
},
...
```

그리고 우리가 send 버튼을 클릭하면 호라이즌의 컬렉션에 새로운 항목이 저장된다.

```
...
send(concept) {
  entries.store({
    text: concept,
     datetime: new Date()
  }).subscribe(
    result => console.log(result),
    error => console.log(error)
  )
  this.tentativeEntries = []
  this.$refs.file.value = ''
  this.data_uri = undefined
}
```

```
    }
})
```

마지막으로 페이지가 로드됐을 때 화면에 마지막 10개의 항목이 있는지, 그리고 새로운 항목이 추가됐을 때 즉시 반영되도록 보장하고 싶다. 뷰 인스턴스의 methods 영역 이후에 다음 훅을 추가하자.

```
created( ) {
  entries.order('datetime', 'descending').limit(10).watch( )
    .subscribe(allEntries => {
      this.entries = [...allEntries].reverse( )
  })
}
```

호라이즌 서버를 구동하기 위해 다음 커맨드를 사용한다.

```
hz serve --dev
```

결과는 다음과 같을 것이다.

지정된 주소(admin 사이트가 아니라 첫 번째 줄)로 이동하면 다음과 같은 것을 볼 수 있다.

또 다른 웹 브라우저의 윈도우를 열면 실시간으로 갱신되는 것을 확인할 수 있다. 이것으로 타자 없이도 매일 일기를 작성할 수 있게 됐다.

동작 원리

예제 애플리케이션은 리액티브 패턴을 사용한다. 그것의 핵심은 생성된 핸들에서 명확하게 확인할 수 있다.

```
entries.order('datetime', 'descending').limit(10).watch()
  .subscribe(allEntries => {
    this.entries = [...allEntries].reverse()
  })
```

첫 번째 줄은 리액티브 프로그래밍에서 observable이라고 불리는 것을 반환한다. observable은 이벤트의 원천으로 생각될 수 있다. 이벤트가 발생할 때마다 해당 소스의 구독자Subscriber는 그것들을 처리할 수 있다. 여기서는 전체 항목 컬렉션을 가져오고 있으며 발생되는 이벤트는 해당 컬렉션에 대한 수정 사항이다. 이 유형의 이벤트를 받을 때마다 entries 배열을 갱신한다.

여기서 리액티브 프로그래밍에 대해 자세히 설명하지는 않겠지만 이 패턴은 데이터 흐름에 대한 컨트롤을 쉽게 구현할 수 있으므로 확장성에 매우 유용하다는 점을 강조하고 싶은데 그 예로 limit(10)를 들 수 있다.

찾아보기

에이콘출판의 기틀을 마련하신 故 정완재 선생님 (1935-2004)

Vue.js 2 Cookbook

다양한 예제로 배우는 뷰JS 2

발 행 | 2018년 1월 2일

지은이 | 안드레아 파살리아
옮긴이 | 조 승 진

펴낸이 | 권 성 준
편집장 | 황 영 주
편 집 | 이 지 은
디자인 | 박 주 란

에이콘출판주식회사
서울특별시 양천구 국회대로 287 (목동)
전화 02-2653-7600, 팩스 02-2653-0433
www.acornpub.co.kr / editor@acornpub.co.kr

한국어판 ⓒ 에이콘출판주식회사, 2018, Printed in Korea.
ISBN 979-11-6175-089-7
ISBN 978-89-6077-210-6 (세트)
http://www.acornpub.co.kr/book/vuejs2-cookbook

이 도서의 국립중앙도서관 출판시도서목록(CIP)은 서지정보유통지원시스템 홈페이지(http://seoji.nl.go.kr)와
국가자료공동목록시스템(http://www.nl.go.kr/kolisnet)에서 이용하실 수 있습니다.(CIP제어번호: CIP2017034383)

책값은 뒤표지에 있습니다.